舊唐書

後晉 劉 昫 等撰

第一一册

卷一二〇至卷一三七（傳）

中華書局

舊唐書卷一百二十

列傳第七十

郭子儀 子曜 晞 曖 曙 晤 映 晞子鋼 曖子釗 鏦 釗子仲文 弟幼明 子昕

郭子儀，華州鄭縣人。父敬之，歷綏、渭、桂、壽、泗五州刺史，以子儀貴，贈太保，追封祁國公。子儀長六尺餘，體貌秀傑，始以武舉高等補左衞長史，累歷諸軍使。天寶八載，於木剌山置橫塞軍及安北都護府，命子儀領其使，拜左衞大將軍。十三載，移橫塞軍及安北都護府於永清栅北築城，仍改橫塞爲天德軍，子儀爲之使，兼九原太守、朔方節度右兵馬使。

十四載，安祿山反。十一月，以子儀爲衞尉卿，兼靈武郡太守，充朔方節度使，詔子儀以本軍東討。遂舉兵出單于府，收靜邊軍，斬賊將周萬頃，傳首闕下。祿山遣大同軍使高秀巖寇河曲，子儀擊敗之，進收雲中馬邑，開東陘，以功加御史大夫。

十五載正月，賊將蔡希德陷常山郡，執顏杲卿，河北郡縣皆爲賊守。二月，子儀與河東節度使李光弼率師下井陘，拔常山郡，破賊於九門，南攻趙郡，生擒賊四千，皆捨之，斬僞太守郭獻璆，獲兵仗數萬。師還常山，賊將史思明以數萬人躡其後，我行亦行，我止亦止。子儀選驍騎五百更挑之，三日至行唐，賊疲乃退，我軍乘之，又敗於沙河。祿山聞思明敗，乃以精兵益之。我軍至恆陽，賊亦隨至。子儀堅壁自固，賊來則守，賊去則追，晝揚其兵，夕襲其幕，賊人不及息。數日，光弼議曰：「賊怠矣，可以戰。」六月，子儀、光弼率僕固懷恩、渾釋之、陳迴光等陣於嘉山，賊將史思明、蔡希德、尹子奇等亦結陣而至，一戰敗之，斬馘四萬級，生擒五千人，獲馬五千匹，思明露髮跣足奔于博陵。於是河北十餘郡皆斬賊守者以迎王師。子儀將北圖范陽，軍聲大振。

是月，哥舒翰爲賊所敗，潼關不守，玄宗幸蜀，肅宗幸靈武，子儀副使杜鴻漸爲朔方留後，奏迎車駕。七月，肅宗即位，以賊據兩京，方謀收復，詔子儀班師。八月，子儀與李光弼率步騎五萬至自河北。時朝廷初立，兵衆寡弱，雖得牧馬，軍容缺然。及子儀、光弼全師赴行在，軍聲遂振，興復之勢，民有望焉。詔以子儀爲兵部尚書、同中書門下平章事，依前靈州大都督府長史、朔方軍節度使。肅宗大閱六軍，南趨關輔，至彭原郡，宰相房琯請兵萬人，自爲統帥以討賊，帝素重琯，許之。兵及陳濤，爲賊所敗，喪師殆盡。方事討除，而軍半殪，唯倚朔方軍爲根本。十一月，賊將阿史那從禮以同羅、僕骨五千騎出塞，誘河曲九府、六胡州部落數萬，欲迫行在。子儀與迴紇首領葛邏支往擊敗之，斬獲數萬，河曲平定。

賊將崔乾祐守潼關。二年三月，子儀大破賊於潼關，崔乾祐退保蒲津。時永樂尉趙復、河東司戶韓旻、司士徐炅、宗子李藏鋒等，陷賊在蒲州，四人密謀俟王師至則爲內應。及子儀攻蒲州，趙復等斬賊守陴者，開門納子儀。乾祐與麾下數千人北走安邑，安邑百姓僞降，乾祐兵入將半，下懸門擊之，乾祐未入，遂得脫身東走。子儀遂收陝郡永豐倉。自是潼、陝之間無復寇鈔。

是月，安祿山死，朝廷欲圖大舉，詔子儀還鳳翔。四月，進位司空，充關內、河東副元帥。五月，詔子儀帥師趨京城。師於潏水之西，與賊將安太清、安守忠戰，王師不利，其衆大潰，盡委兵仗於淸渠之上。子儀收合餘衆，保武功，詣闕請罪，乞降官資，乃降爲左僕射，餘如故。九月，從元帥廣平王率蕃漢之師十五萬進收長安。迴紇遣葉護太子領四千騎助國討賊，子儀與葉護宴狎修好，相與誓平國難，相得甚好。子儀奉元帥爲中軍，與賊將安守忠、李歸仁戰於京西香積寺之北，王師結陣横亙三十里，賊衆十萬陳於北。歸仁先薄我軍，我軍亂，李嗣業奮命馳突，擒賊十餘騎乃定。迴紇以奇兵出賊陣之後夾攻之，賊軍大潰，自午至酉，斬首六萬級。賊將張通儒守長安，聞歸仁等敗，是夜奔陝郡。翌日，廣平王入京師，老幼百萬，夾道歡叫，涕泣而言曰：「不圖今日復見官軍。」廣平王休士三日，率師東趨。肅宗在鳳翔聞捷，羣臣稱賀，帝以宗廟被焚，悲咽不自勝，臣僚無不感泣。

十月，安慶緒遣嚴莊悉其衆十萬來赴陝州，與張通儒同抗官軍。賊聞官軍至，悉其衆屯於陝西，負山爲陣。子儀以大軍擊其前，迴紇登山乘其背，遇賊潛師於山中，與鬭過期，大軍稍卻。賊分兵三千人，絕我歸路，衆心大搖，子儀麾迴紇令進，盡殺之。師馳至其後，於黃埃中發十餘箭，賊驚顧曰：「迴紇來！」即時大敗，僵屍遍山澤。嚴莊、張通儒走歸洛陽，遂與安慶緒渡河保相州。子儀奉廣平王入東都，陳兵於天津橋南，士庶歡呼於路。僞侍中陳希烈、僞中書令張垍等三百餘人素服請罪，王慰撫遣之。是時，河東、河西、河南賊所盜郡邑皆平〔二〕；以功加司徒，封代國公，食邑千戶。尋入朝，天子遣兵仗戎容迎於灞上，肅宗勞之曰：「雖吾之家國，實由卿再造。」子儀頓首感謝。十二月，還東都，命子儀經營北討。

乾元元年七月，破賊河上，擒僞將安守忠以獻，遂朝京師，勅百僚班迎於長樂驛，帝御望春樓待之，進位中書令。九月，奉詔大舉，子儀與河東節度使李光弼、關內節度使王思禮、北庭行營節度李嗣業、襄鄧節度使魯炅、荆南節度季廣琛〔三〕、河南節度使崔光遠、滑濮節度許叔冀、平盧兵馬使董秦等九節度之師討安慶緒。帝以子儀、光弼俱是元勳，難相統屬，故不立元帥，唯以中官魚朝恩爲觀軍容宣慰使。十月，子儀自杏園渡河，圍衞州。安慶緒與其驍將安雄俊、崔乾祐、薛嵩、田承嗣悉其衆來援，分爲三軍。子儀陣以待之，預選射者三千人伏於壁內，誡之曰：「俟吾小卻，賊必爭進，則登城鼓譟，弓弩齊發以迫之。」既戰，子儀僞遁，賊果乘之，及壘門，遽聞鼓譟，俄而弓弩齊發，矢注如雨，賊徒震駭，子儀整衆追之，賊衆大敗。是役也，獲僞鄭王安慶和以獻，遂收衞州。進軍趨鄴，與賊再戰於愁思岡，賊軍又敗，乃連營圍之。慶緒遣薛嵩以所乘馬十四求救於史思明，且言禪代。十二月，思明遣將李歸仁率衆赴之，營于滏陽。

二年正月，史思明自率范陽精卒復陷魏州，乃僞稱燕王。王師雖衆，軍無統帥，進退無所承稟，自冬徂春，竟未破賊，但引漳水以灌其城，城中食盡，易子而食。二月，思明率衆自魏州來。李光弼、王思禮、許叔冀、魯炅前軍遇賊于鄴南，與之接戰，夷傷相半，魯炅中流矢。子儀爲後陣，未及合戰，大風遽起，吹沙拔木，天地晦暝，跬步不辨物色。我師潰而南，賊軍潰而北，委棄兵仗輜重，累積於路。諸軍各還本鎮。子儀以朔方軍保河陽，斷浮橋，有詔令留守東都。三月，以子儀爲東都畿、山南東道、河南諸道行營元帥。

中官魚朝恩素害子儀之功，因其不振，媒孽之，尋召還京師。天子以趙王係爲天下兵馬元帥，李光弼副之，委以陝東軍事，代子儀之任。子儀雖失兵柄，乃心王室，以禍難未平，不遑寢息。俄而史思明再陷河洛，朝廷旰食，復慮蕃寇逼迫京畿，三年正月，授子儀邠寧、鄜坊兩鎭節度使，仍留京師。言事者以子儀有社稷大功，今殘孽未除，不宜置之散地，肅宗深然之。上元元年九月，以子儀爲諸道兵馬都統，管崇嗣副之，令率英武、威遠等禁軍及河西、河東諸鎭之師，取邠寧、朔方、大同、横野，徑抵范陽。詔下旬日，復爲朝恩所間，事竟不行。

上元二年二月，李光弼兵敗於邙山，河陽失守，魚朝恩退保陝州。三年二月，河中軍亂，殺其帥李國貞。時太原節度鄧景山亦爲部下所殺，恐其合從連賊，朝廷憂之。後輩帥臣未能彈壓，勢不獲已，遂用子儀爲朔方、河中、北庭、潞、儀、澤、沁等州節度行營兼興平、定國副元帥，充本管觀察處置使，進封汾陽郡王，出鎭絳州。三月，子儀辭赴鎭，肅宗不豫，羣臣莫有見者。子儀請曰：「老臣受命，將死於外，不見陛下，目不瞑矣。」帝乃引至臥內，謂子儀曰：「河東之事，一以委卿。」子儀嗚咽流涕。賜御馬、銀器、雜綵，別賜絹四萬疋、布五萬端以賞軍。子儀至絳，擒其殺國貞賊首王元振數十人誅之。太原辛雲京聞子儀誅元振，亦誅害景山者，由是河東諸鎭率皆奉法。

四月，代宗卽位，內官程元振用事，自矜定策之功，忌嫉宿將，以子儀功高難制，巧行離間，請罷副元帥，加實封七百戶，充肅宗山陵使。子儀旣謝恩，上表進肅宗所賜前後詔敕〔三〕，因自陳訴曰：

臣德薄蟬翼，命輕鴻毛，累蒙國恩，猥廁朝列。會天地震盪，中原血戰，臣北自靈武，册先皇帝，乃舉兵而南，大蒐於岐陽。先帝憂勤宗社，託臣以家國，俾副陛下掃兩京之妖祲。陛下雄圖丕斷，再造區宇，自後不以臣寡劣，委文武之二柄，外敷邦教，內調鼎飪，是以常許國家之死，實荷日月之明。臣本愚淺，言多詆直，慮此招謗，上瀆冕旒。陛下居高聽卑，察臣不貳，皇天后土，察臣無私。伏以器忌滿盈，日增兢惕，焉敢偷全，久妨賢路。自受恩塞下，制敵行間，東西十年，前後百戰。天寒劍折，濺血霑衣；野宿魂驚，飲冰傷骨。跋涉難阻，出沒死生，所仗唯天，以至今日。陛下曲垂惠奬，念及勤勞，貽臣詔書一千餘首，聖旨微婉，慰諭綢繆，彰微臣一時之功，成子孫萬代之寶。自靈武、河北、河南、彭原、鄜坊、河東、鳳翔、兩京、絳州，臣所經行，賜手詔敕書凡二十卷，昧死上進，庶煩聽覽。

詔答曰：「朕不德不明，俾大臣憂疑，朕之過也。朕甚自愧，公勿以爲慮。」代宗以子儀頃同患難，收復兩京，禮之逾厚。時史朝義尙據洛陽，元帥雍王率師進討，代宗欲以子儀副之，而魚朝恩、程元振亂政，殺裴茙、來瑱，子儀既爲所間，其事遂寢，乃留京師。

俄而梁崇義據襄陽叛，僕固懷恩阻兵於汾州，引迴紇、吐蕃之衆入寇河西。明年十月，吐蕃陷涇州，虜刺史高暉，暉遂與蕃軍爲鄉導，引賊深入京畿，掠奉天、武功，濟渭而南，緣山而東。渭北行營兵馬使呂日將逆戰于盩厔，自辰至酉，殺蕃軍數千，然其徒多殞。賊將逼京師，君上計無所出，遽詔子儀爲關內副元帥，出鎮咸陽。子儀自相州不利，李光弼代掌兵柄，及徵還朝廷，部曲散去。及是承詔，部下唯二十騎，強取民家畜產以助軍。至咸陽，蕃軍已過渭水。其日，天子避狄幸陝州。子儀聞上避狄，雪涕還京，至則車駕已發。射生將王獻忠從駕，沿路遂以四百騎叛，仍逼豐王已下十王欲投於賊。子儀入開遠門，遇之，詰豐王等所向，遂護送行在。子儀以三千騎傍南山，至商州，得武關防兵及六軍散卒四千人，招輯亡逸，其軍漸振。蕃寇犯京城，得故邠王守禮子廣武王承宏〔四〕，立帝號，假署百官。子儀遣六軍兵馬使張知節、烏崇福、羽林軍使長孫全緒等將兵萬人爲前鋒，營於韓公堆，盛張旗幟，鼓鞞震山谷。全緒遣禁軍舊將王甫入長安，陰結少年豪俠以爲內應，一日，齊擊鼓於朱雀街，蕃軍惶駭而去。大將李忠義先屯兵苑中，渭北節度使王仲升守朝堂。子儀以大軍續進，至滻西。射生將王撫自署爲京兆尹，聚兵二千人，擾亂京城，子儀召撫殺之。詔子儀權京城留守。

自西蕃入寇，車駕東幸，天下皆咎程元振，諫官屢論之〔五〕。元振懼，又以子儀復立功，不欲天子還京，勸帝且都洛陽以避蕃寇，代宗然之，下詔有日。子儀聞之，因兵部侍郎張重光宣慰迴，附章論奏曰：

臣聞雍州之地，古稱天府，右控隴、蜀，左扼崤、函，前有終南、太華之險，後有清渭、濁河之固，神明之奧，王者所都。地方數千里，帶甲十餘萬，兵強士勇，雄視八方，有利則出攻，無利則入守。此用武之國，非諸夏所同，秦、漢因之，卒成帝業。其後或處之而泰，去之而亡，前史所書，不唯一姓。及隋氏季末，煬帝南遷，河、洛丘墟，兵戈亂起。高祖唱義，亦先入關，惟能翦滅姦雄，底定區宇。以至于太宗、高宗之盛，中宗、玄宗之明，多在秦川，鮮居東洛。間者羯胡構亂，九服分崩，河北、河南，盡從逆命。然而先帝仗朔方之衆，慶緒奔亡；陛下藉西土之師，朝義就戮。豈唯天道助順，抑亦地形使然，此陛下所知，非臣飾說。

近因吐蕃凌逼，鑾駕東巡。蓋以六軍之兵，素非精練，皆市肆屠沽之人，務挂虛名，苟避征賦，及驅以就戰，百無一堪。亦有潛輸貨財，因以求免。又中官掩蔽，庶政多荒。遂令陛下振蕩不安，退居陝服。斯蓋關於委任失所，豈可謂秦地非良者哉！今道路云云，不知信否，咸謂陛下已有成命，將幸洛都。臣熟思其端，未見其利。夫以東周之地，久陷賊中，宮室焚燒，十不存一。百曹荒廢，曾無尺椽，中間畿內，不滿千戶。井邑榛棘，豺狼所嗥，既乏軍儲，又鮮人力。東至鄭、汴，達于徐方，北自覃懷，經于相土，人烟斷絕，千里蕭條。將何以奉萬乘之牲餼，供百官之次舍？矧其土地狹阸，纔數百里閭，東有成皋，南有二室，險不足恃，適爲戰場。陛下奈何棄久安之勢，從至危之策，忽社稷之計，生天下之心。臣雖至愚，竊爲陛下不取。

且聖旨所慮，豈不以京畿新遭剽掠，田野空虛，恐糧食不充，國用有闕，以臣所見，深謂不然。昔衞文公小國之君，諸侯之主耳，遭懿公爲狄所滅，始廬于曹，衣大布之衣，冠大帛之冠，元年革車三十乘，季年三百乘，卒能恢復舊業，享無疆之休。況明明天子，躬儉節用，苟能黜素餐之吏，去冗食之官，抑豎刁、易牙之權，任蘧瑗、史鰌之直，薄征弛力，卹隱迨鰥，委諸相以簡賢任能，付老臣以練兵禦侮，則黎元自理，寇盜自平，中興之功，旬月可冀，卜年之期，永永無極矣。願時邁順動，迴鑾上都，再造邦家，唯新庶政，奉宗廟以修薦享，謁陵寢以崇孝思，臣雖隕越，死無所恨。

代宗省表，垂泣謂左右曰：「子儀用心，眞社稷臣也。可亟還京師。」十一月，車駕自陝還宮，子儀伏地請罪，帝駐車勞之曰：「朕用卿不早，故及於此。」乃賜鐵券，圖形凌煙閣。

是時，河北副元帥僕固懷恩方頓軍汾州，掠幷、汾諸縣以爲己邑。乃以子儀兼關內河東副元帥、河中節度觀察使，出鎭河中。蕃戎既退，僕固懷恩部下離散。是月，懷恩子瑒主兵楡次，爲帳下將張惟岳所殺，傳首京師。惟岳以瑒之衆歸於子儀，懷恩懼，棄其母而走靈州。明年九月，以子儀守太尉，充北道邠寧、涇原、河西已東通和蕃及朔方招撫觀察使，其關內河東副元帥、中書令如故。子儀以懷恩未誅，不宜讓使，堅辭太尉，曰：「太尉職雄任重，竊憂非據，輒敢上聞。伏奉詔書，未允誠懇。臣疇昔之分，早知止足，今茲累請，竊懼滿盈。義實由衷，事非矯飾，志之所至，敢不盡言。自兵亂已來，紀綱寖壞，時多躁競，俗少廉隅。德薄而位尊，功微而賞厚，實繁有衆，不可殫論。臣每見之，深以爲念。昔范宣子讓，其下皆讓，欒黶爲汰，不敢違也。臣誠薄劣，竊慕古人，務欲以身率先，大變浮俗，是用勤勤懇懇，願罷此官，庶禮讓興行，由臣而致也。臣位爲上相，爵爲眞王，參啓沃之謀，受腹心之寄，恩榮已極，功業已成，尋合乞骸，保全餘齒。但以寇讎在近，家國未安，臣子之心，不敢寧處。苟西戎即敍，懷恩就擒，疇昔官爵，誓無所受，必當追蹤范蠡，繼迹留侯。臣之鄙懷，切在於此。」優詔不許。子儀見上，感泣懇讓，乃止。

十月，僕固懷恩引吐蕃、迴紇、党項數十萬南下，京師大恐，子儀出鎮奉天。帝召子儀問禦戎之計，子儀曰：「以臣所見，懷恩無能爲也。」帝問其故，對曰：「懷恩雖稱驍勇，素失士心，今所以能爲亂者，引思歸之人耳。懷恩本臣偏將，其下皆臣之部曲，臣恩信嘗及之，今臣爲大將，必不忍以鋒刃相向，以此知其無能爲也。」虜寇邠州，子儀在涇陽，子儀令長男朔方兵馬使曜率師援之，與邠寧節度使白孝德閉城拒守。懷恩前鋒至奉天，近城挑戰，諸將請擊之，子儀止之曰：「夫客兵深入，利在速戰，不可爭鋒。彼皆吾之部曲，緩之自當攜貳；

若迫之，是速其戰，戰則勝負未可知。敢言戰者斬！」堅壁待之，果不戰而退。子儀自涇陽入朝，帝御安福門待之，命子儀樓上行朝見之禮，宴賜隆厚。

十一月，以子儀爲尚書令，上表懇辭曰：「臣以薄劣，素乏行能，逢時擾攘，猥蒙驅策，內參朝政，外總兵權。上不能翼戴三光，下不能糾逖羣慝，功微賞厚，任重恩深，覆餗之憂，實盈寤寐。臣昨所以固辭太尉，乞保餘年，殊私曲臨，遂見矜許。竊謂陛下已知其願，深察其心，豈意未歷旬時，復延寵命。以臣褊淺，又寡智謀，安可謬職南宮，當茲大任。況太宗昔居藩邸，嘗踐此官，累聖相承，曠而不置。皇太子爲雍王之日，陛下以其總兵薄伐，平定關東，飲至策勳，再有斯授。豈臣末職，敢亂大倫。德薄位尊，難逃天子之責〔六〕；負乘致寇，復速神明之誅。伏乞天慈，俯停新命。」答詔不允。翌日，敕所司令子儀於尚書省視事。詔宰相百僚送上，遣射生五百騎執戟翼從，自朝堂至省，賜教坊樂。子儀不受，復上表曰：

臣伏以尚書令，武德之際，太宗爲之，昨瀝懇上陳，請罷斯職；而陛下未垂亮察，務欲褒崇，區區微誠，益用惶懼。何則？太宗立極之主，聖德在人，自後因廢此官，永代作則。陛下守文繼體，固當奉而行之，豈可猥私老臣，隳厥成式，上掩陛下之德，下貽萬方之非。臣雖至愚，安敢輕受。況久經兵亂，僭賞者多，一人之身，兼官數四，朱紫同色，清濁不分，「爛羊」之謠，復聞聖代。臣頃觀其弊，思革其源，以逆寇猶存，未敢輕議。今元兇沮敗，計日成擒，中外無虞，妖氛漸息。此陛下作法之際，審官之時，固合始於老臣，化及班列。豈可輕爲此舉，以亂國章。國章亂於上，則庶政隳於下，海內之政皆亂，則國家又安得永代而無患哉！陛下苟能從臣之言，俯察誠請，彼貪榮冒進者，亦將各讓其所兼之官，自然天下文明，百工式敍，太平之業，可得而復也。臣誠蒙鄙，識昧古今，志之所切，實在於此。

手詔答曰：「優崇之命，所以報功；總領之司，期於賦政。卿入居台鉉，出統戎旃，爰自先朝，累匡多難，靖羣氛於海表，凝庶績於天階。敏事而寡言，居敬而行簡，人難其易，爾易其難。所以命掌六聯，首茲百辟，顧循時議，僉謂允諧。而屢拜封章，懇懷讓挹，守淳素之道，語政理之源，無待禮成，曲從德讓。宜宣示於外，編之史册。」遣內侍魚朝恩傳詔，賜美人盧氏等六人，從者八人，幷車服、帷帳、牀蓐、珍玩之具。

時蕃虜屢寇京畿，倚蒲、陝爲內地，常以重兵鎮之。永泰元年五月，以子儀都統河南道節度行營，出鎮河中。八月，僕固懷恩誘吐蕃、迴紇、党項、羌、渾、奴剌，山賊任敷、鄭庭、郝德、劉開元等三十餘萬南下，先發數萬人掠同州，期自華陰趨藍田，以扼南路，懷恩率重兵繼其後。迴紇、吐蕃自涇、邠、鳳翔數道寇京畿，掠奉天、醴泉。京師震恐，天子下詔親征，命李忠臣屯東渭橋，李光進屯雲陽，馬璘、郝廷玉屯便橋，駱奉先、李日越屯盩厔，李抱玉屯鳳翔，周智光屯同州，杜冕屯坊州，天子以禁軍屯苑內。京城壯丁，并令團結。城二門塞其一。魚朝恩括士庶私馬，重兵捉城門，市民由竇穴而遁去，人情危迫。

是時，急召子儀自河中至，屯於涇陽，而虜騎已合。子儀一軍萬餘人，而雜虜圍之數重。子儀使李國臣、高昇拒其東，魏楚玉當其南，陳迴光當其西，朱元琮當其北。子儀率甲騎二千出沒於左右前後，虜見而問曰：「此誰也？」報曰：「郭令公也。」迴紇曰：「令公存乎？僕固懷恩言天可汗已棄四海，令公亦謝世，中國無主，故從其來。今令公存，天可汗存乎？」報之曰：「皇帝萬歲無疆。」迴紇皆曰：「懷恩欺我。」子儀又使諭之曰：「公等頃年遠涉萬里，翦除兇逆，恢復二京。是時子儀與公等周旋艱難，何日忘之。今忽棄舊好，助一叛臣，何其愚也！且懷恩背主棄親，於公等何有？」迴紇曰：「謂令公亡矣，不然，何以至此。令公誠存，安得而見之？」子儀將出，諸將諫曰：「戎狄之心，不可信也，請無往。」子儀曰：「虜有數十倍之衆，今力固不敵，且至誠感神，況虜輩乎！」諸將曰：「請選鐵騎五百衞從。」子儀曰：「適足以爲害也。」乃傳呼曰：「令公來！」虜初疑，持滿注矢以待之。子儀以數十騎徐出，免冑而勞之曰：「安乎？久同忠義，何至於是？」迴紇皆捨兵下馬齊拜曰：「果吾父也。」子儀召其首領，各飲之酒，與之羅錦，歡言如初。

子儀說迴紇曰：「吐蕃本吾舅甥之國，無負而至，是無親也。若倒戈乘之，如拾地芥耳。

其羊馬滿野，長數百里，是謂天賜，不可失也。今能逐戎以利舉，與我繼好而凱旋，不亦善乎！」會懷恩暴死于鳴沙，羣虜無所統攝，遂許諾，乃遣首領石野那等入朝。子儀遣朔方兵馬使白元光與迴紇會軍。吐蕃知其謀，是夜奔退。迴紇與元光追之，子儀大軍繼其後，大破吐蕃十餘萬於靈武臺西原〔七〕，斬首五萬，生擒萬人，收其所掠士女四千人，獲牛羊駝馬，三百里內不絕。子儀自涇陽入朝，加實封二百戶，還鎭河中。

大曆元年十二月，華州節度使周智光殺監軍張志斌謀叛，帝以同、華路阻，召子儀女壻工部侍郎趙縱受口詔往河中，令子儀起軍討之。縱請爲蠟書，令家僮間道賜子儀。奉詔大閱軍戎，將發，同華將吏聞軍起，乃斬智光父子，傳首京師。二年二月，子儀入朝，宰相元載、王縉、僕射裴冕、京兆尹黎幹、內侍魚朝恩共出錢三十萬，置宴於子儀第，恩出羅錦二百匹，爲子儀纏頭之費，極歡而罷。九月，吐蕃寇涇州，詔子儀以步騎三萬自河中移屯涇陽。十月，蕃軍退至靈州，邀擊敗之，斬馘二萬。十二月，盜發子儀父墓，捕盜未獲。人以魚朝恩素惡子儀，疑其使之。子儀心知其故，及自涇陽將入，議者慮其構變，公卿憂之。及子儀入見，帝言之，子儀號泣奏曰：「臣久主兵，不能禁暴，軍士殘人之墓，固亦多矣。此臣不忠不孝，上獲天譴，非人患也。」朝廷乃安。三年三月，還河中。八月，吐蕃寇靈武。九月，詔子儀率師五萬自河中移鎭奉天。是月，白元光大破吐蕃於靈武。十月，子儀入朝，還鎭河中。

時議以西蕃侵寇，京師不安，馬璘雖在邠州，力不能拒，乃以子儀兼邠寧慶節度，自河中移鎮邠州，徙馬璘爲涇原節度使。八年十月，吐蕃寇涇州，子儀遣先鋒兵馬使渾瑊逆戰于宜祿，不利。會馬璘設伏於潘源，與瑊合擊，大破蕃軍，俘斬數萬計。迴紇赤心賣馬一萬匹，有司以國計不充，請市千匹。子儀以迴紇前後立功，不宜阻意，請自納一年俸物，充迴紇馬價，雖詔旨不允，內外稱之。九年，入朝，代宗召對延英。語及西蕃充斥，苦戰不暇，言發涕零。既退，復上封論備吐蕃利害，曰：

朔方，國之北門，西禦犬戎，北虞獫狁，五城相去三千餘里。開元、天寶中，戰士十萬，戰馬三萬，纔敵一隅。自先皇帝龍飛靈武，戰士從陛下收復兩京，東西南北，曾無寧歲。中年以僕固之役，又經耗散，人亡三分之二，比於天寶中有十分之一。今吐蕃充斥，勢強十倍，兼河、隴之地，雜羌、渾之衆，每歲來闚近郊。以朔方減十倍之軍，當吐蕃加十倍之騎，欲求制勝，豈易爲力！近入內地，稱四節度，每將盈萬，每賊兼乘數四。臣所統將士，不當賊四分之一，所有征馬，不當賊百分之二，誠合固守，不宜與戰。又得馬璘牒，賊擬涉渭而南。臣若堅壁，恐犯畿甸；若過畿內，則國人大恐，諸道易搖。外有吐蕃之強，中有易搖之衆，外畏內懼，將何以安？

臣伏以陛下横制勝之術，力非不足，但慮簡練未精，進退未一，時淹師老，地闊勢分。願陛下更詢讜議，愼擇名將，俾之統軍，於諸道各抽精卒，成四五萬，則制勝之道必矣，未可失時。臣又料河南、河北、山南、江淮小鎭數千，大鎭數萬，空耗月餼，曾不習戰。臣請抽赴關中，敎之戰陣，則軍聲益振，攻守必全，亦長久之計也。臣猥蒙任遇，垂二十年，今齒髮已衰，願避賢路，止足之誡，神明所鑒。

詔曰：「卿憂深慮遠，殊沃朕心，始終倚賴，未可執辭也。」

德宗卽位，詔還朝，攝冢宰，充山陵使，賜號「尚父」，進位太尉、中書令，增實封通計二千戶，給一千五百人糧，二百匹馬草料，所領諸使副元帥並罷。諸子弟女壻拜官者十餘人。建中二年夏，子儀病甚，德宗令舒王誼傳詔省問。及門，郭氏子弟迎拜於外，王不答拜；子儀臥不能興，以手叩頭謝恩而已。六月十四日薨，時年八十五，德宗聞之震悼，廢朝五日，詔曰：

天地以四時成物，元首以股肱作輔，公台之任，鼎足相承，上以調三光，下以蒙五岳。允釐庶績，鎭撫四夷，體元和之氣，根貞一之德，功至大而不伐，身處高而更安。尚父比呂望之名，爲師增周公之位，盛業可久，歿而彌光。故太尉、兼中書令、上柱國〔八〕、汾陽郡王、尚父子儀，天降人傑，生知王佐，訓師如子，料敵若神。昔天寶多難，羯胡作禍，咸秦失險，河洛爲戎。公能扶翼肅宗，載造區夏。於國有患，勞其戡定；於邊有寇，藉其驅除。安社稷必在於絳侯〔九〕，定羌戎無踰於充國。絳臺綏四散之衆，涇陽降十萬之虜。勳高今古，名讋夷狄，而勞乎征鎭，二紀于茲。

頃以春秋既高，疆埸多事，罷彼旌鉞，寵在台衡。以公柱石四朝，藩翰萬里，忠貞懸於日月，寵遇冠於人臣，尊其元老，加以崇號，期壽考之永，養勳賢之德。膏肓生疾，藥石靡攻，人之云亡，梁木斯壞。雖賻禮加等，輟朝增日，悼之流涕，曷可弭忘。更議追崇，名位斯極，而尊爲尙父，官協太師，雖爵秩則同，而體望尤重。歛以衮冕，旌我元臣。聖祖園陵，所宜陪葬，式墓表文終之德，象山追去病之勳。千載如存，九原可作，册命之禮，有司備焉。可贈太師，陪葬建陵。仍令所司備禮册命，賻絹三千匹、布三千端、米麥三千石。

舊令一品墳高丈八，而詔特加十尺。羣臣以次赴宅弔哭。凶喪所須，并令官給。及葬，上御安福門臨哭送之，百僚陪位隕泣，賜謚曰忠武，配饗代宗廟庭。

子曜、旰、晞、昢、晤、曖、曙、映等八人，壻七人，皆朝廷重官。諸孫數十人，每羣孫問安，不盡辨，頷之而已。參佐官吏六十餘人，後位至將相，升朝秩貴位，勒其姓名於石，今在河中府。人士榮之。

史臣裴垍〔10〕曰：汾陽事上誠藎，臨下寬厚，每降城下邑，所至之處，必得士心。前後遭罹倖臣程元振、魚朝恩譖毁百端，時方握強兵，或方臨戎敵，詔命徵之，未嘗不即日應召，故讒謗不能行。代宗幸陝時，令以數十騎覘賊，及在涇陽，又陷於胡虜重圍之中，皆以身許國，未嘗以危亡易慮，亦遇天幸，竟免患難。田承嗣方跋扈魏州，傲狠無禮，子儀嘗遣使至，承嗣西望拜之，指其膝謂使者曰：「茲膝不屈於人若干歲矣，今爲公拜。」李靈曜據汴州，公私財賦一皆遏絕，獨子儀封幣經其境，莫敢留之，必持兵衞送。其爲豺虎所服如此。麾下老將若李懷光輩數十人，皆王侯重貴，子儀頤指進退，如僕隸焉。幕府之盛，近代無比。始與李光弼齊名，雖威略不逮，而寬厚得人過之。歲入官俸二十四萬貫，私利不在焉。其宅在親仁里，居其里四分之一，中通永巷，家人三千，相出入者不知其居。前後賜良田美器，名園甲館，聲色珍玩，堆積羨溢，不可勝紀。代宗不名，呼爲大臣。天下以其身爲安危者殆二十年。校中書令考二十有四。權傾天下而朝不忌，功蓋一代而主不疑，侈窮人欲而君子不之罪。富貴壽考，繁衍安泰，哀榮終始，人道之盛，此無缺焉。唯以讒怒誣奏判官戶部郎中張譚杖殺之，物議爲薄。

曜，子儀長子。性孝友廉謹。子儀出征於外，留曜治家，少長千人，皆得其所。諸弟爭飾池館，盛其車服，曜以儉朴自處。累遷至太子賓客。建中初，子儀罷兵柄，乃遍加諸子官，以曜爲太子少保。子儀薨，曜遵遺命，四朝所賜名馬珍玩，悉皆上獻，德宗復賜之，曜乃散諸昆弟。子儀薨後，楊炎、盧杞相次秉政，姦諂用事，尤忌勳族。子儀之壻太僕卿趙縱、少府少監李洞清、光祿卿王宰，皆以家人告訐細過，相次貶黜。曜家大恐，賴宰相張鎰力爲庇護。姦人幸其危懼，多論奪田宅奴婢，曜不敢訴。德宗微知之，詔曰：「尙父子儀，有大勳力，保乂皇家，嘗誓以山河，琢之金石，十世之宥，其可忘也！其家前時與人爲市，以子儀身歿，或被誣構，欲論奪之，有司無得爲理。」詔下方已。曜居喪得禮，若儒家子，服未闋寢疾，或勸其茹葱薤，曜竟不屬口。建中四年三月卒，贈太子太傅。

晞，子儀第三子。少善騎射，常從父征伐。初以戰功授左贊善大夫，從廣平王收復兩京，晞力戰於香積寺、陝西，皆出奇兵克捷，以功加銀青光祿大夫、鴻臚卿。後河中軍亂，殺節度使李國貞、荔非元禮於絳，詔以子儀爲河東關內副元帥，鎭絳州。時四方擾叛，多逐戎帥，子儀至絳，誅其元惡，其黨頗不自安，欲謀翻變。晞知其謀，選親兵四千，伏甲以防之，常持弓警夜，不寐者凡七十日，叛將竟不敢發，以功拜殿中監。廣德二年，僕固懷恩誘吐蕃、迴紇入寇，加晞御史中丞，領朔方軍以援邠州，與馬璘合勢，大破蕃軍。其年冬，懷恩誘虜再寇邠州，陣于涇北，子儀令晞率步卒五千、騎軍五百，出西南掩擊之。晞以兵寡不敵，持而不戰，及至晡晚，乘其半濟而擊之，大破獯虜，斬首五千級。是時連戰皆捷，詔加御史大夫，子儀固讓不受。永泰二年，檢校左散騎常侍。大曆七年，加開府儀同三司。十二年，丁母憂；服除，加檢校工部尚書，判祕書省事。建中二年，丁父喪，持服京城。朱泚構逆，遣人就第問訊，欲令掌兵，晞佯瘖噤口不言，泚以兵脅之，晞終不語，賊知其不可用，乃止。晞潛奔奉天，僅而獲免。

初，晞兄曜襲父代國公，實封二千戶，及曜卒，詔曰：「故尚父、太尉、中書令、汾陽王，功格上玄，道光下土，積其善慶，垂裕無窮。雖嫡長云殂，支宗斯盛，汾陽舊邑，盍有丕承。其男前左散騎常侍、駙馬都尉、食實封五百戶曖，夙稟義方，居忠履孝，儷崇銀牓，攄美金章，繼撫先封，允宜聽復。曖兄檢校工部尚書、守太子賓客、趙國公晞，幷弟右金吾將軍、祁國公、食實封二百五十戶曙，太子左諭德映等，並休有令名，保其先業，宜允推恩之典，以明延嗣之誠。其實封二千戶，宜準式減半，餘可分襲。曖可襲代國公，仍通前襲三百戶；晞可二百五十戶；曙可五十戶，通前三百七十戶；映可二百三十五戶。」尋又詔尚父子儀男晞、曖、映、曙四人所襲實封，各減五十戶，以賜郭曜男鉼、郭晤男鐇，各襲一百戶。

晞至行在，復檢校工部尚書、太子詹事；從駕還京，改太子賓客。晞子鋼爲朔方節度使杜希全賓佐，希全以鋼攝豐州刺史。晞以鋼幼弱，恐不任邊職，貞元七年，晞上章請罷鋼官。德宗遣中使召之，鋼疑以他事見攝，乃單騎走入吐蕃。蕃將見鋼獨叛，不納，置之筏上，流入黃河令歸，杜希全得之，送赴京師，賜鋼自盡，晞亦坐子免官。明年，復授太子賓客。貞元十年卒，贈兵部尚書。晞次子鈞。鈞子承嘏別有傳。

曖，子儀第六子。年十餘歲，尚代宗第四女昇平公主，時昇平年亦與曖相類。大曆中，恩寵冠於戚里，歲時錫賚珍玩，不可勝紀。大曆十三年，有詔毀除白渠水支流碾磑，以妨民溉田。昇平有脂粉磑兩輪，郭子儀私磑兩輪，所司未敢毀徹。公主見代宗訴之，帝謂公主曰：「吾行此詔，蓋爲蒼生，爾豈不識我意耶？可爲衆率先。」公主即日命毀。由是勢門碾磑八十餘所，皆毀之。曖檢校左散騎常侍。建中末，公主坐事，留之禁中，曖亦不令出入〔二〕。既而朱泚之亂，不知車駕幸奉天，爲賊所逼，欲授僞官，曖辭以居喪被疾。既而與兄晞、弟曙及昇平公主皆奔奉天，德宗喜，並釋前咎，待之如初，復銀青光祿大夫、檢校左散騎常侍。從駕至山南，改太常卿同正員。

貞元中，帝爲皇孫廣陵郡王納曖女爲妃。曖，貞元十六年七月卒，贈尚書左僕射。昇平公主，元和五年十月薨，贈虢國大長公主，謚曰懿。廣陵王即位，爲憲宗皇帝，妃生穆宗皇帝。元和十五年，穆宗即位，尊郭妃爲皇太后，詔曰：「追遠飾終，先王令典。況積仁累義，事已顯於身前；祥會慶傳，福遂流於天下。式光盛德，爰舉徽章，尊尊親親，於是乎在。皇太后父贈尙書左僕射曖，克荷崇構，有勞王家，孝友本於生知，英華發於事任，實修一德，歷仕三朝。建中末年，屬有大難，畢力扈蹕，忘軀即戎，忠貞之節，國史明備。才高望洽，是膺沁水之祥；德厚流光，乃啓塗山之祚。肆予小子，獲纘大業，未展定申之命，敢緣褒紀之恩，俾繼維師，用光縟禮。可贈太傅。」曖子釗、鏦、銛。

曙，代宗朝累歷司農卿，居父憂。建中三年冬，舒王誼爲淮西、山南諸道大元帥，以曙檢校左庶子，爲元帥府都押牙。京城亂，從幸山南，轉太府卿。隨駕還京，拜左金吾衞大將軍。貞元末卒。

釗，偉姿儀，身長七尺，方口豐下，沉默寡言。母昇平長公主。代宗朝，釗爲外孫，恩寵踰等，起家爲太常寺奉禮郎。德宗朝，累官至太子右庶子。元和初，爲左金吾衞大將軍，充左街使。九年十一月，檢校工部尙書，兼邠州刺史，充邠寧節度使。數歲，檢校戶部尙書，入爲司農卿。釗，大勳之後，姻聯戚里，而謙和接物，恭愼自持，居家臨民，無驕怠之色，無奢侈之失，士君子重之。十五年正月，憲宗寢疾彌旬，諸中貴人秉權者欲議廢立，紛紛未定。

穆宗在東宮，心甚憂之，遣人問計於釗，釗曰：「殿下身爲皇太子，但旦夕視膳，謹守以俟，又何慮乎！」迄今稱釗得元舅之體。

穆宗卽位，册皇太后南內，推崇外氏，以釗兼司農卿〔三〕。未幾，檢校戶部尚書，充河陽三城懷節度使。歲中，換河中尹、河中晉絳慈隰節度使。釗歷踐藩鎮，以汾陽胄胤，材能選用，不獨憑椒房之勢，所莅簡約不撓，其俗自理。敬宗卽位，尊郭太后爲太皇太后，徵釗爲兵部尚書，兼檢校尚書左僕射。明年，出爲梓州刺史、劍南東川節度使。文宗卽位，加司空。大和三年冬，南蠻陷嶲州，遂寇西川，杜元穎失於控禦，蠻軍陷成都府外城。朝廷未暇除帥，乃以釗兼領西川節度。蠻軍已寇梓州，諸道援軍未至，川軍寡弱，不可令戰。釗致書於蠻首領嵯巓，責以侵寇之意，嵯巓曰：「杜元穎不守疆埸，屢侵吾圉，以是修報也。」與釗修好而退。朝廷嘉之，授成都尹、劍南西川節度使。與南詔立約，疆陲不擾。以疾求代。四年入爲太常卿、檢校司徒。十二月，在道卒，詔贈司徒。子仲文、仲辭。

鏦，母昇平長公主，大曆、貞元之間，恩禮冠諸主。順宗在東宮，以女德陽郡主尚鏦，時鏦與公主年未及冠，郡主尤爲德宗之所鍾愛，故鏦之貴寵，焜燿一時。順宗卽位，改封德陽爲漢陽公主。鏦累官至衞尉卿、駙馬都尉，改殿中監。穆宗卽位，鏦爲叔舅，改右金吾衞大將軍、兼御史大夫，充左街使。城南有汾陽王別墅，林泉之致，莫之與比，穆宗常遊幸之，置酒極歡而罷，賜鏦甚厚。俄加檢校工部尙書，兼太子詹事，充閑廐宮苑使。從容貴位三十餘年，而椒房之寵，國舅之恩，近代已來，無有其比。而鏦恭遜虔恪，不以富貴驕人，士無賢不肖，接之以禮，由是中外稱之。長慶二年十月卒，贈尙書左僕射，仍以其弟銛代鏦爲太子詹事，充閑廐宮苑使。

仲文，大和末爲殿中少監。開成初，詔仲文襲父太原郡公，制下，給事中封敕奏曰：「伏準制書，贈司徒郭釗嫡男仲文襲封太原郡公者，臣近訪知郭釗妻沈氏，公主之女，代宗皇帝外孫，有男仲辭，已選尙主。仲文不合假冒，自稱嫡子。若仲文承嫡，卽沈氏須黜居別室，仲辭不合配尙貴主。伏以郭仲文，尙父子儀之孫，太皇太后之姪，戚里勳門，無與儔比，婚姻嫡庶，朝野具知，奪宗之配，實玷風教。且仲文、仲辭既非同出，襲封尙主，不可並行。伏請付臺勘當。」詔曰：「以萬年縣尉仲辭襲封。」仲文落下，以太皇太后姪，不之罪。尋以仲辭爲銀青光祿大夫、檢校殿中少監、駙馬都尉，襲封太原郡公，尙饒陽公主。又仲辭兄詹事府丞仲恭，爲銀青光祿大夫，尙金堂公主。

幼明，尙父子儀之母弟也。性謹愿無過，不工武藝，喜賓客飲讌，居家御衆，皆得其歡心。以子儀勳業，累歷大卿監。大曆八年卒，贈太子太傅。

子昕，肅宗末爲四鎭留後。自關、隴陷蕃，爲虜所隔，其四鎭、北庭使額，李嗣業、荔非元禮皆遙領之。昕阻隔十五年，建中二年，與伊西北庭節度使李元忠俱遣使于朝，德宗嘉之。詔曰：「四鎭、二庭，統任西夏五十七蕃十姓部落，國朝以來，相次率職。自關、隴失守，東西阻絕，忠義之徒，泣血相守，愼固封略，奉尊朝法，皆侯伯守將交修共理之所致也。伊西北庭節度使李元忠，可北庭大都護；四鎭節度留後郭昕，可安西大都護、四鎭節度使。其將吏已下敍官，可超七資。」

李元忠，本姓曹，名令忠，以功賜姓名。時昕使自迴紇歷諸蕃部，方達於朝。又有袁光庭者，爲伊州刺史，隴右諸郡皆陷，光庭堅守伊州，吐蕃攻之累年，兵盡食竭，光庭先刃其妻子，自焚而死。因昕使知之，贈工部尙書。

史臣曰：天寶之季，盜起幽陵，萬乘播遷，兩都覆沒。天祚土德，實生汾陽。自河朔班師，關西殄寇，身扞豺虎，手披荆榛。七八年間，其勤至矣，再造王室，勳高一代。及國威復振，羣小肆讒，位重懇辭，失寵無怨。不幸危而邀君父，不挾憾以報仇讎，晏然効忠，有死無二，誠大雅君子，社稷純臣。自秦、漢已還，勳力之盛，無與倫比。而晞、曖於縷粗之中，拔身虎口，赴難奉天，可謂忠孝之門有嗣矣。

贊曰：猗歟汾陽，功扶昊蒼。秉仁蹈義，鐵心石腸。四朝靜亂，五福其昌。爲臣之節，敢告忠良。

校勘記

〔一〕河南　「河」字各本原無，據御覽卷一九八補。

〔二〕季廣琛　「季」字各本原作「李」，據本書卷一〇肅宗紀、通鑑卷二二〇改。

〔三〕肅宗　二十二史劄記卷一八據子儀表文有「陛下貽臣詔書一千餘篇」「賜手詔敕書凡二十卷」云云，謂「肅」是「代」之誤。

〔四〕邠王守禮子　「子」字各本原作「孫」，據本書卷八六章懷太子賢傳改。

〔五〕諫官屢論之　「諫官」，各本原作「東宮」，冊府卷六七〇作「諫官」。按代宗「東幸」在廣德元年，德宗立爲皇太子在廣德二年，故「東幸」時不得有「東宮」之稱，今據冊府改。

〔六〕難逃天子之責　冊府卷四〇九「天子」作「天下」。

〔七〕靈武臺　本書卷一九六上吐蕃傳、冊府卷三六六作「靈臺」。

〔八〕上柱國　「上」字各本原無，據唐大詔令集卷六三補。

〔九〕必在於絳侯　「在」字各本原作「有」，據冊府卷三一九、唐大詔令集卷六三改。

〔一〇〕裴垍　各本原作「裴洎」，據本書卷一四八裴垍傳改。

〔一一〕曖亦不令出入　「不」字各本原無，據冊府卷一四九補。

〔一二〕以釗兼司農卿　冊府卷三〇一「兼」上有「爲刑部尚書」五字。

舊唐書卷一百二十一

列傳第七十一

僕固懷恩　梁崇義　李懷光

僕固懷恩，鐵勒部落僕骨歌濫拔延之曾孫〔一〕，語訛謂之僕固。貞觀二十年，鐵勒九姓大首領率其部落來降，分置瀚海、燕然、金微、幽陵等九都督府於夏州，別爲蕃州以禦邊，授歌濫拔延爲右武衞大將軍、金微都督。拔延生乙李啜拔，乙李啜拔生懷恩，世襲都督。天寶中，加左領軍大將軍同正員、特進。歷事節度王忠嗣、安思順，皆以善格鬬，達諸蕃情，有統禦材，委之心腹。及安祿山反，從郭子儀討高秀巖于雲中，破之，又敗薛忠義于背度山下，抗賊七千騎，生擒忠義男，襲下馬邑郡。十五載，進軍與李光弼合勢，及史思明戰于常山、趙郡、沙河、嘉山，皆大破之，懷恩功居多。

肅宗即位於靈武，懷恩從郭子儀赴行在所。時同羅部落自西京叛賊，北寇朔方，子儀與懷恩擊之。懷恩子玢領徒擊賊，兵敗而降，尋又自拔而歸，懷恩叱而斬之。將士慴駭，無不一當百，遂破同羅千餘騎於河上，盡收其器械、駝馬。肅宗雖仗朔方之衆，將假蕃兵以張形勢，乃遣懷恩與燉煌王承寀使于迴紇，請兵結好。迴紇可汗遂以女妻承寀，兼請公主，遣首領隨懷恩入朝。

二年正月，又從子儀下馮翊、河東二郡，走僞將崔乾祐，又襲破潼關。賊將安守忠、李歸仁自京率衆來援，苦戰二日，官軍敗績。懷恩退至渭水，無舟楫，抱馬以渡，存者僅半，乃奔歸子儀於河東，整其餘衆。四月，子儀赴鳳翔，李歸仁以勁卒五千邀之於三原北。子儀窘急，使懷恩及王昇、陳迴光、渾釋之、李國貞等五將伏兵於白渠留運橋以待之，賊至伏發，歸仁大敗而走。又從子儀戰于清渠，不利，歸于鳳翔。及迴紇使葉護帝得數千騎來赴國難，南蠻、大食之卒相繼而至。肅宗乃遣廣平王爲元帥，以子儀爲副，而懷恩領迴紇兵從之灃水〔三〕。賊伏兵於營東，懷恩引迴紇馳殺之，匹馬不歸，賊乃大潰。日暮，懷恩謂王曰：「賊必棄城走矣，請以二百騎馬追之，縛取李歸仁、田乾眞、安守忠、張通儒。」王曰：「將軍戰亦疲矣，且休息，迨明而後圖之。」懷恩曰：「歸仁、守忠，天下驍賊也，驟勝而敗，此天與我也，奈何縱之不取？若使得衆，復爲我患，雖悔無及。夫戰尚速，何明日爲？」王固止之，令還營。懷恩又固請，往而復反，一夕四五起。遲明諜至，守忠等果逃。又從王大破賊於陝西之新店，收兩京，皆立殊功。以前後功加開府儀同三司、鴻臚卿同正員、同節度副使。十二月，封豐國公，食實封二百戶。

乾元元年九月，遣九節度擊安慶緒於相州。從郭子儀領朔方行營，破安太清，下懷、衞二州，圍相州，戰愁思崗。凡經五月，常爲先鋒，堅敵大陣，必經其戰，勇冠三軍。尋充都知兵馬使。及李光弼代子儀，懷恩又副之。乾元二年，進封大寧郡王，遷御史大夫、朔方行營節度。又從李光弼守河陽，破周乂，擒徐璜玉、安太淸，拔懷州，皆摧鋒陷敵，功冠諸將。其男瑒又以開府儀同三司從將兵於其軍，每深入虜陣，以勇敢聞，軍中號爲「鬬將」。

懷恩爲人雄毅寡言，應對舒緩，而剛決犯上，始居偏裨之中，意有不合，雖主將必詬怒之。郭子儀爲帥，以寬厚容衆，素重懷恩，其麾下皆朔方蕃漢勁卒，恃功怙將，多爲不法，子儀每事優容之，行師用兵，倚以輯事。而光弼持法嚴肅，法不貸下，懷恩心憚而頗不叶。上元二年，從李光弼與史思明戰于邙山，不利。肅宗以懷恩功高，恩顧特異諸將，至冬，加工部尙書，敕李輔國及常參官送上，太官造食以寵之。

代宗卽位，拜隴右節度，未行，改朔方行營節度，以副郭子儀。其秋，上使中官劉淸潭請兵於迴紇登里可汗，登里已爲史朝義誘之傾國入塞，衆號十萬，關中騷擾，上使殿中監藥子昂馳於塞上勞之，遇於忻州。先是，肅宗以寧國公主下嫁於毘伽闕可汗，毘伽闕可汗又以少子請婚，肅宗以懷恩女妻之。毘伽可汗死，少子代立，卽登里可汗。登里立，以懷恩女爲可敦。至是，可汗請與懷恩及懷恩之母相見，詔從之。懷恩嫌疑不敢，上因賜鐵券，手詔以遣之，卽令其母便發。懷恩與迴紇可汗相見於太原，可汗大悅，遂許助討朝義，於是進兵，歷太原、汾、晉，營于陝州以俟期。十月，詔天下兵馬元帥雍王爲中軍先鋒，以懷恩爲副，加同中書門下平章事，領河東、朔方節度行營及鎭西、迴紇兵馬赴陝州，并令諸道節度一時齊進。懷恩與迴紇左殺爲先鋒，觀軍容使魚朝恩、陝州節度郭英乂爲後殿，自澠池入；陳鄭節度李抱玉自河陽入；河南副元帥、雍王留陝州〔三〕。懷恩等師至黃水，賊徒數萬，堅栅自固。懷恩陣于西原上，廣張旗幟以當之，命驍騎及迴紇之衆傍南山出於東北，兩軍舉旗內應，表裏擊之，一鼓而拔，賊死者數萬。朝義領鐵騎十萬來救，陣於昭覺寺，賊皆殊死決戰，短兵既接，相殺甚衆。官軍驟擊之，賊陣而不動。魚朝恩令射生五百人下馬，弓弩亂發，多中賊而死，陣亦如初。鎭西節度使馬璘曰：「事急矣！」遂援旗而進，單騎奔擊，奪賊兩牌，突入萬衆之中，左右披靡，大軍乘之而入，朝義大敗，斬首一萬六千級，生擒四千六百人，降者三萬二千人。轉戰於石榴園、老君廟，賊黨又敗，人馬蹂踐，塡於尙書谷，朝義輕騎而走。懷恩乃進收東京及河陽城，封其府庫，僞中書令許叔冀、王伷等，承制釋之，悉皆安堵。

懷恩留迴紇可汗營於河陽，乃使其子右廂兵馬使瑒、北庭朔方兵馬使高輔成以步軍萬餘衆乘勝逐北。懷恩常壓賊而行，至于鄭州，再戰皆捷；進至汴州，僞節度張獻誠開門出降；又拔滑州，追破朝義于衞州。僞睢陽節度田承嗣、李進超、李達盧等兵馬四萬餘衆，又與朝義合，據河來拒。瑒連盤濟師，登岸薄之，賊黨悉奔，長驅至昌樂縣東。朝義率魏州兵馬來戰，又敗走，達盧來降，賊徒震駭。於是相州僞節度薛嵩以相、衞州、洺、邢、趙降于李抱玉，高輔成、尙文恝；僞恆陽節度李寶臣以深、恆、定、易四州降于河東節度辛雲京。朝義至貝州，又與僞大將薛忠義兩節度合。瑒至臨淸縣，懼賊氣盛，駐軍以俟變。朝義領衆三萬幷攻具來攻，瑒令高彥崇、渾日進、李光逸等設三伏以待之，賊半渡，伏發，合擊而走之。其時迴紇又至，官軍益振，瑒卷甲馳之，大戰于下博縣東南。賊背水而陣，大軍衝擊而崩之，積屍擁流而下。朝義又走莫州。于是河南副元帥都知兵馬使薛兼訓、兵馬使郝廷玉、兗鄆節度使辛雲京會師於下博，進軍莫州城下。朝義與田承嗣頻出挑戰，大敗而旋，臨陣殺其僞尙書敬榮。朝義懼，自分萬餘衆投歸義縣，留承嗣守城。於是淄青節度侯希逸繼諸將同爲攻守，凡月餘日。瑒與高彥崇、侯希逸、薛兼訓等以衆三萬追及朝義於歸義縣，交鋒而賊潰。屬幽州節度使李懷仙送降款，瑒頓兵於其境，遣懷仙分兵追躡。二年三月，朝義至平州石城縣温泉栅，窮蹙，走入長林自縊，懷仙使妻弟徐有濟傳其首以獻。又降田承嗣之軍，河北悉平，懷恩乃與諸將班師。

先是，去冬郭子儀以懷恩有平定河朔之功，讓位於懷恩，遂授河北副元帥、尚書左僕射、兼中書令、靈州大都督府長史、單于鎭北大都護、朔方節度使，仍加實封四百戶，通前一千戶。春，又加太子少師，充朔方都知兵馬使、同節度副大使，食實封五百戶，莊宅各一所，仍與一子五品官。高輔成太子少傅、兼御史中丞，充河北副元帥都知兵馬使，加實封三百戶，仍與一子五品官。高彥崇太子賓客，依舊朔方右廂兵馬使，實封二百戶，莊宅各賜一所，與一子五品官。

遂詔懷恩統可汗還蕃，遂自相州西郭口趣潞州，與迴紇可汗會，出太原之北。懷恩初至太原，辛雲京以可汗是其子壻，疑其召戎，閉關不報，且懼可汗相襲，不敢犒軍；及還，亦如之。懷恩父子宣力王室，攻城野戰，無役不從，一舉滅史朝義，復燕、趙、韓、魏之地，自以爲功無以讓。至是，又爲雲京所拒，懷恩怒，上表列其狀，頓軍汾州。會中官駱奉先使于雲京，雲京言懷恩與可汗爲約，逆狀已露，乃與奉先厚結歡。奉先迴至懷恩所，其母數讓奉先曰：「爾等與我兒約爲兄弟，今又親雲京，何兩面乎？雖然，前事勿論，自今母子兄弟如初。」酒酣，懷恩起舞，奉先贈纏頭綵。懷恩將酬其貺，奉先遽告發，懷恩曰：「明日端午，請宿爲令節。」奉先固辭，懷恩苦邀之，命藏其馬。中夕謂其從者曰：「向者責吾，又收吾馬，是將害我也。」奉先懼，遂踰垣而走。懷恩驚，遽令追還其馬。奉先使迴，奏其反狀。懷恩累奏請誅雲京、奉先，上以雲京有功，手詔和解之，懷恩遂有貳於我。至七月，改元廣德，册勳拜太保，仍與一子三品、一子四品官幷階，仍加實封五百戶。僕固瑒一子五品官，加實封一百戶。仍賜鐵券，以名藏太廟，畫像於凌煙閣。尋以瑒爲御史大夫、朔方行營節度。

懷恩以寇難已來，一門之內死王事者四十六人，女嫁絕域，再收兩京，皆導引迴紇，摧滅強敵，而爲人媒孽，蓄性獷戾，怏怏不已。乃上書自敍功伐，曰：

廣德元年八月二十三日，開府儀同三司、尚書左僕射、兼中書令、朔方節度副大使、河北副元帥、上柱國、大寧郡王臣懷恩，刺肝瀝血，謹頓首頓首上書寶應聖文神武皇帝陛下。臣家本蕃夷，代居邊塞，爰自祖父，早沐國恩。臣年未弱冠，卽蒙上皇驅策，出入死生，竭力疆場，叨承先帝報功，時年已授特進。洎乎祿山作亂，大振王師，臣累任偏裨，決死靖難，上以安社稷，下以拯生靈，仗皇天之威神，滅狂胡之醜類。無何，思明繼逆，又據東周，宸極不安，海內騰沸。臣謬承大行皇帝委任，授以兵權，誓雪國讎，以匡時難。闔門忠烈，咸願殺身，野戰攻城，皆先士卒。兄弟死於陣敵，子姪沒於軍前，九族之親，十不存一，縱有在者，瘡痍徧身。況陛下潛龍之時，親統師旅，臣忝事麾下，陛下悉臣愚誠。大行皇帝未捐宮館之時，臣頻立微效，累霑官賞，遂被輔國等讒害，幾至破家，便奪兵權，逾年宿衞。臣雖內省無疚，終懼讒佞傾危，以日繼時，命懸秋葉，至將歸骨泉壤，永謝明時。幸遇陛下龍躍天衢，繼纘鴻業，知臣負謗，察臣丹心，遂開獨見之明，杜絕衆多之口，特拔臣於汧、隴，再任臣於朔方。誠謂遊魂返骸，枯骨再肉，使臣得竭駑蹇之力，効錐刀之功，上答陛下再造之恩，下展微臣犬馬之志。

去年秋末，迴紇仗義而來，士庶不知，悉皆驚駭。陛下以臣與其姻婭，令至太原祗迎，一切事宜，許臣逐便處置。遂與可汗計議，分道用兵，克復洛陽，平蕩幽、薊，惟有神策兵馬，頓軍獨住陳留。可汗時在洛陽，即被朝恩猜阻，要爲流議，已失蕃情。臣自平賊卻迴，天恩又令餞送，臣遂罄竭家產，爲國周旋，發遣外蕃，貴圖上道。行至山北，被奉先、雲京共生異見，妄作加諸，閉城不出祗迎，仍令潛行竊盜。蕃夷怨怒，早欲相讎，臣遂彌縫，方得出界。及其祖餞事了，迴至太原，臣忝跡鼎司，又承重寄，奉先、雲京曾無禮數，閉關不出相看。臣遂過汾州，休息士馬，凡經數日，不遣一介知聞。自以行事乖疏，恐臣先有論奏，遂乃構其謗讟，妄起異端，扇動軍城，以爲設備。又臣從潞府過日，見抱玉祗迎迴紇，庶事用心，懇稱家資罄於公用，又與臣馬兼銀器四事，臣於迴紇處得絹，便與抱玉二千匹以充答贈。今被抱玉共相組織，將此往來之貺，便爲結託之私，貴在厚誣，務相傾奪。陛下不垂明察，採聽流言，欲令忠直之臣，枉陷讒邪之黨。臣實不欺天地，不負神明，夙夜三思，臣罪有六：

往年同羅背叛，河曲騷然，經略數軍，兵圍不解。臣不顧老母，走投靈州，先帝嘉臣忠誠，遂遣徵兵討叛，使得河曲清泰，賊徒奔亡。是臣不忠於國，其罪一也。

臣男玢嘗被同羅虜將，蓋亦制不由己，旋卽棄逆歸順，卻來投臣，臣斬之以令士衆。且臣不愛骨肉之重，而徇忠義之誠，是臣不忠於國，其罪二也。

臣有二女，俱聘遠蕃，爲國和親，合從討難，致使賊徒殄滅，寰宇清平。是臣不忠於國，其罪三也。

臣及男瑒，不顧危亡，身先行陣，父子効命，志寧邦家。是臣不忠於國，其罪四也。

陛下委臣副元帥之權，令臣指麾河北。其新附節度使，皆握強兵，臣之撫綏，悉安反側，州縣既定，賦稅以時。是臣不忠於國，其罪五也。

臣叶和迴紇，戡定兇徒，天下剷平，蕃夷歸國，使其永爲鄰好。義著急難，萬姓安寧，干戈止息，二聖山陵事畢，陛下忠孝兩全。是臣不忠於國，其罪六也。

臣既負六罪，誠合萬誅，延頸轅門，以待斧鑕。過此以往，更無他違。陛下若以此誅臣，何異伍子胥存吳，卒浮屍於江上，大夫種霸越，終賜劍於稽山。唯當呑恨九泉，銜冤千古，復何訴哉！復何訴哉！

且葵藿尙解仰陽，犬馬猶能戀主，臣忝恩至重，委任非輕，夙夜思奉天顏，豈暫心離魏闕，誠恐以忠獲罪，龜鏡不遙。頃者來瑱受誅，朝廷不示其罪，天下忠義，從此生疑。況來瑱功業素高，人多所忌，不審聖衷獨斷，復爲姦臣弄權？臣欲入朝，恐罹斯禍，諸道節度使皆懼，非臣獨敢如此。近聞追詔數人，並皆不至，實畏中官讒口，又懼陛下損傷，豈唯是臣不忠，只爲回邪在側。且臣前後所奏駱奉先詞情，非不摭實，陛下竟無處置，寵用彌深。皆由同類相從，致蒙蔽聖聰，人皆懼死，誰復敢言！臣義切君臣，志憂社稷，若無極諫，有負聖朝，敢肆愚忠，以干鼎鑊。況今西有犬戎背亂，東有吳、越不庭，均、房羣盜縱橫，鄜、坊稽胡草擾。陛下不思外禦，而乃內忌忠良，何以混一車書，而使梯航納賮？天下至大，豈可暫輕。

伏承四方數奏之人，引對之時，陛下皆云與驃騎商量，曾不委宰臣可否。或有稽留數月，不放歸還，遠近之心，轉加疑阻。且臣朔方將士，功効最高，爲先帝中興主人，是陛下蒙塵故吏，曾不別加優獎，卻信嫉妬謗詞，子儀先已被猜，臣今又遭毀黷。弓藏鳥盡，兔死犬烹，臣昔謂非，今方知實。且臣息軍汾上，關鍵大開，收馬放羊，曾無守備，分兵數郡，貴免般糧，勸課農桑，務安黎庶，有何狀跡，而涉異端。陛下必信矯詞，何殊指鹿爲馬？陛下倘斥逐邪佞，親附忠良，蠲削狐疑，數陳政化，使君臣無二，天下歸心，則窺邊之戎，不足爲患，梗命之寇，將復何憂，偃武修文，其則不遠。陛下若不納愚懇，且貴因循，臣實不敢保家，陛下豈能安國！忠言利行，良藥愈病，伏惟陛下圖之。

臣今戎事已安，糧儲且繼，深願一至闕下，披露心肝，再覩聖顏，萬死無恨。臣欲公然進發，慮恐將士留連。臣今便託巡晉、絳等州，於彼遷延且住，謹遣押衙開府儀同三司、試太常卿張休臧先進書兼口奏事。伏惟陛下覽臣此書，知臣誠懇，特垂聖斷，勿議近臣，待臣如初，浮謗不入，臣當死節王命，誓酬國恩。仍請遣一介專使至絳州問臣，臣卽便與同行，冀獲蹈舞軒陛。鄙臣愚慮，不顧死亡，輕觸天威，戰汗無地。

九月，上以迴紇近塞，懷恩又與辛雲京有隙，上欲其悔過，推心以待之。恐其不信，詔黃門侍郎裴遵慶使汾州喩旨，且察其去就。遵慶既至，懷恩抱其足號泣而訴，遵慶因宣聖恩優厚，諷令入朝，懷恩許諾。副將范志誠說之曰：「公以讒言交構，有功高不賞之懼，嫌隙已成，奈何入不測之朝？公不見來瑱、李光弼之事乎！功成而不見容，二臣以走、誅。」懷恩然之。明日，又以懼死爲辭，許令一子入朝，志誠又不可。遵慶復命。御史大夫王翊自迴紇使還，懷恩與可汗往來，恐洩其事，乃止之。遂令子瑒率衆攻雲京，雲京出戰，瑒大敗而旋，進圍榆次，朝廷患之。先是，尙書右丞顏眞卿請奉詔召懷恩，上因以眞卿爲刑部尙書、兼御史大夫往宣慰之。眞卿曰：「臣往請行者，時也；今方受命，事無益矣。」上問其故，對曰：「懷恩阻兵，是其反側明矣。頃陛下避狄于陝郊，臣方責以春秋之義，云寡君蒙塵於郊，敢不恭問官守。當是時也，懷恩來朝，以助討賊，則其辭順。今陛下攘去犬戎，卽宮京邑，懷恩進不勤王，退不釋衆，其辭曲，必不來矣。且明懷恩反者，獨辛雲京、李抱玉、駱奉先、魚朝恩四人耳，自外朝臣，咸言其枉。然懷恩將士，皆子儀部曲，恩信結其心，陛下何不以子儀代之，喻以逆順禍福，必相率而歸耳。」上從之。子儀至河中，僕固瑒已爲朔方兵馬使張惟岳等四人斬其首獻於闕下。懷恩聞之，率麾下數百騎，棄其母，渡河北走靈武。餘衆聞子儀到，束甲來奔，歸者數萬。懷恩至靈武，嘯聚亡命，其衆復振。上念其勳舊，不欲罪功臣，厚撫其家，懷恩終不從。其母月餘日竟以壽終。又遙授太師、兼中書令、大寧王，餘並停。

是秋爲鄉導，誘吐蕃十萬入寇涇、邠州，祭來瑱之墓，自序云「俱遭放逐」。寇奉天、醴泉，郭子儀拒之而退。永泰元年，上徵天下兵以防之。懷恩又糾合諸蕃，衆號二十萬，南犯京師：遣吐蕃之衆自北道先寇醴泉、奉天，任敷、鄭庭、郝德自東道寇奉先、同州，羌、渾、奴剌之衆自西道寇盩厔、鳳翔。朝廷大駭，詔遣郭子儀屯涇陽，渾日進、白元光屯奉天，李光進屯雲陽，馬璘、郝廷玉屯中渭橋，董秦屯東渭橋，駱奉先、李日越屯盩厔，李抱玉屯鳳翔，周智光、杜冕屯同州。上親率六軍，令魚朝恩屯苑中，下詔親征。

懷恩領迴紇及朔方之衆繼進，行至鳴沙縣，遇疾舁歸。九月九日，死於靈武，部曲以鄉法焚而葬之。張韶代領其衆，爲徐璜玉所殺；璜玉領其衆，又爲范志誠所殺，志誠領其衆。迴紇進寇涇陽，諸軍堅壁不戰。吐蕃相持二十餘日，又聞懷恩死，與迴紇爭長，自相疑貳，莫敢先進，遂大掠居人，焚燒舍宇，驅男女數萬而去，所過踐禾穀殆盡。迴紇乃詣子儀降，請擊吐蕃以自効。子儀分兵隨之，大破吐蕃於涇州界。任敷又敗走，羌、渾又多降於李抱玉。

懷恩逆命三年，再犯順，連諸蕃之衆，爲國大患，士不解甲，糧盡餽軍，適幸天亡，而上爲之隱惡，前後下制，未嘗言其反。及懷恩死，羣臣以聞，上爲之憫默曰：「懷恩不反，爲左右所誤。」其寬仁如此。閏十月，懷恩姪名臣領千餘騎來降。

梁崇義，長安人。以升斗給役於市，有膂力，能卷金舒鉤。後爲羽林射生，從來瑱於襄陽。沉默寡言，衆悅之，累遷爲偏裨。瑱朝京師，分使諸將戍福昌、南陽。來瑱被誅，戍者皆潰歸。崇義時在南陽，統歸師徑入襄州，與同列李昭、薛南陽相讓爲長，不決。諸將請曰：

「兵非梁卿主之不可。」遂推崇義爲帥。寶應二年三月，崇義殺昭與南陽，以脅衆心，朝廷因授其節度焉。以襄州薦履兵禍，屈法含容，姑務息人也。歷御史中丞、大夫、尙書。遂與田承嗣、李正己、薛嵩、李寶臣爲輔車之勢，奄有襄、漢七州之地，帶甲二萬，連結根固，未嘗朝覲，然於羣兇，地最褊，兵最少，法令最理，禮貌最恭。其地跨東南之衝，數有王命之所宣洽，故其人知化。所親嘗勸其來朝，崇義曰：「吾本帥來公有大勳庸，當上元中以閹豎讒譭，逡巡稽召，及代宗嗣位，不俟駕行，旋見誅族。今吾釁盈而事久，若之何見上？」

建中元年，淮西節度使李希烈數請興師討崇義，崇義懼，軍旅之事加嚴焉。流人郭昔告其爲變，崇義聞之，請罪昔，坐決杖配流，命金部員外郎李舟諭旨以安之。初，劉文喜作難，舟嘗入其城說利害，文喜拘之，會帳下殺文喜而降。四方反側者聞之，謂舟必能覆軍殺將，是以皆惡。及舟至，又勸其入覲，言頗切直，崇義益不悅。二年春，發五使宣諭諸道，而舟復如荆、襄，崇義慮有變，拒境不納，上言「軍中疑懼，請換他使」。由是益不安，兇謀日深，賓僚或有忠言沮勸，多遭傷害。

時羣兇方自疑阻，朝廷將仗大信，欲來而安之，以示天下。乃加崇義同平章事，其妻子悉加封賞，且賜鐵券誓之，兼授其裨將藺杲爲鄧州刺史，遣御史張著齎手詔徵之。崇義益恐怖，使持滿而受命。藺杲奉詔書，又不敢發，馳詣崇義請命，崇義益疑懼，對著號哭，不受詔。由是徵四方兵，使希烈統擊之。崇義乃發兵攻江陵，以通黔、嶺，及四望，大敗而歸，遂屯襄、鄧。希烈先發千餘人守臨漢，崇義屠之，無遺噍。既而希烈統大軍緣漢而上〔四〕，崇義使將翟暉、杜少誠迎戰於蠻水，希烈大破之；復合於涑口，又破之。二將求降，希烈受之，使統本兵入襄陽號令，以安百姓。崇義領親兵老小閉壁，將守者斬關爭出，不可止。其年八月，崇義與其妻投井而死，傳首闕下。其親戚希烈皆戮之，選其嘗從臨漢之役者三千人，悉斬之。

李懷光，渤海靺鞨人也〔五〕。本姓茹，其先徙于幽州，父常爲朔方列將〔六〕，以戰功賜姓氏，更名嘉慶。懷光少從軍，以武藝壯勇稱，朔方節度使郭子儀禮之益厚。上元中，累遷試太僕、太常卿，主右廂兵將，積功勞至開府儀同三司，爲朔方軍都虞候。永泰初，實封三百戶。大曆六年，兼御史中丞，間一年，兼御史大夫，加爲軍都虞候。性清勤嚴猛，而敢誅殺，雖親戚犯法，皆不撓避。子儀性寬厚，不親軍事，紀綱任懷光，軍中尤畏之，亦稱爲理。十二年，以母憂罷職。明年，起復本官，仍兼邠、寧、慶三州都將。

德宗卽位，罷子儀節度副元帥，以其所部分隸諸將，遂以懷光起復檢校刑部尚書，兼河中尹、邠州刺史、邠寧慶晉絳慈隰節度支度營田觀察押諸蕃部落等使。先是，懷光頻歲率師城長武以處軍士，城據原首，臨涇水，俯瞰通道，吐蕃自是不敢南侵，爲西邊要防矣。建中初，涇原四鎭節度使段秀實爲宰相楊炎所惡，徵爲司農卿。上將復城原州，乃以懷光兼涇州刺史、涇原四鎭北庭節度使。時懷光挾私怨，新誅殺朔方舊將温儒雅等數人，涇州軍士咸畏之。劉文喜因衆不欲，遂以城叛。詔朱泚與懷光將兵討平之，加檢校太子少師。二年，遷檢校左僕射，兼靈州大都督、單于鎭北大都護、朔方節度支度營田觀察鹽池押諸蕃部落六城水運使，實封四百戶。邠寧節度等使如故。

時馬燧、李抱眞諸軍同討魏城未拔，朱滔、王武俊皆反，連兵救悅。三年，詔遣懷光統朔方兵步騎一萬五千同討田悅。懷光勇而無謀，至魏城之日，營壘未設，因與滔等大戰于愜山，爲滔等所敗。復爲悅決水以灌之，諸軍不利，因與燧等退軍于魏縣。尋加同平章事，益實封二百戶。自是與滔等相持不戰。明年十月，涇原之卒叛，上居奉天。朱泚既僭大號，遣中使馳告河北諸帥，懷光率軍奔命。時屬泥淖，懷光奮厲軍士，道自蒲津渡河，敗泚騎兵於醴泉，直赴奉天。前數日，先遣裨將張韶持表封蠟丸隨賊攻城，乘間踰塹，呼城上人曰：「朔方軍使也。」乃以繩引上城而入，比登堞，身中數十矢。時上在重圍中，守拒益急，既知懷光軍至，令張韶號令於城上，人心乃安。懷光又敗泚兵於魯店，泚乃解兵還走入城。

懷光性粗厲疏愎，緣道數言盧杞、趙贊、白志貞等姦佞，且曰：「天下之亂，皆此輩也，吾見上，當請誅之。」杞等微知之，懼甚，因說上令懷光乘勝逐泚，收復京師，不可許至奉天，德宗從之。懷光屯軍咸陽，數上表暴揚杞等罪惡，上不得已爲貶杞、趙贊、白志貞以慰安之。又疏中使翟文秀，上之信任也，又殺之。懷光既不敢進軍，遷延自疑，因謀爲亂。初，詔遣崔漢衡使於吐蕃，出兵佐收京城，蕃相尚結贊曰：「蕃法，進軍以統兵大臣爲信。今奉制書，無懷光名署，故不敢前。」上聞之，遣翰林學士陸贄詣懷光議用蕃軍，懷光堅執言不可者三，不肯署制，詞慢，且謂贄曰：「爾何所能？」興元元年二月，詔加太尉，兼賜鐵券，遣李昪及中使鄧鳴鶴齎券喩旨。懷光怒甚，投券於地曰：「凡人臣反，則賜鐵券，今授懷光，是使反也。」詞氣益悖，衆爲之懼。

時懷光部將韓遊瓌掌兵在奉天，懷光乃與遊瓌書，約令爲變，遊瓌密奏之。翌日，懷光又使趣之，遊瓌復奏聞。數日，懷光又使趣遊瓌，爲門者所捕。懷光且宣言曰：「吾今與朱泚連和，車駕當須引避。」由是上遽幸梁州。時李晟已移軍東渭橋，懷光復劫李建徽、楊惠元等軍，移於好畤，其下頗多攜貳。先是朱泚甚畏之，至是因欲臣之。懷光虜劫無所得，益疑懼不自安，居二旬，乃驅兵分爲部隊，掠涇陽、三原、富平，自同州往河中。神策將孟涉、段威勇自三原擁兵三千餘人奔歸李晟，懷光不能遏。韓遊瓌殺懷光留後張昕，以邠州從順。戴休顏自奉天令於軍曰：「懷光已反。」乃令城守馳表以聞。上於是授遊瓌、休顏節度使。乃除懷光太子太保，罷其餘官，其所管委本軍擇一人功高望崇者統之，皆不奉詔。四月，懷光至河中，遂偷有同、絳等州，按兵觀望。

李晟既收復京師，上遣給事中孔巢父、中使啖守盈持詔徵之，懷光素服受命。巢父乃宣言於衆：「太尉軍中誰可領軍事者？」懷光左右皆胡虜，因發怒，亂持兵殺巢父及守盈，自是繕兵益修守拒。上還京師，以侍中渾瑊爲河中節度副元帥，將兵討懷光。瑊復破同州，屯軍不進，數爲懷光所敗。時仍歲旱蝗，京師初復，經費不給，言事者多請赦懷光。時河東節度使馬燧威名素著，乃加燧副元帥，與瑊及鎮國軍節度駱元光、邠寧節度韓遊瓌、鄜坊節度唐朝臣會兵同討懷光。燧率軍拔絳州，至寶鼎，慮懷光西走，唐突京邑，乃捨軍朝京師。既還，與瑊先自河東而降其驍將尉珪、徐庭光，統諸軍以圍河中。貞元元年秋，朔方部將牛名俊斬懷光首以降燧，其子璀刃其弟數人，乃自殺。懷光死時年五十七。尋詔以男一人爲嗣，賜莊宅各一所，仍還懷光屍首，任其收葬，妻子並徙澧州。五年，又詔曰：

懷舊念功，仁之大也；興滅繼絕，義之弘也。昔蔡叔圮族，周公封其子於東土；韓信干紀，漢后爵其孥以弓高。侯君集之不率景化，我太宗存其胤以主祀。詳考先王之道，洎乎烈祖之訓，皆以刑佐德，俾人嚮方，則斧鉞之誅，甲兵之伐，蓋不得已而用也。曩歲盜臣竊發，國步多虞，朕狩于近郊，指期薄伐，將振昆陽之旅，以興涿鹿之功，徵師未達于諸侯，衞士且疲于七萃。而李懷光三軍夙駕，千里勤王，上假雷霆之威，下逐虎狼之衆。議功方始，守節靡終，潛構禍胎，拒違朝命，棄同卽異，捨順効逆。爲臣至此，在法必誅，猶示綏懷，庶其率復。而梟音益厲，豨突莫遷，大戮所加，曾無噍類。雖自貽伊戚，與衆棄之，而言念爾勞，何嗟及矣！以其前効猶在，孤魂無歸，懷之怳然，是用悽軫。予欲布陳大惠，冀以化成，保合太和，期於刑措。宜以懷光外孫燕八八賜姓李氏，名承緒，授左衞率府胄曹參軍，承懷光之後。仍賜錢一千貫，任於懷光墓側置立莊園，侍養懷光妻王氏，幷備四時享奠之禮。嗚呼！朕實不德，臨於兆人，泣辜宥罪，素誠所志。爾其保姓受氏，宣力承家，勉紹乃考之建國庸，無若爾父之違王命。

初，懷光授首，其子璀、瑗等皆死，唯妻王氏在，故上特捨其死。及是又思懷光舊勳，哀其絕後，乃命承緒繼之。

史臣曰：僕固懷恩、李懷光，咸以勇力，有勞王家，爲臣不終，遂行反噬，其罪大矣。然辛雲京、駱奉先、盧杞、白志貞輩，致彼二逆，貽憂時君，亦可謂國之讒賊矣。梁崇義旣無令始，又無善終，與妻投泉，何塞其咎。

贊曰：臣之事君，有死無二。懷恩、懷光，凶終一致。崇義多姦，國家所棄。迷而亡歸，自速其斃。

校勘記

〔一〕僕骨歌濫拔延之曾孫　按下文云，「拔延生乙李啜拔，乙李啜拔生懷恩」，則懷恩是拔延之孫，此句「曾」字疑衍。

〔二〕灃水　各本原作「汶水」，按西京一帶無汶水，今據本書卷一九五迴紇傳改。

〔三〕河南副元帥雍王留陝州　據通鑑卷二二二，當作「河南等道副元帥李光弼自陳留入，雍王留陝州」。本卷上文即云雍王爲天下兵馬元帥，此處「河南副元帥」，當是李光弼，史文誤脫。

〔四〕緣漢而上　「上」字各本原無，據新書卷二二四上梁崇義傳、通鑑卷二二七補。

〔五〕韎鞨　各本原作「韎羯」，據本書卷一九九下韎鞨傳、新書卷二二四上李懷光傳改。

〔六〕父常爲朔方列將　「父」字各本原無，據新書卷二二四上李懷光傳補。

舊唐書卷一百二十二

列傳第七十二

張獻誠 弟獻恭 獻甫 獻恭子煦　路嗣恭 子恕　曲環　崔漢衡

楊朝晟　樊澤　李叔明　裴胄

張獻誠，陝州平陸人，幽州節度使、幽州大都督府長史守珪之子也。天寶末，陷逆賊安祿山，受僞官；連陷史思明，爲思明守汴州，統逆兵數萬。寶應元年冬，東都平，史朝義逃歸汴州，獻誠不納，舉州及所統兵歸國，詔拜汴州刺史，充汴州節度使。踰年來朝，代宗寵賜甚厚。三遷檢校工部尚書，兼梁州刺史，充山南西道觀察使。廣德二年十月，擒南山賊帥高玉以獻。永泰二年正月，獻名馬二、絲絹雜貨共十萬匹。是月，兼充劍南東川節度觀察使，封鄧國公。西川崔旰殺郭英乂，獻誠率衆戰於梓州，爲旰所敗，獻誠僅以身免。大曆二年四月，獻誠以疾上表乞歸私第，仍薦堂弟試太常卿兼右羽林將軍獻恭以自代。詔許之，以獻誠檢校戶部尚書，知省事。八月，獻誠以疾抗疏辭官，無幾，卒於私第。

獻恭，守珪之弟守瑜子。累以軍功官至試太常卿，兼右羽林將軍，代獻誠爲梁州刺史、兼御史中丞，充山南西道節度觀察使。大曆十二年七月，獻恭破吐蕃萬餘衆於岷州。建中二年正月，加檢校兵部尚書，爲東都留守。三年正月，爲太府卿、容州刺史、本管經略招討使。四年七月，與渾瑊、盧杞、司農卿段秀實與吐蕃尚結贊築壇於京城之西會盟，如淸水之儀。興元元年六月，轉檢校吏部尚書，仍與一子正員官。

盧杞移饒州刺史，給事中袁高論其不可。獻恭因入對紫宸殿，上言：「高所奏至當，臣恐煩聖聽，不敢縷陳其事。」德宗不悟，獻恭復奏曰：「袁高是陛下一良臣，望特優異。」德宗顧謂宰臣李勉等曰：「朕欲授杞一小州刺史可乎？」對曰：「陛下授大州亦可，其奈士庶失望何！」獻恭守正不撓也如此。

獻甫，守珪弟左武衞將軍、贈戶部尚書守琦之子。獻甫少隨諸兄從軍，初爲偏裨，以軍功累授試光祿卿、殿中監、河中節度副元帥都知兵馬使，檢校兵部尚書、兼御史大夫。建中初，從節度使賈耽征梁崇義於襄、漢，以功加太子詹事。及幸奉天、興元，獻甫首至，從渾瑊征討有功，及復京邑，入爲金吾將軍。時李懷光未平，吐蕃侵擾西邊，獻甫領禁軍出鎮咸陽，凡累年，軍民悅之。貞元四年，遷檢校刑部尚書，兼邠州刺史、邠寧慶節度觀察使。乃於彭原置義倉，方渠、馬嶺等縣選險要之地以爲烽堡。又上疏請復鹽州及洪門、洛原等鎮，各置兵防以備蕃寇，朝廷從之。貞元四年九月，吐蕃將尚志董星、論莽羅等寇寧州，獻甫率衆禦之，斬首百餘級，吐蕃遁邊城。貞元十二年，加檢校左僕射。五月丙申卒，年六十一，廢朝三日，贈司空，賻物有差。

獻恭子煦，嘗隨獻甫征討，積戰功累遷至夏州節度使。元和八年十二月，振武軍逐出節度使李進賢而屠其家，殺判官嚴澈。憲宗怒，遣煦以夏州兵二千人赴振武，仍許以便宜擊斷。九年正月，賜絹三萬匹以助軍資。河東節度使王鍔遣兵五千會煦於善羊栅，詔煦入振武，誅作亂蘇國珍等二百五十三人乃定。是歲十二月卒，贈太子太保。

路嗣恭，京兆三原人。始名劍客，歷仕郡縣，有能名，累至神烏令，考績上上，爲天下最，以其能，賜名嗣恭。歷工部尚書、兼御史大夫、靈州大都督府長史，充關內副元帥郭子儀副使，知朔方節度營田押諸蕃部落等使，嗣恭披荆棘以守之。大將御史中丞孫守亮握重兵，倔強不受制，嗣恭稱疾召至，因殺之，威信大行。永泰三年〔一〕，檢校刑部尚書，知省事。大曆六年七月，爲江南西道都團練觀察使，在官恭恪，善理財賦。賈明觀者，事北軍都虞候劉希暹，魚朝恩誅，希暹從坐，明觀積惡犯衆怒。時宰相元載受賂，遣江南効力，魏少遊承載意苟容之。及嗣恭代少遊，即日杖殺，識者稱之。

大曆八年，嶺南將哥舒晃殺節度使呂崇賁反，五嶺騷擾，詔加嗣恭兼嶺南節度觀察使。嗣恭擢流人孟瑤、敬冕，使分其務：瑤主大軍，當其衝；冕自間道輕入，招集義勇，得八千人〔二〕，以撓其心腹。二人皆有全策詭計，出其不意，遂斬晃及誅其同惡萬餘人，築爲京觀，俚洞之宿惡者皆族誅之，五嶺削平。拜檢校兵部尚書，知省事。

嗣恭起於郡縣吏，以至大官，皆以恭恪爲理著稱。及平廣州，商舶之徒，多因晃事誅之，嗣恭前後沒其家財寶數百萬貫，盡入私室，不以貢獻。代宗心甚銜之，故嗣恭雖有平方面功，止轉檢校兵部尚書，無所酬勞。及德宗即位，楊炎受其貨，始敍前功，除兵部尚書、東都留守。尋加懷鄭汝陜四州、河陽三城節度及東都畿觀察使。徵至京師卒，時年七十一，廢朝一日，贈左僕射。

子恕，字體仁。初，嶺南衙將哥舒晃反，詔嗣恭自江西致討，授檢校工部員外郎，得以軍前便宜從事。俄而降者繼路，於是擢降將伊愼，推心用之。賊平，恕功居多，年纔三十，爲懷州刺史。久之，轉京兆少尹、監門衞大將軍，兼御史中丞、敎練招討等使。其後爲鄜坊觀察使、太子詹事。坐事貶吉州刺史，遷太子賓客。以右散騎常侍致仕卒，年七十三，贈洪州都督。恕私第有佳林園，自貞元初李紓、包佶輩迄于元和末，僅四十年，朝之名卿，咸從之遊，高歌縱酒，不屑外慮，未嘗問家事，人亦以和易稱之。

曲環，陝州安邑人也。父彬，爲南使正監，因家於隴右，以環故累贈兵部尙書。環少讀兵書，尤以勇敢騎射聞。天寶中，從哥舒翰攻拔石堡城，收黃河九曲、洪濟等城，累授果毅別將。安祿山反，從襄陽節度魯炅守鄧州，拒賊將武令珣，戰數十合，環功居多，超授左淸道率。又從李抱玉守河陽南城，尋將兵守澤州，破賊驍將安曉，敕特拜羽林將軍。又將別部兵合諸軍同討史朝義，平河北，累轉金吾大將軍，並同正員，隨李抱玉移軍京西。大曆中，領兵隴州，頻破吐蕃，加特進、太常卿。

上初嗣位，吐蕃大寇劍南，詔環以邠、隴兵五千馳往，大破戎虜，收七盤城、威武軍及維、茂二州，西戎奔遁。環大振功名而還，加太子賓客，賜以名馬。與諸將討涇州叛將劉文喜，平之，加開府儀同三司、兼御史中丞，充邠、隴兩軍都知兵馬使。時李納擁兵侵逼徐州，令環與劉玄佐同救援，累破李納叛黨，環以功最，加御史大夫。建中三年十月，加檢校左常侍，充邠、隴行營節度使。

李希烈侵陷汴州，環與諸軍守固寧陵、陳州，大破希烈軍於陳州城下，殺逆黨三萬五千人，擒其驍將翟暉以獻，希烈因遁歸蔡州。環以功加檢校工部尚書，兼陳州刺史。希烈平，加環兼許州刺史、陳許等州節度觀察，加實封三百戶。陳、蔡二州以希烈擾亂，遭剽劫頗甚，人多逃竄他邑以避禍。環勤身恭儉，賦稅均平，政令寬簡，不三二歲，襁負而歸者相屬，訓農理戎，兵食皆豐羨。十二年，加檢校左僕射。卒時年七十四，廢朝一日，贈司空，賻布帛米粟有差。

崔漢衡，博陵人也。性沉厚寬博，善與人交。釋褐，授沂州費令。滑州節度使令狐彰奏署掌記，累遷殿中侍御史。大曆六年，拜檢校禮部員外郎，爲和吐蕃副使；還，遷右司郎中，改萬年令。建中三年，爲殿中少監、兼御史大夫，充和蕃使，與吐蕃使區頰贊至自蕃中。

時吐蕃大相尙結息忍而好殺，以常覆敗於劍南，思刷其恥，不肯約和。其次相尙結贊有材略，因言於贊普，請定界明約以息邊人，贊普然之，竟以結贊代結息爲大相，約和好，期以十月十五日會盟於境上。戊申，以漢衡爲鴻臚卿。四年，吐蕃朝貢，加檢校工部尙書，復使吐蕃。興元初，上居奉天，吐蕃遣帥佐渾瑊敗朱泚兵於武功，以功轉檢校兵部尙書、兼祕書監、西京留守。無幾，眞拜兵部尙書，爲東都、淄青、魏博賑給宣慰使。明年，爲幽州宣慰使，所至皆稱職。貞元三年，副侍中渾瑊與吐蕃會盟於平涼，吐蕃背約，瑊僅免，時無備預，在會免者什無一二，士卒死者以千數。漢衡與同陷者並至河州，結贊令召之，以頻使於蕃，結贊素信重，與孟日華、中官劉延邕俱至石門，而遣五騎送至境上。四年七月，加檢校吏部尙書、晉慈隰觀察使，尋加都防禦使。十一年四月卒。

楊朝晟字叔明，夏州朔方人也。初在朔方爲步軍先鋒，嘗有功，授甘泉府果毅。建中初，從李懷光討劉文喜于涇州，斬獲生擒居多，授驃騎大將軍，稍爲右先鋒兵馬使。後李納寇徐州，從唐朝臣征討，嘗冠軍鋒，以功授開府儀同三司、檢校太子賓客。

上在奉天，李懷光自山東赴難，以朝晟爲左廂兵馬使，將千餘人下咸陽以挫朱泚，加御史中丞，實封一百五十戶。及懷光反於河中，朝晟被脅在軍。上幸梁、洋，韓遊瓌退於邠、寧。懷光以嘗在邠、寧，迫制如屬城，以賊黨張昕在邠州總後務。昕懼難作，乃大索軍資，徵卒乘，約明潛發，歸于懷光。朝晟父懷賓為遊瓌將，因夜以數十騎斬昕及同謀，遊瓌卽日使懷賓奉表聞奏，上召勞問，授兼御史中丞，正除遊瓌邠寧節度使。間諜至河中，朝晟聞其事，泣告懷光曰：「父立功於國，子合誅戮，不可主兵矣。」懷光遂縶之。及諸軍進圍河中，韓遊瓌營于長春宮，懷賓身當戰伐。及懷光平，上念其忠，俾副元帥渾瑊特原朝晟，遂為遊瓌都虞候。時父子同軍，皆為開府賓客、御史中丞，榮於軍中〔三〕。

後詔徵遊瓌宿衞，以左金吾將軍張獻甫為檢校刑部尚書、兼御史大夫、邠寧慶節度觀察使，代韓遊瓌。初，遊瓌以吐蕃犯塞，自將兵戍寧州，及受代，以是月壬子夜輕騎潛遁歸闕。其將卒素驕怠，畏張獻甫之嚴，因遊瓌夜出，衙內千餘人遂叛掠，且因監軍楊明義邀奏出奔將范希朝為節度。朝晟時為都虞候，初逃於郊，翌日乃來，紿其衆曰：「所請甚愜，我來賀也。」由是稍安。朝晟及諸將謀誅首惡者，乙卯，朝晟率諸將經數日以告曰：「前請者不獲，張尚書昨日已入邠州，汝等皆當死，吾不能盡殺，各言戎首以歸罪焉，餘無所問。」於是衆中唱二百餘人，斬之乃定。上擢希朝為寧州刺史，以副獻甫。獻甫入奏朝晟功，加御史大夫。

九年，城鹽州，徵兵以護外境，朝晟分統士馬鎭木波。獻甫卒，詔以朝晟代之。其年，丁母憂，起復左金吾大將軍同正、邠州刺史，大夫如故。十年春，朝晟奏：「方渠、合道、木波，皆賊路也，請城其地以備之。」詔問：「所須幾何？」朝晟奏曰：「臣部下兵自可集事，不煩外助。」復問：「前築鹽州，凡興師七萬，今何其易也？」朝晟曰：「鹽州之役，諸軍蕃戎盡知之。今臣境迫虜，若大興兵，卽蕃戎來寇，寇則戰，戰則無暇城矣。今請密發軍士，不十日至塞下，未三旬而功畢。」蕃人始乘障，數日而退。初，軍次方渠，無水，師徒囂然，遽有青蛇乘高而下，視其跡，水隨而流。朝晟令築防環之，遂爲停泉，軍人仰飲以足，圖其事上聞，詔置祠焉。十五年二月，免喪，加檢校工部尙書。是夏，以防秋移軍寧州，遘疾，來年正月卒。

樊澤字安時，河中人也。父詠，開元中舉草澤，授試大理評事，累贈兵部尙書。澤長於河朔，相衞節度薛嵩奏爲磁州司倉、堯山縣令。建中元年，舉賢良對策，禮部侍郎于邵厚遇之。與楊炎善，薦爲補闕，歷都官員外郎。澤好讀兵書，朝廷以其有將帥材，尋兼御史中丞，充通和蕃使，蕃中用事宰相尙結贊深禮之。尋從鳳翔節度張鎰與吐蕃會盟於淸水，遷金部郎中、御史中丞、山南節度行軍司馬。時李希烈背叛，詔以普王爲行軍元帥，徵澤爲諫議大夫、元帥行軍右司馬。屬駕幸奉天，晉王不行，澤改右庶子、兼中丞，復爲山南東道行軍司馬。尋代賈耽爲襄州刺史、兼御史大夫、山南東道節度觀察等使。

澤有武藝，每與諸將射獵，常出其右，人心服之，賊衆畏焉。頻與李希烈兇黨接戰，前後擒降其驍將張嘉瑜、杜文朝、梁俊之、李克誠、薛翼等，收唐、隨二州。希烈既平，澤丁母憂，起復右衞大將軍同正，餘如故。三年，代張伯儀爲荆南節度觀察等使、江陵尹、兼御史大夫。三歲，加檢校禮部尚書，會襄州節度曹王皐卒於鎮，軍中剽劫擾亂，以澤威惠素著於襄、漢，復代曹王皐爲襄州刺史、山南東道節度使。十二年，加檢校右僕射。卒年五十，贈司空，賻布帛米粟有差。其日將宴百官，廢朝改取他日。

李叔明字晉卿，閬州新政人。本姓鮮于氏，代爲豪族。兄仲通，天寶末爲京兆尹、劍南節度使。兄弟並涉學，輕財好施。叔明，初爲劍南節度使楊國忠判官。乾元後爲司勳員外郎，副漢中王瑀使迴紇，迴紇接禮稍倨，叔明離位責之曰：「大國通好，賢王奉使，可汗於大唐子壻，豈可恃微功而傲乎！唐法不然。」可汗改容加敬。復命，遷司門郎中。後爲京兆少尹，無幾，以疾辭，除右庶子，出爲邛州刺史。尋拜東川節度、遂州刺史，後移鎮梓州，檢校戶部尚書。時東川兵荒之後，凋殘頗甚，叔明理之近二十年，招撫甿庶，夷落獲安。

大曆末，有閬州嚴氏子上疏稱「叔明少孤，養子於外族〔四〕，遂冒姓焉，請復之」，詔從焉。叔明初不知其從外氏姓，意醜其事，遂抗表乞賜宗姓。代宗以戎鎭寄重，許之，仍置嚴氏子於法。及駕幸奉天，其子昇翊從。叔明每私疏誡勵，見危臨難，當誓以死。昇奉父嚴訓，果著勳効，識者嘉之。叔明旣朝京師，以本官兼右僕射，乞骸骨，改太子太傅致仕，卒，謚曰襄。叔明總戎年深，積聚財貨，子孫驕淫，歿纔數年，遺業蕩盡。

裴冑字胤叔，其先河東聞喜人，今代葬河南。伯父寬，戶部尙書，有名於開元、天寶間。冑明經及第，解褐補太僕寺主簿。屬二京陷覆，淪避他州。賊平，授祕書省正字，累轉祕書郎。陳少遊陳鄭節度留後，奏冑試大理司直。少遊罷，隴右節度李抱玉奏授監察御史，不得意，歸免。陳少遊爲宣歙觀察，復辟在幕府，抱玉怒，奏貶桐廬尉。

浙西觀察使李栖筠有重望，虛心下士，幕府盛選才彥。觀察判官許鴻謙有學識，栖筠常異席，事多咨之；崔造輩皆所薦引，一見冑，深重之，薦於栖筠，奏授大理評事、觀察支度使。代宗以元載隳紊朝綱，徵栖筠入朝，內制授御史大夫，方將大用，載怙權，栖筠居顧問刺舉之職，與不平。及栖筠卒，冑護栖筠喪歸洛陽，衆論危之，冑坦然行心，無所顧望。淮南節度陳少遊奏檢校主客員外、兼侍御史、觀察判官。尋爲行軍司馬，遷宣州刺史。

楊炎初作相，銳意爲元載報讎，凡其枝黨無漏。適會冑部人積冑官時服雜俸錢爲贓者，炎命酷吏員寓深按其事，貶汀州司馬。尋徵爲少府少監，除京兆少尹，以父名不拜，換國子司業。遷湖南觀察都團練使，移江南西道。前江西觀察使李兼罷省南昌軍千餘人，收其資糧，分爲月進，冑至，奏其本末，罷之。會荆南節度樊澤移鎭襄陽〔三〕，宰相方議其人，上首命冑代澤，仍兼御史大夫。

冑簡儉恆一，時諸道節度觀察使競剝下厚斂，製奇錦異綾，以進奉爲名。又貴人宣命，必竭公藏以買其歡。冑待之有節，皆不盈數金，常賦之外無横斂，宴勞禮止三爵，未嘗酣樂。時武臣多厮養畜賓介，微失則奏流死，冑以書生始，奏貶書記梁易從，君子薄其進退賓客不以禮，物議薄之。貞元十九年十月卒，時年七十五，贈右僕射，謚曰成。

史臣曰：三獻軍謀臣節，克紹家風。路嗣恭從微至著，執法簡廉。環理兵勸農，獨彰善政。漢衡誠慤奉職。朝晟忠孝權謀。澤威惠荆、襄。叔明見危誓死，立政惠民。冑抱義危行，守政奉公。皆賢帥矣。然嗣恭聚財，爲功名之瑕玷；叔明聚財，致子孫之驕淫。財之汚人，誠可誡也。

贊曰：張、路、曲、崔，樊、楊、李、裴，守忠臣之道，皆賢帥之才。

校勘記

〔一〕永泰三年　新書卷一三八路嗣恭傳同，而永泰無三年，合鈔卷一七三路嗣恭傳作「大曆三年」。

〔二〕得八千人　「千」字各本原作「十」，據册府卷四二二、新書卷一三八路嗣恭傳改。

〔三〕榮於軍中　「榮」字各本原作「營」，據本書卷一四四楊朝晟傳改。

〔四〕養子於外族　新書卷一四七李叔明傳作「養外家」，校勘記卷四四謂「子」字係衍文。

〔五〕荆南節度　「荆」字各本原作「京」，據本書同卷樊澤傳改。

舊唐書卷一百二十三

列傳第七十三

劉晏　第五琦　班宏　王紹　李巽

劉晏字士安，曹州南華人。年七歲，舉神童，授祕書省正字。累授夏縣令，有能名。歷殿中侍御史，遷度支郎中、杭隴華三州刺史，尋遷河南尹。時史朝義盜據東都，寄理長水。入爲京兆尹，頃之，加戶部侍郎、兼御史中丞，判度支，委府事於司錄張羣、杜亞，綜大體，議論號爲稱職。無何，爲酷吏敬羽所構，貶通州刺史。復入爲京兆尹、戶部侍郎，判度支。時顏眞卿以文學正直出爲利州刺史，晏舉眞卿自代爲戶部，乃加國子祭酒。寶應二年，遷吏部尚書、平章事，領度支鹽鐵轉運租庸使。坐與中官程元振交通，元振得罪，晏罷相，爲太子賓客。尋授御史大夫，領東都、河南、江淮、山南等道轉運租庸鹽鐵使如故。

時新承兵戈之後，中外艱食，京師米價斗至一千，官廚無兼時之積，禁軍乏食，畿縣百姓乃挼穗以供之。晏受命後，以轉運爲己任，凡所經歷，必究利病之由。至江淮，以書遺元載曰：

浮于淮、泗，達于汴，入于河，西循底柱、硤石、少華，楚帆越客，直抵建章、長樂，此安社稷之奇策也。晏賓于東朝，猶有官謗，相公終始故舊，不信流言，賈誼復召宣室，弘羊重興功利，敢不悉力以答所知。驅馬陜郊，見三門渠津遺迹。到河陰、鞏、洛，見宇文愷置梁公堰，分黄河水入通濟渠；大夫李傑新堤故事，飾像河廟，凜然如生。涉滎郊、浚澤，遙瞻淮甸，步步探討，知昔人用心，則潭、衡、桂陽必多積穀，關輔汲汲，只緣兵糧。漕引瀟、湘、洞庭，萬里幾日，淪波掛席，西指長安。三秦之人，待此而飽；六軍之衆，待此而強。天子無側席之憂，都人見泛舟之役；四方旅拒者可以破膽，三河流離者於茲請命。相公匡戴明主，爲富人侯，此今之切務，不可失也。使僕湔洗瑕穢，率罄愚懦，當憑經義，請護河隄，冥勤在官〔一〕，不辭水死。

然運之利病，各有四五焉。晏自尹京入爲計相，共五年矣。京師三輔百姓，唯苦稅畝傷多，若使江、湖米來每年三二十萬，卽頓減徭賦，歌舞皇澤，其利一也。東都殘毀，百無一存。若米運流通，則飢人皆附，村落邑廛，從此滋多。受命之日〔二〕，引海陵之倉以食鞏、洛，是計之得者，其利二也。諸將有在邊者，諸戎有侵敗王略者，或聞三江、五湖，貢輸紅粒，雲帆桂楫，輸納帝鄉，軍志曰：「先聲後實，可以震耀夷夏。」其利三也。自古帝王之盛，皆云書同文，車同軌，日月所照，莫不率俾。今舟車既通，商賈往來，百貨雜集，航海梯山，聖神輝光，漸近貞觀、永徽之盛，其利四也。

所可疑者，函、陝凋殘，東周尤甚。過宜陽、熊耳，至武牢、成皋，五百里中，編戶千餘而已。居無尺椽，人無烟爨，蕭條悽慘，獸遊鬼哭。牛必羸角，輿必說輹，棧車輓漕，亦不易求。今於無人之境，興此勞人之運，固難就矣，其病一也。河、汴有初，不修則毀澱，故每年正月發近縣丁男，塞長茭，決沮淤，淸明桃花已後，遠水自然安流，陽侯、宓妃，不復太息。頃因寇難，總不掏拓，澤滅水，岸石崩，役夫需於沙，津吏旋於濘，千里洄上，罔水舟行，其病二也。東垣、底柱，澠池、二陵，北河運處五六百里，戍卒久絕，縣吏空拳。奪攘姦宄，窟穴囊橐。夾河爲藪，豺狼狺狺，舟行所經，寇亦能往，其病三也。東自淮陰，西臨蒲坂，亙三千里，屯戍相望。中軍皆鼎司元侯，賤卒儀同靑紫，每云食半菽，又云無挾纊，輓漕所至，船到便留，卽非單車使折簡書所能制矣，其病四也。惟小子畢其慮奔走之，惟中書詳其利病裁成之。

晏累年已來，事缺名毀，聖慈含育，特賜生全。月餘家居，遽卽臨遣，恩榮感切，思殞百身。見一水不通，願荷鍤而先往；見一粒不運，願負米而先趨。焦心苦形，期報明主，丹誠未克，漕引多虞，屛營中流，掩泣獻狀。

自此每歲運米數十萬石以濟關中。

又至德初，爲國用不足，令第五琦於諸道榷鹽以助軍用，及晏代其任，法益精密，官無遺利。初，歲入錢六十萬貫，季年所入逾十倍，而人無厭苦。大曆末，通計一歲征賦所入總一千二百萬貫，而鹽利且過半。累遷吏部尚書。大曆四年六月，與右僕射裴遵慶同赴本曹視事，敕尚食增置儲供，許內侍魚朝恩及宰臣已下常朝官咸詣省送上。八年，知三銓選事。

十二年三月，誅宰臣元載，晏奉詔訊鞫。晏以載居任樹黨，布于天下，不敢專斷，請他官共事。敕御史大夫李涵、右散騎常侍蕭昕、兵部侍郎袁傪、禮部侍郎常袞、諫議大夫杜亞同推，載皆款伏。初，晏承旨，門下侍郎、同平章事王縉亦處極法，晏謂涵等曰：「重刑再覆，國之常典，況誅大臣，得不覆奏？又法有首從，二人同刑，亦宜重取進止。」涵等從命。及晏等覆奏，代宗乃減縉罪從輕。縉之生，晏平反之力也。

十三年十二月，爲尚書左僕射。時宰臣常袞專政，以晏久掌銓衡，時議平允，兼司儲蓄，職舉功深，慮公望日崇，上心有屬，竊忌之，乃奏晏朝廷舊德，宜爲百吏師長，外示崇重，內實去其權。及奏上，以晏使務方理，代其任者難其人，使務、知三銓並如故。李靈曜之亂也，河南節帥所據，多不奉法令，征賦亦隨之；州縣雖益減，晏以羨餘相補，人不加賦，所入仍舊，議者稱其能。自諸道巡院距京師，重價募疾足，置遞相望，四方物價之上下，雖極遠不四五日知，故食貨之重輕，盡權在掌握，朝廷獲美利而天下無甚貴甚賤之憂，得其術矣。凡所任使，多收後進有幹能者。其所總領，務乎急促，趨利者化之，遂以成風。當時權勢，或以親戚爲託，晏亦應之，俸給之多少，命官之遲速，必如其志，然未嘗得親職事。其所領要務，必一時之選，故晏沒後二十餘年，韓洄、元琇、裴腆、包佶、盧徵、李衡繼掌財賦，皆晏故吏。其部吏居數千里之外，奉教令如在目前，雖寢興宴語，而無欺紿，四方動靜，莫不先知，事有可賀者，必先上章奏。江淮茶、橘，晏與本道觀察使各歲貢之，皆欲其先至。有土之官，或封山斷道，禁前發者，晏厚以財力致之，常先他司，由是甚不爲藩鎮所便。

晏理家以儉約稱，而重交敦舊，頗以財貨遺天下名士，故人多稱之。善訓諸子，咸有學藝。任事十餘年，權勢之重，鄰於宰相，要官重職，頗出其門。既有材力，視事敏速，乘機無滯，然多任數，挾權貴，固恩澤，有口者必利啗之。當大曆時，事貴因循，軍國之用，皆仰於晏，未嘗檢轄。

德宗嗣位，言事者稱轉運可罷多矣。初，楊炎爲吏部侍郎，晏爲尚書，各恃權使氣，兩不相得。炎坐元載貶，晏快之，昌言於朝。及炎入相，追怒前事，且以晏與元載隙憾，時人言載之得罪，晏有力焉。炎將爲載復讎，又時人風言代宗寵獨孤妃而又愛其子韓王迥，晏密啓請立獨孤爲皇后。炎因對歔流涕奏言：「賴祖宗福祐，先皇與陛下不爲賊臣所間。不然，劉晏、黎幹之輩，搖動社稷，凶謀果矣。今幹以伏罪，晏猶領權，臣爲宰相，不能正持此事，罪當萬死。」崔祐甫奏言：「此事曖昧，陛下以廓然大赦，不當究尋虛語。」朱泚、崔寧又從傍與祐甫救解之，寧言頗切，炎大怒，故斥寧令出鎮鄜坊以摧挫之。遂罷晏轉運等使，尋貶爲忠州刺史。炎欲誣構其罪，知庾準與晏素有隙，舉爲荆南節度，以伺晏動靜。準乃奏晏與朱泚書祈救解，言多怨望，炎又證成其事，上以爲然。是月庚午，晏已受誅，使迴奏報，誣晏以忠州謀叛，下詔暴言其罪，時年六十六，天下冤之。家屬徙嶺表，連累者數十人。貞元五年，上悟，方錄晏子執經，授太常博士；少子宗經，祕書郎。執經上請削官贈父，特追贈鄭州刺史。

第五琦，京兆長安人。少孤，事兄華，敬順過人。及長，有吏才，以富國強兵之術自任。天寶初，事韋堅，堅敗貶官。累至須江丞，時太守賀蘭進明甚重之。會安祿山反，進明遷北海郡太守，奏琦爲錄事參軍。祿山已陷河間、信都等五郡，進明未有戰功，玄宗大怒，遣中使封刀促之，曰：「收地不得，卽斬進明之首。」進明惶懼，莫知所出，琦乃勸令厚以財帛募勇敢士，出奇力戰，遂收所陷之郡。令琦奏事，至蜀中，琦得謁見，奏言：「方今之急在兵，兵之強弱在賦，賦之所出，江淮居多。若假臣職任，使濟軍須，臣能使賞給之資，不勞聖慮。」玄宗大喜，卽日拜監察御史，勾當江淮租庸使。尋拜殿中侍御史。尋加山南等五道度支使，促辦應卒，事無違闕。遷司金郎中、兼御史中丞，使如故。於是創立鹽法，就山海井竈收榷其鹽，官置吏出糶。其舊業戶幷浮人願爲業者〔三〕，免其雜傜，隸鹽鐵使，盜煮私市罪有差。百姓除租庸外，無得橫賦，人不益稅而上用以饒。遷戶部侍郎、兼御史中丞，專判度支，領河南等道支度都勾當轉運租庸鹽鐵鑄錢、司農太府出納、山南東西江西淮南館驛等使〔四〕。

乾元二年，以本官加同中書門下平章事。初，琦以國用未足，幣重貨輕，乃請鑄乾元重寶錢，以一當十行用之。及作相，又請更鑄重輪乾元錢，一當五十，與乾元錢及開元通寶錢三品並行。旣而穀價騰貴，餓殣死亡，枕藉道路，又盜鑄爭起，中外皆以琦變法之弊，封奏日聞。乾元二年十月，貶忠州長史，旣在道，有告琦受人黃金二百兩者，遣御史劉期光追按之。琦對曰：「二百兩金十三斤重，忝爲宰相，不可自持。若其付受有憑，卽請準法科罪。」期光以爲此是琦伏罪也，遽奏之，請除名，配流夷州，馳驛發遣，仍差綱領送至彼。

寶應初，起爲朗州刺史，甚有能政，入遷太子賓客。屬吐蕃寇陷京師，代宗幸陝，關內副元帥郭子儀請琦爲糧料使，兼御史大夫，充關內元帥副使。未幾，改京兆尹。車駕克復，專判度支，兼諸道鑄錢鹽鐵轉運常平等使。累封扶風郡公。又加京兆尹，改戶部侍郎，判度支。前後領財賦十餘年。魚朝恩伏誅，琦坐與款狎，出爲處州刺史，歷饒、湖二州。入爲太子賓客、東都留司。上以其材，將復任用，召還京師，信宿而卒，年七十，贈太子少保。子峯，峯婦鄭氏女，皆以孝著，旌表其門。

班宏，衞州汲人也。祖思簡，春官員外郎。父景倩，祕書監。宏少舉進士，授右司禦胄曹，後爲薛景先鳳翔掌書記，又爲高適劍南觀察判官，累拜大理司直，攝監察御史。時青城山有妖賊張安居以左道惑衆，事覺，多誣引大將，冀以緩死，宏驗理而速殺之，人心乃安。既而郭英乂代適，以厭人望，奏署祕書郎，兼雒令，以疾免。

大曆三年，遷起居舍人，尋兼理匭使，四遷至給事中。時李寶臣卒於其位，子惟岳匿喪求位，上遣宏使成德問疾，且喻之。惟岳厚賂宏，皆不受，還報合旨，遷刑部侍郎，兼京官考使。時右僕射崔寧考兵部侍郎劉迺上下，宏駁曰：「夷荒靖難，專在節制，尺籍伍符，不校省司。夫上行宣美之名，則下開趨競之路；上行阿容，下必朋黨。」因削去之。迺知而謝曰：「迺雖不敏，敢掠一美以徼二罪乎？」尋除吏部侍郎，爲吐蕃會盟使李揆之副。

貞元初，仍歲旱蝗，上以賦調爲急，改戶部侍郎，爲度支使韓滉之副。遷尚書，復副竇參。參初爲大理司直，宏已爲刑部侍郎，及參爲相，領度支，上以宏久司國計，因令副之。且曰：「朕藉參宰相以臨遠，衆務悉委於卿，勿以辭也。」參以宏先貴，常私解悅之曰：「參後來，一朝居尚書之上，甚不自安，一年之後，當歸此使。」宏心喜。歲餘，參絕不復言。宏性剛愎，爲人間之，且怒食言，公事多異。揚子院，鹽鐵轉運委藏也，宏以御史中丞徐粲主之，既不理，且以賄聞，參欲代之，宏執不可。參又選諸院吏，未嘗訪宏，乃疏參所用者過惡以聞，事輒留中。無何，參以使勞加吏部尚書，而宏進封蕭國公，怨參以虛號寵之，間惡愈甚。每奉詔營建，宏必極壯麗，親程課役，又厚結權倖以傾參。

張滂先善於宏，宏薦爲司農少卿，及參欲以滂分掌江淮鹽鐵，詢之於宏，宏以滂媄惡，慮以法繩徐粲，因曰：「滂強戾難制，不可用。」滂知之。八年三月，參遂爲上所疏，乃讓度支使，遂以宏專判，而參不欲使務悉歸於宏，問計京兆尹薛珏，珏曰：「二子交惡，而滂剛決，若分鹽鐵轉運於滂，必能制宏。」參乃薦滂爲戶部侍郎、鹽鐵使、判轉運，尚隸於宏以悅之。江淮兩稅，悉宏主之，置巡院，然令宏、滂共擇其官。滂請鹽鐵舊簿書於宏，宏不與之。每署院官，宏、滂更相是非，莫有用者。滂乃奏曰：「班宏與臣相戾，巡院多闕官。臣掌財賦，國家大計，職不修，無所逃罪。今宏若此，何以輯事？」遂令分掌之。無幾，宏言於宰相趙憬、陸贄曰：「宏職轉運，年運江淮米五十萬斛，前年增七十萬斛，以實太倉，幸無過。今職移於人，不知何謂？」滂時在側，忿然曰：「尙書失言甚矣！若運務畢舉，朝廷固不奪之，蓋由喪公錢，縱姦吏故也。且凡爲度支胥吏，不一歲，資累鉅萬，僮馬第宅，僭於王公，非盜官財，何以致是？道路喧喧，無不知之，聖上故令滂分掌。公向所言，無乃歸怨於上乎？」宏默然不對。是日，宏稱疾於第，滂往問之，宏不見，憬、贄乃以宏、滂之言上聞。由是遵大曆故事，如劉晏、韓滉所分。滂至揚州按徐粲，逮僕妾子姪，得贓鉅萬，乃徙嶺表。故參得罪，宏頗有力焉。勤恪官署，晨入夕歸，下吏勞而未嘗厭苦，清白勤幹，稱之於時。貞元八年七月卒，年七十三，廢朝，加贈，諡曰敬。

王紹，本家于太原，今爲京兆萬年人。舊名與憲宗同，永貞年改焉。少時，顏眞卿器重之，因紹舊名，字之曰德素，奏授武康尉。蕭復爲常州刺史，辟爲從事；包佶領租庸鹽鐵，亦以紹爲判官。時李希烈阻兵，江淮租輸，所在艱阻，特移運路自潁入汴。紹奉佶表詣闕，屬德宗西幸，紹乃督緣路輕貨，趣金、商路，倍程出洋州以赴行在。德宗親勞之，謂紹曰：「六軍未有春服，我猶衣裘。」紹俯伏流涕，奏曰：「包佶令臣間道進奉數約五十萬。」上曰：「道路回遠，經費懸急，卿之所奏，豈可望耶？」後五日而所督繼至，上深賴焉。

貞元中，爲倉部員外郎。時屬兵革旱蝗之後，令戶部收闕官俸，兼稅茶及諸色無名之錢，以爲水旱之備。紹自拜倉部，便準詔主判，及遷戶部、兵部郎中，皆獨司其務。擢拜戶部侍郎，尋判度支。後二年，遷戶部尚書。德宗臨馭歲久，機務不由台司，自竇參、陸贄已後，宰臣備位而已。德宗以紹謹密，恩遇特異，凡主重務八年，政之大小，多所訪決。紹未嘗泄漏，亦不矜衒。順宗卽位，王叔文始奪其權，拜兵部尚書，尋除檢校吏部尚書、東都留守。元和初，遷檢校尚書右僕射、徐州刺史、武寧軍節度，復以濠、泗二州隸焉。時承張愔之後，兵驕難治，紹修輯軍政，人甚安之。六年，徵拜兵部尚書，兼判戶部事。九年卒，年七十二，贈左僕射，謚曰敬。

李巽字令叔，趙郡人。少苦心爲學，以明經調補華州參軍，拔萃登科，授鄠縣尉。周歷臺省，由左司郎中出爲常州刺史。踰年，召爲給事中，出爲湖南觀察使，銳於爲理。五年，改江西觀察使，加檢校散騎常侍、兼御史大夫。巽持下以法，吏不敢欺，而動必察之。順宗即位，入爲兵部侍郎。司徒杜佑判度支鹽鐵轉運使，以巽幹治，奏爲副使。佑辭重位，巽遂專領度支鹽鐵使。榷筦之法，號爲難重，唯大曆中僕射劉晏雅得其術，賦入豐羨。巽掌使一年，征課所入，類晏之多歲，明年過之，又一年加一百八十萬貫。舊制，每歲運江淮米五十萬斛抵河陰，久不盈其數，唯巽三年登焉。遷兵部尚書，明年改吏部尚書，使任如故。

巽精於吏職，蓋性使然也。雖在私家，亦置案牘簿書，勾檢如公署焉。人吏有過，絲毫無所貸，雖在千里外，其恐慄如在巽前。初，程异附王叔文貶竄，巽知其吏才明辨，奏而用之，憲宗不違其請。异勾檢簿籍，又精於巽，故課最加衍，亦异之助焉。巽爲吏部尚書，臥疾，郎官相率省問，巽初不言其病，與之考校程課，商略功利，至其夕而卒。然性強很狡惡，忌刻頗甚，乘德宗之怒，謀殺竇參，物論冤之。初，參爲宰相，不悅於巽，自左司郎中出爲常州刺史，仍促其行。不數月，參貶郴州司馬。久之，巽自給事中爲湖南觀察使，郴即屬郡也。宣武軍節度使劉士寧以擅襲父任，物議不可，朝廷不得已而授之。及參之貶，士寧嘗以絹數千匹賂參，巽在湖南具奏其事，言參與藩鎮交通，德宗怒，遂賜參死，議者冤之。巽廉察江西，徇喜怒之情，而無罪被戮者多矣。元和四年四月卒，時年七十一，贈尚書左僕射。

史臣曰：歷代操利柄爲國計者，莫不損下益上，危人自安，變法以弄權，斂怨以構禍，皆有之矣。如劉晏通擁滯，任才能，富其國而不勞於民，儉於家而利於衆。或問曰：鄭子產吏不能欺，宓子賤吏不忍欺，西門豹吏不敢欺。三子者，古之賢人也，吏皆懷其欺而不能、不忍、不敢也。晏之吏，遠近自不欺者何也？答曰：蓋任其才而得其人也。晏歿，故吏二十餘年繼掌財賦，不其是哉！史記貨殖云：「平糶齊物，關市不乏，治國之道也。」晏治天下，無甚貴甚賤之物，泛言治國者，其可及乎！舉眞卿才，忠也，減王縉罪，正也，忠正之道，復出於人。嗚呼！木秀於林，風必摧之，常袞見忌於前，楊炎致冤於後，可爲長歎息矣！時譏有口者以利啖之，苟不塞讒口，何以持重權？卽無以展其才，濟其國矣。是其術也，又何譏焉。第五琦促辦應卒，民不加賦，而國豐饒，亦庶幾矣。然鑄錢變法，物貴身危，其何陋哉！凡利國者，農商之外，不可爲也。宏、滂爭權樹黨，皆非令人。紹之謹密幹事，巽之曒察精辨，亦足可稱。

贊曰：豐財忠良，晏道爲長。琦、宏、滂、巽，咸以利彰。

校勘記

〔一〕冥勤在官　「冥」字各本原作「宜」，據禮記祭法、唐會要卷八七改。

〔二〕受命之日　「受」字各本原無，據唐會要卷八七補。

〔三〕浮人　各本原作「浮入」，據唐會要卷八七、冊府卷四九三改。

〔四〕江西　「西」字各本原無，據新書卷一四九第五琦傳、合鈔卷一七四第五琦傳補。

舊唐書卷一百二十四

列傳第七十四

薛嵩 弟崿 嵩子平 嵩族子雄　令狐彰 子建 運 通　田神功 弟神玉
侯希逸　李正己 子納 納子師古 師道 宗人洧附

薛嵩，絳州萬泉人。祖仁貴，高宗朝名將，封平陽郡公。父楚玉，爲范陽、平盧節度使。嵩少以門蔭，落拓不事家產，有膂力，善騎射，不知書。自天下兵起，束身戎伍，委質逆徒。廣德元年，東都平，時皇太子爲天下兵馬元帥，遣僕固懷恩東收河朔。嵩爲賊守相州，聞賊朝義兵潰，王師至，嵩惶惑迎拜于懷恩馬前，懷恩釋之，令守舊職，時懷恩二心已萌。懷恩平河朔旋，乃奏嵩及田承嗣、張忠志〔一〕、李懷仙分理河北道；詔遂以嵩爲相州刺史，充相、衞、洺、邢等州節度觀察使，承嗣鎮魏州，忠志鎮恆州，懷仙鎮幽州，各據數州之地。時多事之後，姑欲安人，遂以重寄委嵩。嵩感恩奉職，數年間，管內粗理，累遷檢校右僕射。大曆八年正月卒。詔遣弟㝵知留後，累加㝵太子少師。大曆十年正月丁酉，昭義軍兵馬使裴志清盜所將兵逐㝵，舉衆歸田承嗣以叛。㝵奔于洺州，上表乞入朝，許之。至京，素服於銀臺門待罪，詔釋之。

嵩子平，年十二，爲磁州刺史。嵩卒，軍吏欲用河北故事，脅平知留後務，平僞許之，讓於叔父㝵，一夕以喪歸。及免喪，累授右衞將軍，在南衙凡三十年。宰相杜黃裳深器之，薦爲汝州刺史、兼御史中丞，理有能名。元和七年，淮西用兵，自左龍武大將軍授兼御史大夫、滑州刺史、鄭滑節度觀察等使，累有戰功。滑州城西距黃河二里，每歲常爲水患。平詢訪得古河道，接衞州黎陽縣界。平率魏博節度使田弘正同上聞，開古河南北長十四里，決舊河以分水勢，滑人遂無水患。居鎮六年，入爲左金吾大將軍。未幾，復爲鄭滑節度觀察使。及平李師道，朝廷以東平十二州析爲三道，以淄、青、齊、登、萊五州爲平盧軍，以平爲節度、觀察等使，仍押新羅、渤海兩蕃使。

長慶元年，幽鎮叛，杜叔良統横海全軍討伐不勝，王廷湊圍牛元翼於深州。棣州爲賊所窘，朝廷乃委平以偏師援棣州，平卽遣將李叔佐以兵五百救之。居數月，刺史王稷餽給稍薄，兵士怨怒，叔佐不能戢，宵潰而歸。仍推突將馬狼兒爲帥，行及青城鎮，劫鎮將李自勸，并其衆；次至博昌鎭，復劫其鎭兵，共得七千餘人，徑逼青州城。城中兵士不敵，平悉府庫并家財募二千精卒，逆擊之，仍先以騎兵掩其家屬輜重，賊衆惶惑反顧，因大敗。狠兒與其同惡十數輩脫身竄匿，餘黨降，稍後者斬於鞠場。明日，狠兒亦就擒戮，脅從者放歸田里。詔加右僕射，進封魏國公，由是遠近畏伏平之威略。

在鎭六周歲，兵甲完利，井賦均一。至是入覲，百姓遮道乞留，數日乃得出。時人以爲近日節制，罕有其比。寶曆元年，歸朝，進加檢校左僕射、兼戶部尙書。踰月，復檢校司空，兼河中絳隰節度觀察等使。大和二年，復以晉州、慈州隸河中，益兵三千人，加平檢校司徒。在河中凡六年，召拜太子太保。明年，上疏乞老，以司徒致仕，居一年卒，册贈太傅。

嵩族子雄，初爲嵩屬吏，知衞州事，嵩歿，特詔授衞州刺史。魏博節度田承嗣誘爲亂，雄不從，承嗣遣刺客盜殺之。

令狐彰，京兆富平人也。遠祖自燉煌徙家焉，代有冠冕。父濞，天寶中任鄧州錄事參軍，以淸白聞，本道採訪使宋鼎引爲判官。初任范陽縣尉，通幽州人女，生彰，及秩滿，留彰于母氏，彰遂少長范陽。倜儻有膽氣，涉獵書傳，粗知文義，善弓矢，乃策名從軍，事安祿山。天寶中，以軍功累遷至左衞員外郎將。

安祿山叛逆，以本官隨賊黨張通儒赴京師，通儒僞署爲城內左街使。王師收復二京，隨通儒等遁走河朔，又陷逆賊史思明，僞署爲博州刺史及滑州刺史，令統數千兵戍滑臺。彰感激忠義，思立名節，乃潛謀歸順。會中官楊萬定監滑州軍，彰遂募勇士善於水者，俾乘夜涉河，達表奏于萬定，請以所管賊一將兵馬及州縣歸順，萬定以聞。自祿山構逆，爲賊守者，未有舉州向化，肅宗得彰表，大悅，賜書慰勞。時彰移鎭杏園渡，遂爲思明所疑，思明乃遣所親薛岌統精卒圍杏園攻之。彰乃明示三軍，曉以逆順，衆心感附，咸悉力爲用。與賊兵戰，大破之，潰圍而出，遂以麾下將士數百人隨萬定入朝。肅宗深獎之，禮甚優厚，賜甲第一區、名馬數匹，幷帷帳什器頗盛，拜御史中丞，兼滑州刺史、滑亳魏博等六州節度，仍加銀青光祿大夫，鎭滑州，委平殘寇。及史朝義滅，遷御史大夫，封霍國公，尋加檢校工部尚書。未幾，檢校右僕射，餘並如故。

彰在職，風化大行。滑州瘡痍未復，城邑爲墟，彰以身勵下，一志農戰，內檢軍戎，外牧黎庶，法令嚴酷，人不敢犯。數年間，田疇大闢，庫藏充積，歲奉王稅及修貢獻，未嘗暫闕。時犬戎犯邊，徵兵防秋〔三〕。彰遣屬吏部統營伍，自滑至京之西郊，向二千餘里，甲士三千人，率自齎糧，所過州縣，路次供擬，皆讓而不受，經閭里不犯秋毫，識者稱之。然性識猜阻，人有忤意，不加省察，輒至斃踣，此其短也。臨終，手疏辭表，誡子以忠孝守節，又舉能自代。表曰：

臣自事陛下，得備藩守，受恩則重，効節未終，長辭聖朝，痛入心骨；臣誠哀懇，頓首頓首。臣受性剛拙，亦能包含。頃因魚朝恩將掠亳州，遂與臣結怨，當其縱暴，臣不敢入朝，專聽天誅，卽欲奔謁。及魚朝恩死，卽臣屬疾苦，又遭家艱，力微眼暗，行動須人，拜舞不能，數月有闕。欲請替辭退，卽日望稍瘳，冀得康強，榮歸朝覲。自冬末舊疾益重，瘡腫又生，氣息奄奄，遂期殞歿。不遂一朝天闕，一拜龍顏，臣禮不終，忠誠莫展，臣之大罪，下慚先代，仰媿聖朝。臣竭誠事上，誓立大節，天地神明，實知臣心。心不遂行，言發自痛。當使倉糧錢絹羊馬牛畜一切已上，並先有部署；三軍兵士，州縣官吏等，各恭舊職，祗待聖恩。臣伏見吏部尚書劉晏及工部尚書李勉，知識忠貞，堪委大事，伏願陛下速令檢校，上副聖心。臣男建等，性不爲非，行亦近道，今勒歸東都私第，使他年爲臣報國，下慰幽魂。臨歿昏亂，伏表哀咽。

上覽表，嗟悼久之。特下詔褒美曰：

中衞社稷，外修疆事，合於一體，以靖庶邦，其在有終，謂之不朽。觀前代文武通賢，有匡時戡難，迫於大化，不忘時君，未嘗不嘉尚而流歎也。今有忠烈之臣彰，剛直形外，純和積中，本於孝敬，輔以才略，統制藩閫，服勞王家。往以母老，躬於就養，豈不戀闕，以茲曠年。及苴麻在艱，優諭權奪，踴絕傷足，淚盡喪明，入覲之期，良願莫遂。想其風彩，久軫顧懷，遽見淪沒，用深追悼。嗟乎！方疾之時，以情自疏，無所有隱，見之於詞。復節守常，絛上軍簿，請擇良帥，命于中朝。乃令遺胤，爰歸東洛，敎忠以報國，約禮以居喪。古人所謂生不交利，死不屬其子，夫豈遠哉！節概誠亮，高絕無鄰，喟然感傷，鑒寐增慟。有以見東州士大夫勤王尊主之志，用嘉其休，可以垂範，宜付史館，式昭名臣。

子建、運、通。

建，大曆四年十二月，彰遣入朝，特加兼御史中丞，歸滑州。及彰卒，滑三軍逼奪情禮，建守死不從，舉家歸京師。服闋，累轉至右龍虎軍使。德宗以涇原兵亂，出幸奉天，建方敎射於軍中，遂以四百人隨駕爲後殿。至奉天，以建爲行在中軍鼓角使。幸梁州，轉行在右廂兵馬使、右羽林大將軍、兼御史大夫。興元元年六月，加檢校左散騎常侍、行在都知兵馬使、左神武大將軍。建妻李氏，恆帥寶臣女也，建惡，將棄之，乃誣與傭敎生邢士倫姦通。建召士倫榜殺之，因逐其妻。士倫母聞，不勝其痛，卒。李氏奏請按劾，詔令三司詰之。李氏及奴婢款證，被誣顯明白，建方自首伏。建會赦免坐。德宗詔曰：「子育黎元，未能禁暴，在予之責，用軫于懷。宜輟常膳五百千文，充葬士倫母子。其父既衰耄，至無所歸，良深矜念，委京兆尹厚加存恤。」貞元四年七月，以前官爲右領軍大將軍。五年三月，以專殺不辜，德宗念舊勳，特容貸之；復陳訴，詞甚虛罔，遂貶施州別駕同正，卒於貶所。貞元六年九月，贈右領軍大將軍。十年，贈揚州大都督。

運爲東都留守將，逐賊出郊，其日有劫轉運絹於道者，杜亞以運豪家子，意其爲之，乃令判官穆員及從事張弘靖同鞫其事。員與弘靖皆以運職在牙門，必不爲盜，抗請不按。亞不聽，而怒斥逐員等，令親事將武金鞫之。金笞箠運從者十餘人，一人笞死，九人不勝考掠自誣，竟無贓狀。亞具以聞，請流運於嶺表。德宗令侍御史李元素、刑部員外崔從質、大理司直盧士瞻三司覆按運獄，既竟，明運迹非行盜，以曾捕掠人於家，配流歸州。武金肆虐作威，教人通款，配流建州。後歲餘，齊抗捕得劫轉運絹賊郭鵠、朱瞿曇等七人及贓絹，詔令杜亞與留臺同劾之，皆首伏。然終不原運，運死於歸州，衆冤之。

通，元和中，宰相李吉甫奏曰：「臣伏見代宗朝滑州節度使令狐彰臨終上表，悉以土地兵甲籍上朝廷，遣諸子隨表歸闕。代宗以彰遺表宣示百僚，當時在位者聞之，無不感歎。今有次子通在。臣每感彰同時河朔諸鎮，付子傳孫，無不燻灼數代；唯彰忠義感激，奉國忘家，遣子入朝，以土地歸於先帝。貞元中，長子建坐事死於施州，幼子運亦無罪流於歸州，欲使忠義之人，何所激勸？今通幸存，得遇明聖，伏乞陛下召之與語，如堪用，望垂奬錄。」憲宗念彰之忠，卽授通贊善大夫，出爲宿州刺史。時討淮、蔡，用爲泗州刺史。歲中改壽州團練使、檢校御史中丞。每與賊戰，必虛張虜獲，得賊數人，卽爲露布上之，宰相武元衡笑而不奏；如有敗衄，卽不敢上聞。後爲賊所攻，境上城柵並陷，通走固州城，閉壁不出。憲宗遣李文通往宣慰，度其將至，遂令代通，貶爲昭州司戶，移撫州司馬。十四年，徵爲右衞將軍，制下，給事中崔植封還制書，言通前刺壽州失律，不宜遽加奬任。憲宗令宰相宣喻門下，言通父有功於國，不宜逐棄其子，制命方行。歲餘，出爲淄州刺史。長慶初，入爲左衞大將軍，卒。

田神功，冀州人也。家本微賤。天寶末，爲縣里胥，會河朔兵興，從事幽、薊。上元元年，爲平盧節度都知兵馬使，兼鴻臚卿，於鄭州破賊四千餘衆，生擒逆賊大將四人，牛馬器械不可勝數。尋爲鄧景山所引，至揚州，大掠百姓商人資產，郡內比屋發掘略徧，商胡波斯被殺者數千人。二年二月，生擒逆賊劉展，送于闕下。以擒展功，累遷檢校工部尙書、兼御史大夫、汴宋等八州節度使。大曆三年三月，朝京師，獻馬十四、金銀器五十件、繒綵一萬匹。時郭子儀入朝，請宴宰臣等於私第，神功効其請，亦以許之。尋加檢校右僕射，赴尙書省視事，特詔宰臣已下百官送上，仍加知省事以寵之。

神功忠朴幹勇，當時所稱。八年冬，復覲闕廷，遘疾，信宿而終。上悼惜，爲之徹樂，廢朝三日；贈司徒，賻絹一千匹、布五百端；特許百官弔喪，賜屛風茵褥於靈座，幷賜千僧齋以追福，至德已來，將帥不兼三事者，哀榮無比。

弟神玉，自曹州刺史權汴州留後。大曆十年正月，加檢校兵部郎中、兼御史中丞，爲汴州刺史，知汴州節度觀察留後事幷河陽、澤潞等兵馬，直據淇門，會李承昭討魏博田承嗣。十一年卒，詔滑州李勉代之。

侯希逸，平盧人也。少習武藝。天寶末，安祿山反，署其腹心徐歸道爲平盧節度。希逸時爲平盧裨將，率兵與安東都護王玄志襲殺歸道，使以聞，詔以玄志爲平盧節度使。乾元元年冬，玄志病卒，軍人共推立希逸爲平盧軍使，朝廷因授節度使。旣數爲賊所迫，希逸率勵將士，累破賊徒向潤客、李懷仙等。旣淹歲月，且無救援，又爲奚虜所侵，希逸拔其軍二萬餘人，且行且戰，遂達于靑州。會田神功、能元皓於兗州，靑州遂陷於希逸〔三〕，詔就加希逸爲平盧、淄靑節度使。自是迄今，淄靑節度皆帶平盧之名也。

希逸初領淄靑，甚著聲稱，理兵務農，遠近美之。寶應元年，與諸節度同討襲史朝義，平之，加檢校工部尙書，賜實封，圖形凌煙閣。以私艱去職。大曆十一年九月，起復檢校尙書右僕射、上柱國，封淮陽郡王〔四〕。後漸縱恣，政事怠惰，尤崇奉釋敎，且好畋遊，興功創寺宇，軍州苦之。永泰元年，因與巫者夜宿於城外，軍士乃閉之不納。希逸奔歸朝廷，拜檢校右僕射，久之，加知省事，遷司空。詔出而卒，廢朝三日，贈太保。

李正己，高麗人也。本名懷玉，生於平盧。乾元元年，平盧節度使王玄志卒，會有敕遣使來存問，懷玉恐玄志子爲節度，遂殺之，與軍人共推立侯希逸爲軍帥。希逸母卽懷玉姑也。後與希逸同至靑州，累至折衝將軍，驍健有勇力。寶應中，衆軍討史朝義，至鄭州。迴紇方強暴恣橫，諸節度皆下之，正己時爲軍候，獨欲以氣呑之。因與其角逐，衆軍聚觀，約曰：「後者批之。」既逐而先，正己擒其領而批其背，迴紇尿液俱下，衆軍呼笑，虜慚，繇是不敢爲暴。

節度使侯希逸卽其外兄也，用爲兵馬使。正己沉毅得衆心，希逸因事解其職，軍中皆言其非罪，不當廢。會軍人逐希逸，希逸奔走，遂立正己爲帥，朝廷因授平盧淄青節度觀察使、海運押新羅渤海兩蕃使、檢校工部尙書、兼御史大夫、靑州刺史，賜今名。尋加檢校尙書右僕射，封饒陽郡王。大曆十一年十月，檢校司空、同中書門下平章事。十三年，請入屬籍，從之。爲政嚴酷，所在不敢偶語。初有淄、靑、齊、海、登、萊、沂、密、德、棣等州之地，與田承嗣、令狐彰、薛嵩、李寶臣、梁崇義更相影響。大曆中，薛嵩死，及李靈曜之亂，諸道共攻其地，得者爲己邑，正己復得曹、濮、徐、兗、鄆，共十有五州，內視同列，貨市渤海名馬，歲歲不絕。法令齊一，賦稅均輕，最稱強大。嘗攻田承嗣，威震鄰敵。歷檢校司空、左僕射、兼御史大夫，加平章事、太子太保、司徒。

後自靑州徙居鄆州，使子納及腹心之將分理其地。建中後，畏懼朝廷，多不自安。聞將築汴州，乃移兵屯濟陰，晝夜敎習爲備。河南騷然，天下爲憂，羽檄馳走，徵兵以益備。又於徐州增兵，以扼江淮，於是運輸爲之改道。未幾，發疽卒，時年四十九。子納擅總兵政，祕之數月，乃發喪。納阻兵，興元元年四月，歸順，方贈正己太尉。

納少時，正己遣將兵備秋，代宗召見嘉之，自奉禮郎超拜殿中丞、兼侍御史，賜紫金魚袋。歷檢校倉部郎中，兼總父兵，奏署淄州刺史。正己將兵擊田承嗣，奏署節度觀察留後。尋遷青州刺史，又奏署行軍司馬，兼曹州刺史、曹濮徐兗沂海留後，又加御史大夫。

建中初，正己、田悅、梁崇義、張惟岳皆反。二年，正己卒，納祕喪，統父衆，仍復爲亂。比會悅於濮陽，遣大將衞俊將兵一千救悅，爲河東節度使馬燧敗於洹水，殺傷殆盡。詔諸軍誅之，納從叔父洧以徐州，李士眞以德州，及棣州李長卿，皆以州歸順。納以彭城險阨，又怒洧背宗，乃悉兵圍之。詔宣武軍節度劉洽與諸軍救之，大敗納兵於城下。後將兵於濮陽，洽攻破其城外。納自城上見洽，涕泣悔罪，遣判官房說以其弟經、男成務朝京師，請因洽從順。會中使宋鳳朝見之，謂納計蹙，欲誅破之以爲己功，奏請無捨，上乃械說等繫禁中。納遂歸鄆州，復與李希烈、朱滔、王武俊、田悅合謀皆反，僞稱齊王，建置百官。及興元之降罪己詔，納乃効順，詔加檢校工部尚書、平盧軍節度、淄青等州觀察使。無幾，檢校右僕射、同中書門下平章事。時希烈圍陳州，納遣兵與諸軍奮擊，大破之，因解圍。加檢校司空，封五百戶。貞元初，升鄆州爲大都督府，改授長史。年三十四，薨於位，廢朝三日，贈賻有差。

子師古，累奏至青州刺史。貞元八年，納死，軍中以師古代其位而上請，朝廷因而授之。起復右金吾大將軍同正、平盧及青淄齊節度營田觀察、海運陸運押新羅渤海兩蕃使。成德軍節度王武俊率師次于德、棣二州，將取蛤朶及三汊城。棣州之鹽池與蛤朶歲出鹽數十萬斛，棣州之隸淄青也，其刺史李長卿以城入朱滔，而蛤朶爲納所據，因城而戍之，以專鹽利。其後武俊以敗朱滔功，以德、棣二州隸之，蛤朶猶爲納戍。納初於德州南跨河而城以守之，謂之三汊，交田緒以通魏博路，而侵掠德州，爲武俊患。及納卒，師古繼之。武俊以其年弱初立，舊將多死，心頗易之，乃率衆兵以取蛤朶、三汊爲名，其實欲窺納之境。師古令棣州降將趙鎬拒之。武俊令其子士清將兵先濟於滴河，會士清營中火起，軍驚，惡之，未進。德宗遣使諭旨，武俊卽罷還。師古毀三汊口城，從詔旨。師古雖外奉朝命，而嘗畜侵軼之謀，招集亡命，必厚養之，其得罪於朝而逃詣師古者，因卽用之。其有任使于外者，皆留其妻子，或謀歸款於朝，事洩，族其家，衆畏死而不敢異圖。

貞元十年五月，師古服闋，加檢校禮部尙書。十二年正月，檢校尙書右僕射。十一月，師古丁母憂，起復左金吾上將軍同正。十五年正月，師古、杜佑、李欒妾媵並爲國夫人。十六年六月，與淮南節度使杜佑同制加中書門下平章事。及德宗遺詔下，告哀使未至，義成軍節度使李元素以與師古鄰道，錄遺詔報師古，以示無外。師古遂集將士，引元素使者謂曰：「師古近得邸吏狀，具承聖躬萬福。李元素豈欲反，乃忽僞錄遺詔以寄。師古三代受國恩，位兼將相，見賊不可以不討。」遂杖元素使者，遽出兵以討元素爲名，冀因國喪以侵州縣。俄聞順宗即位，師古乃罷兵。後累官至檢校司徒、兼侍中。卒，贈太傅。

師道，師古異母弟。其母張忠志女。師道時知密州事，師古死，其奴不發喪，潛使迎師道於密而奉之。朝命久未至，師道謀於將吏，或欲加兵於四境，其判官高沐固止之。乃請進兩稅，守鹽法，申官員，遣判官崔承寵、孔目官林英相繼奏事。時杜黃裳作相，欲乘其未定也，以計分削之，憲宗以蜀川方擾，不能加兵於師道。元和元年七月，遂命建王審遙領節度，授師道檢校左散騎常侍、兼御史大夫，權知鄆州事，充淄青節度留後。十月，加檢校工部尙書，兼鄆州大都督府長史，充平盧軍及淄青節度副大使，知節度事、管內支度營田觀察處置、陸運海運押新羅渤海兩蕃等使。自正己至師道，竊有鄆、曹等十二州，六十年矣。懼衆不附己，皆用嚴法制之。大將持兵鎭于外者，皆質其妻子；或謀歸款於朝，事洩，其家無少長皆殺之。以故能劫其衆，父子兄弟相傳焉。五年七月，檢校尙書右僕射。

十年，王師討蔡州，師道使賊燒河陰倉，斷建陵橋。初，師道置留邸於河南府，兵諜雜以往來，吏不敢辨。因吳元濟北犯汝、鄭，郊畿多警，防禦兵盡戍伊闕，師道潛以兵數十百人內其邸，謀焚宮闕而肆殺掠。既烹牛饗衆矣，明日將出，會有小將楊進、李再興者詣留守呂元膺告變，元膺追伊闕兵圍之，半日不敢進攻。防禦判官王茂元殺一人而後進，或有毁其墉而入者。賊衆突出殺人，圍兵奔駭，賊得結伍中衢，內其妻子於囊橐中，以甲冑殿而行，防禦兵不敢追。賊出長夏門，轉掠郊墅，東濟伊水，入嵩山。元膺誡境上兵重購以捕之。數月，有山棚鬻鹿於市，賊遇而奪之，山棚走而徵其黨，或引官軍共圍之谷中，盡獲之。窮理得其魁首，乃中岳寺僧圓靜，年八十餘，嘗爲史思明將，偉悍過人。初執之，使巨力者奮鎚，不能折脛。圓靜罵曰：「鼠子，折人脚猶不能，敢稱健兒乎！」乃自置其足教折之。臨刑，乃曰：「誤我事，不得使洛城流血。」死者凡數十人。留守禦將二人、都亭驛卒五人、甘水驛卒三人，皆潛受其職署，而爲之耳目，自始謀及將敗，無知者。

初，師道多買田於伊闕、陸渾之間，凡十所處，欲以舍山棚而衣食之。有訾嘉珍、門察者，潛部分之，以屬圓靜，以師道錢千萬僞理嵩山之佛光寺，期以嘉珍竊發時舉火於山中，集二縣山棚人作亂。及窮按之，嘉珍、門察，乃賊武元衡者，元膺具狀以聞。及誅吳元濟，師道恐懼，上表乞聽朝旨，請割三州并遣長子入侍宿衞，詔許之。

師道識暗，政事皆決於羣婢。婢有號蒲大姊、袁七娘者，爲謀主，乃言曰：「自先司徒以來，有此十二州，奈何一日無苦而割之耶！今境內兵士數十萬人，不獻三州，不過發兵相加，可以力戰，戰不勝，乃議割地，未晚也。」師道從之而止，表言軍情不叶，乃詔諸軍討伐。十年十二月，武寧軍節度使李愿遣將王智興擊破師道之衆九千，斬首二千餘級，獲牛馬四千，遂至平陰。十一年十一月，加師道司空，仍遣給事中柳公綽往宣慰，且觀所爲，欲寬容之。師道苟以遜順爲辭，長惡不悛。十三年七月，滄州節度使鄭權破淄青賊於齊州福城縣，斬首五百餘級。十月，徐州節度使李愬、兵馬使李祐於兗州魚臺縣破賊三千餘人。魏博節度使田弘正率本軍自陽劉渡河，距鄆州九十里下營，再接戰，破賊三萬餘衆，生擒三千人，收器械不可勝紀。陳許節度使李光顔於濮陽縣界破賊，收斗門城、杜莊柵。田弘正復於故東阿縣界破賊五萬。諸軍四合，累下城柵。

師道使劉悟將兵當魏博軍，既敗，數令促戰。師未進，乃使奴召悟計事。悟知其來殺己，乃稱病不出，召將吏謀曰：「魏博兵強，乘勝出戰，必敗吾師，不出則死。今天子所誅，司空一人而已。悟與公等皆被驅逐就死地，何如轉禍爲福，殺其來使，以兵趣鄆州，立大功以求富貴。」衆皆曰：「善。」乃迎其使而斬之，遂齎師道追牒，以兵趣鄆州。及夜，至門，示以師道追牒，乃得入。兵士繼進，至毬場，因圍其內城，以火攻之，擒師道而斬其首，送于魏博軍，元和十四年二月也。是月，弘正獻於京師，天子命左右軍如受馘儀，先獻于太廟郊社，憲宗御興安門受之，百僚稱賀。

初，東軍諸道行營節度擒逆賊將夏侯澄等共四十七人，詔曰：「附麗兇黨，拒抗王師，國有常刑，悉合誅戮。朕以久居汚俗，皆被脅從，況討伐已來，時日未幾，縱懷轉禍之計，未有効款之由，情似可矜，朕不忍殺。況三軍百姓，孰非吾人，詔令頒行，罪止師道。方欲拯於塗炭，是用活其性命，誠爲屈法，庶使知恩。並宜特從釋放，仍令却遞送至魏博及義成行營，各委節度收管驅使。如父母血屬猶在賊中，或羸老疾病情切歸還者，仍量事優當放去，務相全貸，何所疑留。」及澄等至行營，賊覘知傳告，叛徒皆感朝恩，由是劉悟得行其謀焉。

師道妻魏氏及小男並配掖庭。堂弟師賢、師智配流春州，姪弘巽配流雷州。詔分其十二州爲三節度，俾馬總、薛平、王遂分鎭焉。仍命宰臣崔羣撰碑以紀其績。國家自天寶末安祿山首亂兩河，至寶應元年王師平史朝義，其將薛嵩、李懷仙、田承嗣、李寶臣等受僞命分領州郡，朝廷厭兵，因僕固懷恩請，就加官爵。及侯希逸爲軍人逐出，正己又據齊、魯之地，既而遞相膠固，聯結姻好，職貢不入，法令不加，率以爲常。仍皆署其子爲副大使，父死子立，則以三軍之請聞，亦有爲大將所殺而自立者。自安、史以後，迄至于貞元，朝廷多務優容，每聞擅襲，因而授之，以故六十餘年，兩河號爲反側之俗。憲宗知人善任，削平亂迹，兩河復爲王土焉。師道妻魏氏，元和十五年出家爲尼。

洧，正己從父兄也。正己用爲徐州刺史。正己死，子納犯宋州，洧以其州歸順，加御史大夫，封潮陽郡王，食實封二百戶，充招諭使。初，洧遣攝巡官崔程奉表至京師，令口奏幷白宰相：「徐州恐不能獨當賊，若得徐、海、沂三州節度都團練使，即必立功。況海、沂兩州亦並爲賊納所據，非國家州縣。其刺史王涉、馬萬通等，洧並素與之約，若有詔命，冀必成功。」程乍自外到闕，以爲宰相一也，乃先以其言白張鎰，鎰言於盧杞。杞怒程不先白己，故洧所請不行，杞妨公害私，皆此類也。及李納遣兵攻徐州，劉洽與諸將擊退之，賊勢未衰，始加洧徐、海、沂都團練觀察使，尋加密州。時海、密州皆爲賊所據，不受洧命。旋加洧檢校戶部尙書。未幾，疽發背，稍平，乃大具糜餅，飯僧於市，洧乘平肩轝自臨其場，市人歡呼，洧驚，疽潰於背而卒，贈左僕射。

史臣曰：自安、史亂離，河朔割據，雖外尊朝旨，而內蓄姦謀。薛嵩祖父，國之名將，及身濡足賊廷，旣沐國恩，尙存家法，守土奉職，終身一心，果有令人，克全餘慶。彰居喪循禮，有士子之風；馭衆權謀，著將軍之業。中外善政，終始令名，成功不居，告老致仕，方之者鮮矣。背逆歸國，治兵牧民，上表推誠，舉賢代己，時稱能善始善終者也。建志稟遺訓，克全令名，不能終保功業，惜哉！神功忠勇，竟著勳名；希逸荒狂，自失茅土。師道祖父弟兄，盜據青、鄆，得計則潛圖兇逆，失勢則僞奉朝旨，向背任情，數十年矣。或問曰：師古之前，三帥而不滅；師道繼立，數年而亡者，何哉？答曰：納與師古，自運姦謀，躬臨戎事；朝廷任盧杞，以私妨公，致懷光變忠爲逆，李納父子，宜其苟延。洎憲宗當朝，裴度爲相，君臣道合，中外情通；師道外任諸奴，內聽羣婢，軍民攜貳，家族滅亡，不亦宜乎！假息數年，猶爲多矣，何所疑焉？

贊曰：田神功勇能立勳，令狐彰死不失節。薛平振家世以顯揚，師道任臧獲而亡滅。

校勘記

〔一〕張忠志　各本作「張志忠」。據本書同卷李正己傳及卷一四二李寶臣傳、卷一四三李懷仙傳、通鑑卷二二二改。

〔二〕徵兵防秋　「秋」字各本原作「狄」，據新書卷一四八令狐彰傳、合鈔卷一七五令狐彰傳改。

〔三〕青州遂陷於希逸　此句文字有訛誤。唐書合鈔補正卷五云：「朝廷以希逸攻守之功，詔爲青州節度，仍帶平盧名，所以寵異之也，謂之陷可乎？」按冊府卷四五〇此處作「平盧始陷於賊」。

〔四〕以私艱去職……封淮陽郡王　以上二十九字合鈔卷一七五侯希逸傳移在「拜檢校右僕射」下。

舊唐書卷一百二十五

列傳第七十五

張鎰 馮河清附　劉從一　蕭復　柳渾

張鎰，蘇州人，朔方節度使齊丘之子也。以門蔭授左衞兵曹參軍。郭子儀爲關內副元帥，以嘗伏事齊丘，辟鎰爲判官。授大理評事，遷殿中侍御史。乾元初，華原令盧樅以公事呵責邑人內侍齊令詵，令詵銜之，構誣。外發鎰按驗，樅當降官，及下有司，樅當杖死。鎰具公服白其母曰：「上疏理樅，樅必免死，鎰必坐貶。若以私則鎰負於當官，貶則以太夫人爲憂，敢問所安？」母曰：「爾無累於道，吾所安也。」遂執奏正罪，樅獲配流，鎰貶撫州司戶。量移晉陵令，未之官，洪吉觀察張鎬辟爲判官，奏授殿中侍御史。遷屯田員外郎，轉祠部、右司二員外。母憂居喪有聞，免喪，除司勳員外。交遊不雜，與楊綰、崔祐甫相善。

大曆五年，除濠州刺史，爲政清淨，州事大理。乃招經術之士，講訓生徒，比去郡，升明經者四十餘人。撰三禮圖九卷、五經微旨十四卷、孟子音義三卷。李靈曜反于汴州，鎰訓練鄉兵，嚴守禦之備，詔書褒異，加侍御史、沿淮鎮守使。尋遷壽州刺史，使如故。德宗卽位，除江南西道都團練觀察使、洪州刺史、兼御史中丞，徵拜吏部侍郎，尋除河中晉絳都防禦觀察使。到官數日，改汴滑節度觀察使、汴州刺史、兼御史大夫，以疾辭，逗留於中路，徵入，養疾私第。未幾，拜中書侍郎、平章事、集賢殿學士，修國史。

建中三年正月，太僕卿趙縱爲奴當千發其陰事，縱下御史臺，貶循州司馬，留當千於內侍省。鎰上疏論之曰：

伏見趙縱爲奴所告下獄，人皆震懼，未測聖情。貞觀二年，太宗謂侍臣曰：「比有奴告其主謀逆，此極弊法，特須禁斷。假令有謀反者，必不獨成，自有他人論之，豈藉其奴告也。自今已後，奴告主者皆不受，盡令斬決。」由是賤不得干貴，下不得陵上，教化之本既正，悖亂之漸不生。爲國之經，百代難改，欲全其事體，實在防微。頃者長安令李濟得罪因奴，萬年令霍晏得罪因婢，愚賤之輩，悖慢成風，主反畏之，動遭誣告，充溢府縣，莫能斷決。建中元年五月二十八日，詔曰：「準鬬競律，諸奴婢告主，非謀叛已上者，同自首法，並準律處分。」自此奴婢復順，獄訴稍息。今趙縱非叛逆，奴實姦兇，奴在禁中，縱獨下獄，考之於法，或恐未正。將帥之功，莫大於子儀；人臣之位，莫大於尚父。歿身未幾，墳土僅乾，兩壻先已當辜，趙縱今又下獄。設令縱實抵法，所告非奴，纔經數月，連罪三壻。錄勳念舊，猶或可容，況在章程，本宜宥免〔一〕。陛下方誅羣賊，大用武臣，雖見寵於當時，恐息望於他日。太宗之令典尚在，陛下之明詔始行，一朝偕違，不與衆守，於教化恐失，於刑法恐煩，所益悉無，所傷至廣。臣非私趙縱，非惡此奴，叨居股肱，職在匡弼，斯是大體，敢不極言。伏乞聖慈，納臣愚懇。

上深納之，縱於是左貶而已，當千杖殺之。鎰乃令召子儀家僮數百人，以死奴示之。

盧杞忌鎰名重道直，無以陷之，以方用兵西邊，杞乃僞請行，上固以不可，因薦鎰以中書侍郎爲鳳翔隴右節度使代朱泚，與吐蕃相尚結贊等盟於清水。將盟，鎰與結贊約各以二千人赴壇所，執兵者半之，列於壇外二百步；散從者半之，分立壇下。鎰與賓佐齊映、齊抗及盟官崔漢衡、樊澤、常魯、于頔等七人，皆朝服；結贊與其本國將相論悉頰藏、論臧熱〔二〕、論利陁、斯官者、論力徐等亦七人，俱升壇爲盟。初，約漢以牛，蕃以馬爲牲，鎰恥與之盟，將殺其禮，乃請結贊曰：「漢非牛不田，蕃非馬不行，今請以羊豕犬三物代之。」結贊許諾。時塞外無豕，結贊請以羝羊，鎰出犬、白羊，乃坎於壇北刑之，雜血一器而歃，盟文曰：

唐有天下，恢奄禹跡，舟車所至，莫不率俾。以累聖重光，卜年惟永，恢王者之丕業，被四海以聲教。與吐蕃贊普，代爲婚姻，因結鄰好，安危同體，甥舅之國，將二百年。其間或因小忿，棄惠爲讎，封疆騷然，靡有寧歲。皇帝踐阼，愍兹黎元，乃釋俘囚，悉歸蕃落。二國展禮，同兹協和，行人往復，累布成命，是必詐謀不起，兵革不用矣。彼猶以兩國之要，求之永久，古有結盟，今請用之。國家務息邊人，外其故地，棄利蹈義，堅盟從約。今國家所守界：涇州西至彈箏峽西口，隴州西至清水縣，鳳州西至同谷縣〔三〕，暨劍南西山、大渡河東，爲漢界。蕃國守鎮在蘭、渭、原、會，西至臨洮〔四〕，又東至成州，抵劍南西界磨些諸蠻〔五〕、大渡水西南，爲蕃界。其兵馬鎮守之處州縣見有居人，彼此兩邊見屬漢諸蠻，以今所分見住處依前爲定。其黃河以北，從故新泉軍直北至大磧，南至賀蘭山駱駝嶺爲界，中間悉爲閑田。盟文所有不載者，蕃有兵馬處蕃守，漢有兵馬處漢守，不得侵越。其先未有兵馬處，不得雜置幷築城堡耕種。今二國將相受辭而會，齋戒將事，告天地山川之神，惟神照臨〔六〕，無得愆墜。其盟文藏於郊廟，副在有司，二國之誠，其永保之。

結贊亦出盟文，不加於坎，但埋牲而已。盟畢，結贊請鎰就壇之西南隅佛幄中焚香爲誓〔七〕，誓畢，復升壇飲酒。獻酬之禮，各用其物，以將厚意而歸。

德宗將幸奉天，鎰竊知之，將迎鑾駕，具財貨服用獻行在。李楚琳者，嘗事朱泚，得其心。軍司馬齊映等密謀曰：「楚琳不去，必爲亂。」乃遣楚琳屯於隴州。楚琳知其謀，乃託故不時發。鎰始以迎駕心憂惑，以楚琳承命去矣，殊不促其行。鎰修飾邊幅，不爲軍士所悅。是夜，楚琳遂與其黨王汾、李卓、牛僧伽等作亂。鎰夜縋而走，判官齊映自水竇出，齊抗爲傭保負荷而逃，皆獲免。鎰出鳳翔三十里，及二子皆爲候騎所得，楚琳俱殺之；判官王沼、張元度、柳遇、李潡被殺。尋贈太子太傅，葬事官給。

馮河清者，京兆人也。初以武藝從軍，隸朔方節度郭子儀，以戰功授左衞大將軍同正；隸涇原節度馬璘，頻以偏師禦吐蕃，甚有殺獲之功。歷試太子詹事、兼御史中丞，充兵馬使。建中四年，節度使姚令言奉詔率兵赴關東，以河清知兵馬留後，判官、殿中侍御史姚況知州事。及令言至京師，所統兵叛，上幸奉天，河清與況聞之，乃集三軍大哭，因共激勵將吏，誓敦誠節，衆頗義之。卽時發甲仗、器械、車百餘輛，連夜送行在所。時駕初遷幸，六軍雖集，蒼黃之際，都無戎器，及涇州甲仗至，軍士大振。特詔褒其誠効，拜四鎮北庭行軍、涇原節度使、兼御史大夫；姚況兼御史中丞、行軍司馬。俄加河清檢校工部尚書。賊泚及姚令言累遣間諜招誘，河清輒拘而戮焉。及駕幸梁州，其將田希鑒潛通泚，使結兇黨害河清。尋贈尚書左僕射，葬事官給。興元元年，贈太子少傅。

劉從一，中書侍郎林甫之玄孫也。祖令植，禮部侍郎。父孺之，京兆府少尹。從一少舉進士，大曆中宏詞，授祕書省校書郎，以調中第，補渭南尉，雅爲常袞所推重。及袞爲相，遷監察御史。居無何，丁母憂。服除，宰相盧杞薦之，超遷侍御史。居數月，以親避除刑部員外郎。建中末，普王之爲元帥也，遷吏部郎中、兼御史中丞，爲元帥判官。德宗居奉天，拜刑部侍郎、平章事，從幸梁州。明年六月，改中書侍郎、平章事。歲中，加集賢殿大學士、修史。上遇之甚厚，以容身遠罪而已，不能有所匡輔。無幾，以疾請告，至是，病甚辭位，章疏六上，乃許，除戶部尚書。尋卒，年四十四，輟朝三日，贈太子太傅。初，林甫生祥道，麟德初爲右相，祥道即從一曾伯祖也。令植從父兄齊賢，弘道初爲侍中。自祥道至從一，劉氏凡三相。

蕭復字履初，太子太師嵩之孫，新昌公主之子。父衡，太僕卿、駙馬都尉。少秉淸操，其羣從兄弟，競飾輿馬，以侈靡相尚，復衣澣濯之衣，獨居一室，習學不倦，非詞人儒士不與之遊。伯華每歎異之。以主蔭，初爲宮門郎，累至太子僕。

廣德中，連歲不稔，穀價翔貴，家貧，將鬻昭應別業。時宰相王縉聞其林泉之美，心欲之，乃使弟紘誘焉，曰：「足下之才，固宜居右職，如以別業奉家兄，當以要地處矣。」復對曰：「僕以家貧而鬻舊業，將以拯濟孀幼耳，倘以易美職於身，令門內凍餒，非鄙夫之心也。」縉憾之，乃罷復官。沉廢數年，復處之自若。後累至尚書郎。大曆十四年，自常州刺史爲潭州刺史、湖南觀察使。及爲同州刺史，州人阻饑，有京畿觀察使儲廩在境內，復輒以賑貸，爲有司所劾削階。朋友唁之，復怡然曰：「苟利於人，敢憚薄罰。」尋爲兵部侍郎。

建中末，普王爲襄漢元帥，以復爲戶部尚書、統軍長史，以復父名衡，特詔避之，未行。扈駕奉天，拜吏部尚書、平章事。復嘗奏曰：「宦者自艱難已來，初爲監軍，自爾恩倖過重。此輩只合委宮掖之寄，不可參兵機政事之權。」上不悅，又請別對，奏云：「陛下臨御之初，聖德光被，自用楊炎、盧杞秉政，惛瀆皇猷，以致今日。今雖危急，伏願陛下深革睿思，微臣敢當此任。若令臣依阿偷免，臣不敢曠職。」盧杞奏對於上前，阿諛順旨，復正色曰：「盧杞之詞不正。」德宗愕然，退謂左右曰：「蕭復頗輕朕。」遂令往江南宣撫。

先時，淮南節度陳少遊首稱臣於李希烈，鳳翔將李楚琳殺節度使張鎰以應朱泚，鎰判官韋皐先知隴州留後，首殺幽叛卒數百人，不應楚琳。復江南使迴，與宰相同對訖，復獨留，奏曰：「陛下自返宮闕，勳臣已蒙官爵，唯旌善懲惡，未有區分。陳少遊將相之寄最崇，首敗臣節；韋皐名宦最卑，特建忠義。請令韋皐代少遊，則天下明然知逆順之理。」上許之。復出，宰相李勉、盧翰、劉從一方同歸中書，中使馬欽緒至，揖從一，附耳語而退，諸相各歸閤。從一詣復曰：「適欽緒宣旨，令與公商量朝來所奏便進，勿令李勉、盧翰知。」復曰：「適來奏對，亦聞斯旨，然未諭聖心，已面陳述，上意尙爾，復未敢言其事。」復又曰：「唐、虞有僉曰之論，朝廷有事，尙合與公卿同議。今勉、翰不可在相位，卽去之；旣在相位，合同商量，何故獨避此之一節？且與公行之無爽，但恐寖以成俗，此政之大弊也。」竟不言於從一。從一奏之，上寖不悅。復累表辭疾，請罷知政事，從之，守太子左庶子。三年，坐郜國公主親累，檢校左庶子，於饒州安置。四年，終于饒州，時年五十七。

復門望高華，志礪名節，與流俗不甚通狎。及登台輔，臨事不苟，頗爲同列所嫉，以故居位不久。性孝友，居家甚睦，爲族子所累，晏然屏退，口未嘗言。

郜國公主者，肅宗之女也，出降駙馬蕭升，升於復爲從兄弟，升早卒。貞元中，蜀州別駕蕭鼎、商州豐陽令韋恪、前彭州司馬李萬、太子詹事李昪等出入主第，穢聲流聞。德宗怒，幽主於別第，李萬決殺，昪貶嶺南，蕭鼎、韋恪決四十，長流嶺表。又言公主行厭禱，其子位爲禱文，位弟佩、儒、偲及異父兄駙馬都尉裴液，並長流端州。公主女爲皇太子妃，卽順宗也。太子懼，亦請與妃離婚。六年，郜國薨，位兄弟及滋詔還京師。滋父徽，初尚郜國；徽卒，降蕭升〔八〕。

柳渾字夷曠，襄州人，其先自河東徙焉。六代祖惔，梁僕射。渾少孤，父慶休，官至渤海丞，而志學棲貧。天寶初，舉進士，補單父尉。至德中，爲江西採訪使皇甫侁判官，累除衢州司馬。未至，召拜監察御史。臺中執法之地，動限儀矩，渾性放曠，不甚檢束，僚長拘局，忿其疏縱。渾不樂，乞外任，執政惜其才，奏爲左補闕。明年，除殿中侍御史，知江西租庸院事。

大曆初，魏少遊鎭江西，奏署判官，累授檢校司封郎中。州理有開元寺僧與徒夜飲，醉而延火，歸罪於守門瘖奴，軍候亦受財，同上其狀，少遊信焉。人知奴冤，莫肯言。渾與崔祐甫遽入白，少遊驚問，醉僧首伏。既而謝曰：「微二君子，幾成老夫暗劣矣。」自此以公正聞。及路嗣恭領鎭，復以爲都團練副使。十二年，拜袁州刺史。

居二年，崔祐甫入相，薦爲諫議大夫、浙江東西黜陟使，累遷尚書左丞。及駕在奉天，渾微服徒行，遁終南山谷，踰旬方達行在。扈從至梁州，改左散騎常侍。初，渾之歸行在，賊泚籍其名甚，願以致之，猶疑匿在閭里，乃加宰相。及克復，渾尙名瑊，乃上言：「頃爲狂賊點穢，臣實恥稱舊名，矧字或帶戈，時當偃武，請改名渾。」

貞元二年，拜兵部侍郎，封宜城縣伯。三年正月，加同平章事，仍判門下省。時上命玉工爲帶，墜壞一銙，乃私市以補；及獻，上指曰：「此何不相類？」工人伏罪，上命決死。詔至中書，渾執曰：「陛下若便殺則已，若下有司，卽須議讞。且方春行刑，容臣條奏定罪。」以誤傷乘輿器服，杖六十，餘工釋放，詔從之。復奏：「故尙書左丞田季羔，公忠正直，先朝名臣。其祖、父皆以孝行旌表門閭，京城隋朝舊第，季羔一家而已。今被堂姪伯強進狀，請貨宅召市人馬，以討吐蕃。一開此門，恐滋不逞。討賊自有國計，豈資僥倖之徒？且毀棄義門，虧損風教，望少責罰，亦可懲勸。」上可其奏。

先時，韓滉自浙西入覲，朝廷委政待之，至於調兵食，籠鹽鐵，勾官吏贓罰，鋤豪強兼幷，上悉仗焉。每奏事，或日旰，他相充位而已，公卿救過不能暇，無敢枝梧者。渾雖滉所引，心惡其專政，正色讓之曰：「先相公以狷察爲相，不滿歲而罷；今相公搒吏於省中至死，且非刑人之地，奈何蹈前非而又甚焉？專立威福，豈尊主卑臣之禮！」滉感悟愧悔，爲霽威焉。及白志貞除浙西觀察使，渾奏曰：「志貞一末吏憸人，縱稱廉謹，不當頓居重職。」適遇渾以疾稱告，卽日詔下。疾間，因乞骸骨，優詔不許。其判門下，主吏白當過官，渾愀然曰：

「列官分職，復更撓之，非禮法也。千里辭家，以干微祿，邑主辭辦，豈慮無能，矧旌善進賢，事不在此。」故其年注擬，無退量者。

及渾瑊與吐蕃會盟之日，上御便殿謂宰相曰：「和戎息師，國之大計，今日將士與卿同歡。」馬燧前賀曰：「今之一盟，百年內更無蕃寇。」渾曰：「五帝無誥誓之盟，皆在季末。今盛明之代，豈又行於夷狄！人面獸心，難以信結〔九〕，今日盟約，臣竊憂之。」李晟繼言曰：「臣生長邊城，知蕃戎心，今日之事，誠如渾言。」上變色曰：「柳渾書生，未達邊事；大臣智略，果亦有斯言乎！」皆頓首俯伏，遽令歸中書。其夜三更，邠寧節度韓遊瓌飛驛叩苑門，奏盟會不成，將校覆沒，兵臨近鎭，上驚歎，卽遞其表以示渾。詰旦，臨軒慰勉渾曰：「卿文儒之士，而萬里知軍戎之情。」自此驟加禮異。時張延賞與渾同列，延賞怙權矜己，而嫉渾守正，俾其所厚謂渾曰：「相公舊德，但節言於廟堂，則重位可久。」渾曰：「爲吾謝張相公，柳渾頭可斷，而舌不可禁也。」自是爲其所擠，尋除常侍，罷知政事。貞元五年二月，以疾終，年七十五。有文集十卷。

渾母兄識，篤意文章，有重名於開元、天寶間，與蕭穎士、元德秀、劉迅相亞。其練理創端，往往詣極，當時作者，咸伏其簡拔，而趣尙辨博。渾亦善爲文，然趨時向功，非沉思之所及。渾警辯，好諧謔放達，與人交，豁然無隱。性節儉，不治產業，官至丞相，假宅而居。罷相數曰，則命親族尋勝，讌醉方歸，陶陶然忘其黜免。時李勉、盧翰皆退罷居第，相謂曰：「吾輩方柳宜城，悉爲拘俗之人也。」

史臣曰：張鎰、蕭復、柳渾，節行才能，訏謨亮直，皆足相明主，平泰階，而盧杞忌之於前，延賞排之於後，管仲有言：「任君子，使小人間之，害霸也。」德宗黜賢相，位姦臣，致朱泚、懷光之亂，是失其人也，豈尤其時哉！河清歿於王事，乃顯忠貞；從一舉自姦人，固宜循默。

贊曰：得人則興，失人則亡。鎰、復、渾去，宗社其殃。

校勘記

〔一〕本宜宥免　「宥」字各本原作「看」，據唐會要卷五一、冊府卷三三八改。

〔二〕論臧熱　「臧」字各本原無，據本書卷一九六下吐蕃傳、殘宋本冊府卷九八一補。

〔三〕同谷縣　「谷」字各本原作「父」，據本書卷一九六下吐蕃傳、冊府卷九八一改。

〔四〕西至臨洮　「至」字各本原作「使」，據本書卷一九六下吐蕃傳、冊府卷九八一改。

〔五〕磨些諸蠻　「磨」下各本原有「在」字，據本書卷一九六下吐蕃傳、冊府卷九八一删。

〔六〕惟神照臨　「惟神」二字各本原無，據本書卷一九六下吐蕃傳、冊府卷九八一補。

〔七〕就壇之西南隅　「壇」字各本原作「疆」，據本書卷一九六下吐蕃傳、冊府卷九八一改。

〔八〕降蕭升　「降」字各本原作「尙」，據合鈔卷一七六蕭復傳改。

〔九〕五帝無誥誓之盟……難以信結　此處疑有脫誤。唐書合鈔補正卷五引影宋本舊唐書作：「五帝無誓誥，三王無詛盟，詛盟之興，皆在季末。今盛明之代，豈可以季末之事，行於夷狄！夫夷狄人面獸心，難於結信。」

舊唐書卷一百二十六

列傳第七十六

李揆　李涵　陳少遊　盧基　裴諝

李揆字端卿，隴西成紀人，而家于鄭州，代爲冠族。秦府學士、給事中玄道玄孫，祕書監、贈吏部尚書成裕之子。少聰敏好學，善屬文。開元末，舉進士，補陳留尉，獻書闕下，詔中書試文章，擢拜右拾遺。改右補闕、起居郎，知宗子表疏。遷司勳員外郎、考功郎中，並知制誥。扈從劍南，拜中書舍人。

乾元初，兼禮部侍郎。揆嘗以主司取士，多不考實，徒峻其隄防，索其書策，殊未知藝不至者，文史之囿亦不能擒詞，深昧求賢之意也。其試進士文章，請於庭中設五經、諸史及切韻本於床，而引貢士謂之曰：「大國選士，但務得才，經籍在此，請恣尋檢。」由是數月之間，美聲上聞，未及畢事，遷中書侍郎、平章事、集賢殿崇文館大學士、修國史。

揆美風儀，善奏對，每有敷陳，皆符獻替。肅宗賞歎之，嘗謂揆曰：「卿門地、人物、文章，皆當代所推。」故時人稱爲三絕。其爲舍人也，宗室請加張皇后「翊聖」之號，肅宗召揆問之，對曰：「臣觀往古后妃，終則有謚。生加尊號，未之前聞。景龍失政，韋氏專恣，加號翊聖，今若加皇后之號，與韋氏同。陛下明聖，動遵典禮，豈可蹤景龍故事哉！」肅宗驚曰：「凡才幾誤我家事。」遂止。時代宗自廣平王改封成王，張皇后有子數歲，陰有奪宗之議。揆因對見，肅宗從容曰：「成王嫡長有功，今當命嗣，卿意何如？」揆拜賀曰：「陛下言及於此，社稷之福，天下幸甚，臣不勝大慶。」肅宗喜曰：「朕計決矣。」自此頗承恩遇，遂蒙大用。

時京師多盜賊，有通衢殺人置溝中者，李輔國方恣橫，上請選羽林騎士五百人以備巡檢。揆上疏曰：「昔西漢以南北軍相統攝，故周勃因南軍入北軍，遂安劉氏。皇朝置南北衙，文武區分，以相伺察。今以羽林代金吾警夜，忽有非常之變，將何以制之？」遂制罷羽林之請。

揆在相位，決事獻替，雖甚博辨，性銳於名利，深爲物議所非。又其兄皆自有時名〔一〕，滯於冗官，竟不引進。同列呂諲，地望雖懸，政事在揆之右，罷相，自賓客爲荆南節度，聲問甚美。懼其重入，遂密令直省至諲管內搆求諲過失。諲密疏自陳，乃貶揆萊州長史同正員，其制旨曰：「扇湖南之八州，沮江陵之節制。」揆既黜官，數日，其兄皆改授爲司門員外郎。後累年，揆量移歙州刺史。

初，揆秉政，侍中苗晉卿累薦元載爲重官。揆自恃門望，以載地寒，意甚輕易，不納，而謂晉卿曰：「龍章鳳姿之士不見用，麞頭鼠目之子乃求官。」載銜恨頗深。及載登相位，因揆當徙職，遂奏爲試祕書監，江淮養疾。既無祿俸，家復貧乏，孀孤百口，丐食取給。萍寄諸州，凡十五六年，其牧守稍薄，則又移居，故其遷徙者，蓋十餘州焉。元載以罪誅，除揆睦州刺史，入拜國子祭酒、禮部尚書，爲盧杞所惡。德宗在山南，令充入蕃會盟使，加左僕射。行至鳳州，以疾卒，興元元年四月也，年七十四。贈司空，喪事官給。

李涵，高平王道立曾孫〔三〕。父少康，宋州刺史。涵簡素恭愼，有名宗室，累授贊善大夫、兼侍御史。朔方節度郭子儀奏爲關內鹽池判官。肅宗北幸平涼，未有所適。涵與朔方留後杜鴻漸，草牋具朔方兵馬招集之勢，軍資倉儲庫物之數，咸推涵宗枝之英，純厚忠信，乃令涵奉牋至平涼謁見。涵敷奏明辯，動合事機，肅宗大悅，除右司員外郎，累至司封郎中、宗正少卿。

寶應元年，初平河朔，代宗以涵忠謹洽聞，遷左庶子、兼御史中丞、河北宣慰使。會丁母憂，起復本官而行，每州縣郵驛，公事之外，未嘗啓口，疏飯飲水，席地而息。使還，請罷官終喪制，代宗以其毀瘠，許之。服闋，除給事中，遷尚書左丞。以幽州之亂，充河朔宣慰使。大曆六年正月，爲蘇州刺史、兼御史大夫，充浙江西道都團練觀察等使。十一年，來朝，拜御史大夫。京畿觀察使李栖筠歿，代之。

德宗卽位，以涵和易，無剸割之才，除太子少傅，充山陵副使。涵判官殿中侍御史呂渭上言：「涵父名少康，今官名犯諱，恐乖禮典。」宰相崔祐甫奏曰：「若朝廷事有乖舛，羣臣悉能如此，實太平之道。」除渭司門員外郎。尋有人言：「涵昔爲宗正少卿，此時無言，今爲少傅，妄有奏議。」詔曰：「呂渭僭陳章奏，爲其本使薄訴官名。朕以宋有司城之嫌，晉有詞曹之諱，歎其忠於所事，亦謂確以上聞。乃加殊恩，俾膺厚賞。近聞所陳『少』字，往歲已任少卿，昔是今非，罔我何甚！豈得謬當朝典，更廁周行，宜佐遐藩，用誡薄俗。可歙州司馬同正。」由是改涵爲檢校工部尚書、兼光祿卿，仍充山陵副使。無幾，以右僕射致仕。興元元年九月卒，追贈太子太保。

陳少遊，博州人也。祖儼，安西副都護。父慶，右武衞兵曹參軍，以少遊累贈工部尚書。少遊幼聰辯，初習莊、列、老子，爲崇玄館學生，衆推引講經。時同列有私習經義者，期升坐日相問難。及會，少遊攝齊升坐，音韻淸辯，觀者屬目。所引文句，悉兼他義，諸生不能對，甚爲大學士陳希烈所歎賞，又以同宗，遇之甚厚。

旣擢第，補渝州南平令，理甚有聲。至德中，河東節度王思禮奏爲參謀，累授大理司直、監察殿中侍御史、節度判官。寶應元年，入爲金部員外郎。尋授侍御史、迴紇糧料使，改檢校職方員外郎。充使檢校郎官，自少遊始也。明年，僕固懷恩奏爲河北副元帥判官、兵部郎中、兼侍御史。遷晉州刺史，改同州刺史，未視事，又歷晉、鄭二州刺史。少遊爲理，長於權變，時推幹濟，然厚斂財貨，交結權倖，以是頻獲遷擢。無幾，澤潞節度使李抱玉表爲副使、御史中丞、陳鄭二州留後。

永泰二年，抱玉又奏爲隴右行軍司馬，拜檢校左庶子，依前兼中丞。其年，除桂州刺史、桂管觀察使。少遊以嶺徼遐遠，欲規求近郡。時中官董秀掌樞密用事，少遊乃宿於其里，候其下直，際晚謁之，從容曰：「七郎家中人數幾何？每月所費復幾何？」秀曰：「久忝近職，家累甚重，又屬時物騰貴，一月過千餘貫。」少遊曰：「據此之費，俸錢不足支數日，其餘常須數求外人，方可取濟。倘有輸誠供億者，但留心庇覆之，固易爲力耳。少遊雖不才，請以一身獨供七郎之費，每歲請獻錢五萬貫。今見有大半，請卽受納，餘到官續送。免貴人勞慮，不亦可乎？」秀既踰於始望，欣愜頗甚，因與之厚相結。少遊言訖，泣曰：「南方炎瘴，深愴違辭，但恐不生還再覩顏色矣。」秀遽曰：「中丞美才，不當遠官，請從容旬日，冀竭蹇分。」時少遊又已納賄於元載子仲武矣。秀、載內外引薦，數日，拜宣州刺史、宣歙池都團練觀察使。

大曆五年，改越州刺史、兼御史大夫、浙東觀察使。八年，遷揚州大都督府長史、淮南節度觀察使，仍加銀青光祿大夫，封潁川縣開國子。所在悉心綏輯，而多以任數爲政，好行小惠，胥吏得職，人亦獲安。及朝廷多事，奏請本道兩稅錢千增二百。因詔諸道悉如淮南，鹽每一斗更加一百文。少遊十餘年間，三總大藩，皆天下殷厚處也。以故徵求貿易，且無虛日，斂積財寶，累巨億萬，多賂遺權貴，視文雅清流之士，蔑如也。初結元載，每年饋金帛約十萬貫，又多納賂於用事中官駱奉先、劉清潭、吳承倩等，由是美聲達於中禁。後見元載在相位年深，以過犯漸見疑忌，少遊亦稍疏之。無何，載子伯和貶官揚州，少遊外與之交結，而陰使人伺其過失，密以上聞。代宗以爲忠，待之益厚。

上卽位，累加檢校禮部、兵部尚書。建中三年，李納反叛，少遊以師收徐、海等州，尋棄之，退軍盱眙。又加檢校左僕射，賜實封三百戶。其年，就加同平章事。關播嘗爲少遊賓僚，盧杞早年與之同在僕固懷恩使府，故驟加其官秩。

四年十月，駕幸奉天，度支汴東兩稅使包佶在揚州，尙未知也。佶判官崔沅遽報少遊，佶時所總賦稅錢帛約八百萬貫在焉，少遊意以爲賊據京師，未卽收復，遂脅取其財物。先使判官崔𥳑就佶強索其納給文曆，幷請供二百萬貫錢物以助軍費，佶答曰：「所用財帛，須承敕命。」未與之。𥳑勃然曰：「中丞若得，爲劉長卿；不爾，爲崔衆矣。」長卿嘗任租庸使，爲吳仲孺所困，崔衆供軍吝財，爲光弼所殺，故𥳑言及之。佶大懼，不敢固護，財帛將轉輸入京師者，悉爲少遊奪之。佶自謁，少遊止焉，長揖而遣，旣懼禍，奔往白沙。少遊又遣判官房孺復召之，佶愈懼，託以巡檢，因急棹過江，妻子伏案牘中。至上元，復爲韓滉所拘留。佶先有兵三千，守禦財貨，令高越、元甫將焉，少遊盡奪之。隨佶渡江者，又爲韓滉所留，佶但領胥吏往江、鄂等州。佶於彈丸中置表，以少遊脅取財帛事。會少遊使繼至，上問曰：「少遊取包佶財帛，有之乎？」對曰：「臣發揚州後，非所知也。」上曰：「少遊國之守臣，或防他盜，供費軍旅，收亦何傷。」時方隅阻絕，國命未振，遠近聞之大驚，咸以聖情達於變通，明見萬里。少遊後聞之，乃安。

及李希烈陷汴州，聲言欲襲江淮。少遊懼，乃使參謀溫述由壽州送款於希烈曰：「濠、壽、舒、廬，尋令罷壘，韜戈卷甲，佇候指揮。」少遊又遣巡官趙詵於鄆州結李納。其年，希烈僭號，遣其將楊豐齎僞赦書赴揚州，至壽州，爲刺史張建封候騎所得，建封對中使二人及少遊判官許子瑞廷責豐而斬之。希烈聞之大怒，即署其大將杜少誠爲僞僕射、淮南節度，令先平壽州，後取廣陵。建封於霍丘堅栅，嚴加守禁，少誠竟不能進。後包佶入朝，具奏少遊奪財賦事狀，少遊大懼，乃上表，以所取包佶財貨，皆是供軍急用，今請據數卻納。既而州府殘破，無以上塡，乃與腹心孔目官等設法重稅管內百姓以供之。無何，劉洽收汴州，得希烈僞起居注「某月日陳少遊上表歸順」。少遊聞之，慚惶發疾，數日而卒，年六十一，贈太尉，賻布帛，葬祭如常儀。

盧𢡟，幽州范陽人也，貞觀中工部侍郎義恭玄孫也。父子騫，潁王府諮議參軍，以𢡟贈祕書少監。𢡟少以門蔭入仕，在職以幹局稱。累授閬州錄事參軍、監察殿中御史、侍御史、金州刺史。宰相楊炎遇之頗厚，召入左司郎中、京兆少尹，遷大尹。𢡟無術學，善事權要，爲政苛躁。盧杞甚惡之，諷有司彈奏，坐貶撫州司馬同正，改饒州刺史，遷福州刺史、福建觀察使。貞元二年七月，以疾終。

裴諝字士明，河南洛陽人。父寬，禮部尚書，有重名於開元、天寶間。諝少舉明經，補河南府參軍，通達簡率，不好苛細。積官至京兆倉曹，丁父喪，居東都。是時，安祿山盜陷二京，東都收復，遷太子司議郎。無幾，虢王巨奏署侍御史、襄鄧營田判官，丁母憂。東都復爲史思明所陷，諝藏匿山谷。思明嘗爲諝父將校，懷舊恩，又素慕諝名，欲必得之，因令捕騎數十跡逐得諝。思明見之，甚喜，呼爲郎君，不名，僞授御史中丞，主擊斷。時思明殘殺宗室，諝陰緩之，全活者數百人。又嘗疏賊短長以聞，事泄，思明大怒詬罵，僅而免死。賊平，除太子中允，遷考功郎中，數召見言事。

代宗居陝，諝步懷考功及南曹二印赴行在，上見而謂之曰：「疾風知勁草，果信矣。」將以爲御史中丞，爲元載所排，爲河東道租庸鹽鐵等使。時關輔大旱，諝入計，代宗召見便殿，問諝：「榷酤之利，一歲出入幾何？」諝久之不對。上復問之，對曰：「臣有所思。」上曰：「何思？」對曰：「臣自河東來，其間所歷三百里，見農人愁歎，穀菽未種。誠謂陛下軫念，先問人之疾苦，而乃責臣以利。孟子曰：理國者，仁義而已，何以利爲？由是未敢卽對也。」上前坐曰：「微公言，吾不聞此。」拜左司郎中。上時訪以事，執政者忌之，出爲虔州刺史，歷饒、廬、亳三州刺史。入爲右金吾將軍。

建中初，上以刑名理天下，百吏震悚。時十月禁屠殺，以甫近山陵，禁益嚴。尚父、汾陽王郭子儀隸人殺羊以入，門者覺之，諝列奏狀，上以爲不畏強禦，累遣宣諭。或謂諝曰：「郭公有社稷功，豈不爲蓋之？」諝笑曰：「非爾所解。且郭公威權太盛，上新卽位，必謂黨附者衆。今發其細過，以明不弄權耳。吾上以盡事君之道，下以安大臣，不亦可乎？」時於朝堂別置三司以決庶獄，辯爭者輒擊登聞鼓，諝上疏曰：「夫諫鼓謗木之設，所以達幽枉，延直言。今輕猾之人，援桴鳴鼓，始動天聽，竟因纖微。若然者，安用吏理乎！」上然之，悉歸有司。諝以法吏舞文，多挾宿怨，因獻獄官箴以諷。無何，坐所善僧抵法，貶閬州司馬。徵爲右庶子，改千牛上將軍。會吐蕃入寇，尋拜吏部侍郎、兼御史大夫，爲吐蕃使，不行。無幾，轉太子賓客、兵部侍郎、河南尹、東都副留守。

諝自河南凡五代爲官，入視事，未嘗當正處，不鞫人於贓罪，以寬厚和易爲理。貞元九年十一月，以疾終，年七十五，贈禮部尙書。

史臣曰：李揆發言沃心，幸遇明主；蔽賢固位，終非令人。少遊逐勢利隨時，盧惎事權要巧宦，綮言觀行，皆無可稱。涵節行著聞，諝和易爲理，庶幾近仁也。

贊曰：李、陳、盧惎，言行非眞。涵、諝和易，庶乎近仁。

校勘記

〔一〕皆　新書卷一五〇李揆傳作「楷」。

〔二〕道立　各本原作「道之」，據册府卷八九九、新書卷七八永安王孝基傳改。

舊唐書卷一百二十七

列傳第七十七

姚令言　張光晟　源休　喬琳　張涉　蔣鎮　洪經綸　彭偃

姚令言，河中人也。少應募，起於卒伍，隸涇原節度馬璘。以戰功累授金吾大將軍同正，爲衙前兵馬使，改試太常卿、兼御史中丞。建中元年，孟暤爲涇原節度留後，自以文吏進身，不樂軍旅，頻表薦令言謹肅，堪任將帥。暤尋歸朝廷，遂拜令言爲四鎮北庭行營涇原節度使、涇州刺史、兼御史大夫。

建中四年，李希烈叛，寇陷汝州，詔哥舒曜率師攻之，營于襄城。希烈兵數萬圍襄城，勢甚危急。十月，詔令言率本鎮兵五萬赴援。涇師離鎮，多攜子弟而來，望至京師以獲厚賞，及師上路，一無所賜。時詔京兆尹王翃犒軍士，唯糲食菜啖而已，軍士覆而不顧，皆憤怒，揚言曰：「吾輩棄父母妻子，將死於難，而食不得飽，安能以草命捍白刃耶！國家瓊林、大盈，寶貨堆積，不取此以自活，何往耶？」行次滻水，乃返戈，大呼鼓譟而還。令言曰：「比約東都有厚賞，兒郎勿草草，此非求活之良圖也。」衆不聽，以戈環令言請退，令言急奏之。上恐，令內庫出繒綵二十車馳賜之，軍聲浩浩，令言不能戢。街市居人狼狽走竄，亂兵呼曰：「勿走，不稅汝間架矣！」德宗令普王與學士姜公輔往撫勞之，纔出內門，賊已斬關，陣于丹鳳樓下。是日，德宗倉卒出幸，賊縱入府庫輦運，極力而止。

時太尉朱泚罷鎮居晉昌里第，是夜，叛卒謀曰：「朱太尉久囚於宅，若迎爲主，大事濟矣。」泚嘗節制涇州，衆知其失權，廢居怏怏，又幸泚寬和，乃請令言率騎迎泚於晉昌里。泚初遲疑，以食飼之，徐觀衆意，既而諸校齊至，乃自第張炬火入居含元殿。既僭號，乃以令言爲侍中，與源休同知賊政事。

既以身先逆亂，頗盡心於賊，害宗室，圍奉天，皆令言爲首帥也。羣兇宴樂，既醉，令言與源休論功，令言自比蕭何，源休曰：「帷幄之謀，成秦之業，無出予之右者。吾比蕭何無讓，子當曹參可矣。」時朝士在賊廷者，聞之皆笑，謂源休爲火迫酇侯。朱泚敗，令言與張廷芝尙有衆萬人，從泚將入吐蕃。至涇州，欲投田希鑒，希鑒僞致禮誘之，與泚俱斬首來獻。

張光晟，京兆盩厔人，起於行間。天寶末，哥舒翰兵敗潼關，大將王思禮所乘馬中流矢而斃，光晟時在騎卒之中，因下，以馬授思禮。思禮問其姓名，不告而退，思禮陰記其形貌，常使人密求之。無何，思禮爲河東節度使，其偏將辛雲京爲代州刺史，屢爲將校譖毁，思禮怒焉。雲京惶懼，不知所出。光晟時隸雲京麾下，因間進曰：「光晟素有德於王司空，比不言者，恥以舊恩受賞。今使君憂迫，光晟請奉命一見司空，則使君之難可解。」雲京然其計，卽令之太原。乃謁思禮，未及言舊，思禮識之，遽曰：「爾豈非吾故人乎？何相見之晚也！」光晟遂陳潼關之事，思禮大喜，因執其手感泣曰：「吾有今日，子之力也。求子頗久，竟此相遇，何慰如之？」命同榻而坐，結爲兄弟。光晟遂述雲京之屈，思禮曰：「雲京比涉謗言，過亦不細，今爲故人，特捨之矣。」卽日擢光晟爲兵馬使，賚田宅、縑帛甚厚，累奏特進，試太常少卿，委以心腹。及雲京爲河東節度使，又奏光晟爲代州刺史。

大曆末，遷單于都護、兼御史中丞、振武軍使。代宗密謂之曰：「北蕃縱横日久，當思所禦之計。」光晟既受命，至鎭，威令甚行。建中元年，迴紇突董梅録領衆幷雜種胡等自京師還國，輿載金帛，相屬於道。光晟訝其裝橐頗多，潛令驛吏以長錐刺之，則皆輦歸所誘致京師婦人也。遂給突董及所領徒悉令赴宴，酒酣，光晟伏甲盡拘而殺之，死者千餘人，唯留二胡歸國復命。遂部其婦人，給糧還京，收其金帛，賞賚軍士。後迴紇遣使來訴，上不欲甚阻蕃情，徵拜右金吾將軍。迴紇猶怨懟不已，又降爲睦王傅，尋改太僕卿，負才怏怏不得志。

賊泚僭逆，署光晟僞節度使兼宰相。及泚衆頻敗，遂擇精兵五千配光晟，營於九曲，去東渭橋凡十餘里。光晟潛使於李晟，有歸順之意。晟進兵入苑，光晟勸賊泚宜速西奔，光晟以數千人送泚出城，因率衆迴降於晟。晟以其誠款，又愛其材，欲奏用之，俾令歸私第，表請特減其罪。每大宴會，皆令就坐，華州節度使駱元光詬之曰：「吾不能與反虜同席！」拂衣還營。晟不得已，拘之私第，後有詔言其狀跡不可原，乃斬之。

源休，相州臨漳人，京兆尹光輿之子也。休以幹局，累授監察御史、殿中侍御史、青苗使判官，遷虞部員外郎。出潭州刺史，入爲主客郎中，遷給事中、御史中丞、左庶子。其妻，卽吏部侍郎王翊女也。因小忿而離，妻族上訴，下御史臺驗理，休遲留不答款狀，除名，配流溱州。久之，移岳州。

建中初，楊炎執政，以京兆尹嚴郢威名稍著，心欲傾之。郢，卽王翃甥婿也。休與王氏離絕之時，炎風聞休、郢有隙，遂擢休自流人爲京兆少尹，俾令伺郢過失。休既職久，與郢親善，炎怒之，奏令以本官兼御史中丞，奉使迴紇。休至振武，軍使張光晟已殺迴紇突董等，上初欲遂絕其使，令休還，待命于太原。久之方遣，仍令休歸其突董、翳密施大小梅錄等四屍。突董者，卽武義可汗之叔父也〔一〕。屍既至，可汗令宰臣已下具綵服車馬來迎。其宰相頡于思迦坐大帳，立休等於帳外雪中，詰殺突董等故。休曰："突董等自與張光晟忿鬬而死，非天子命也〔二〕。"又問："使者背唐國，負罪當死，不能自戮耶？不然，何假手於我殺之也？"凡將殺者數矣，言頗悖慢，乃引去，供饋甚薄，留之五十餘日，乃得還。可汗使謂休曰："我國人皆欲殺汝，唯我不然。汝國已殺突董等，吾又殺汝，猶以血洗血，汙益甚爾。吾今以水洗血，不亦善乎！所欠吾馬直絹一百八十萬疋，當速歸之。"遣散支將軍康赤心等隨休來朝，休竟不得見其可汗。尋遣赤心等歸，與之帛十萬疋、金銀十萬兩，償其馬直。休履危而還，宰相盧杞又恐復命之日以口辯結恩，將至太原，遽奏爲光祿卿。休以其遠使賞薄，居常怨望。

會涇原兵叛，立朱泚爲主。初但稱太尉，朝官謁泚者，悉勸奉迎鑾駕，既不合泚意而退。及休至，遂屏人移時，言多悖逆，盛陳成敗，稱述符命，勸令僭號。泚悅其言，以休爲宰相，判度支。休遂爲謀主，至於兵食軍資，遷除補擬，內外咨謀，一稟休畫。故時人云：「源休之逆，甚於朱泚。」朝廷大臣之奔竄不獲者，多爲休所誘致，以至戮辱，職休而爲，蓋非一焉。又勸泚鋤翦宗室，以絕人望，命萬年縣賊曹尉楊偡專其斷決，諸王子孫遇害不可勝數。泚敗走，休隨至寧州。泚死，休走鳳翔，爲其部曲所殺，傳首來獻。休三子並斬于東市，籍沒其家。

喬琳，太原人。少孤貧志學，以文詞稱。天寶初，舉進士，補成武尉，累授興平尉。朔方節度郭子儀辟爲掌書記，尋拜監察御史。琳倜儻疏誕，好談諧，侮謔僚列，頗無禮檢。同院御史畢耀初與琳嘲誚往復，因成釁隙，遂以公事互相告訴，坐貶巴州員外司戶。遂起爲南鄭令，改殿中侍御史，充山南節度張獻誠行軍司馬。使罷，爲劍南東川節度鮮于叔明判官。改檢校駕部郎中〔三〕、果綿遂三州刺史、兼御史中丞。入爲大理少卿、國子祭酒。出爲懷州刺史。琳素與張涉友善，上在春宮，涉嘗爲侍讀。及嗣位，多以政事詢訪於涉，盛稱琳識度材略，堪備大用，因拜御史大夫、平章事。琳本粗材，又年高有耳疾，上每顧問，對答失次，論奏不合時。倖居相位，凡八十餘日，除工部尚書，罷知政事，尋加迎皇太后副使。

朱泚之亂，扈從至奉天，轉吏部尙書，遷太子少師。再幸梁、洋，琳從至盩厔，託以馬乏遲留，上以琳舊老，心敬重之，慰諭頗至，以御馬一匹給焉。又懇辭以老疾不堪山阻登頓，上悵然，賜之所執策曰：「勉爲良圖，與卿決矣。」後數日，乃削髮爲僧，止仙遊寺。賊泚聞之，遂令數十騎追至京城，俾爲僞吏部尙書。令源休被公服，饋肉食，琳雖辭讓，而僧言求施。琳掌賊中吏部，選人前請曰：「所注某官不穩便。」琳謂之曰：「足下謂此選竟穩便乎？」及官軍收京師，當處極刑，時琳已七十餘，李晟憫其衰老，表請減死。上以其累經重任，頗虧臣節，自受逆命，頗聞譏諸悖慢之言，背義負恩，固不可捨，命斬之。臨刑歎曰：「喬琳以七月七日生，亦以此日死，豈非命歟！」

張涉者，蒲州人，家世儒者。涉依國學爲諸生講說，稍遷國子博士，亦能爲文，嘗請有司日試萬言，時呼張萬言。德宗在春宮，受經于涉。及卽位之夕，召涉入宮，訪以庶政，大小之事皆咨之。翌日，詔居翰林，恩禮甚厚，親重莫比，自博士遷散騎常侍。上方屬意宰輔，唯賢是擇，故求人於不次之地。涉舉懷州刺史喬琳爲相，上授之不疑，天下聞之者皆愕然。數月，琳以不稱職罷，上由是疏涉。俄受前湖南都團練使辛京杲贓事發，詔曰：「尊師之道，禮有所加；議故之法，恩有所掩。張涉賄賂交通，頗駭時聽，常所親重，良深歎惜。宜放歸田里。」

蔣鎭，常州義興人，尙書左丞洌之子也。與兄鍊並以文學進。天寶末舉賢良，累授左拾遺、司封員外郎，轉諫議大夫。時戶部侍郎、判度支韓滉上言：「河中鹽池生瑞鹽，實土德之上瑞。」上以秋霖稍多，水潦爲患，不宜生瑞，命鎭馳驛檢行之。鎭奏與滉同，仍上表賀，請宣付史館，并請置神祠，錫其嘉號寶應靈慶池。時霖潦彌月，壞居人廬舍非一，鹽池爲潦水所入，其味多苦。韓滉慮鹽戶減稅，詐奏雨不壞池，池生瑞鹽，鎭庇之飾詐，識者醜之。轉給事中、工部侍郎，以簡儉稱於時。

其妹壻源溥，卽休之弟也，以姻媾之故，與休交好。涇師之叛，鎭潛竄，夜至鄠縣西，馬躓墮溝澗中，傷足不能進。時兄鍊已與源休相率受賊僞官。鎭僕人有逃歸投鍊，云鎭病足在鄠。鍊與源休聞之大喜，遂言於賊泚。泚素慕鎭淸名，卽令騎二百求之鄠縣西。明日，擁鎭而至，署爲僞宰相。既知不免，每憂沮，常懷刃將自裁，多爲兄鍊所救而罷。數日後，復謀竄匿，竟以性懦畏怯，計終不果。然源休與泚頻議，欲逼脅潛藏衣冠，大加殺戮，鎭輒力爭救，獲全者甚衆。至是，與兄鍊等並授僞職，斬於東市西北街。

初，鎮父洌，叔渙，當祿山、思明之亂，並授僞職，然以家風修整，爲士大夫所稱。鎮兄弟亦以敎義禮法爲己任，而貪祿愛死，節隳身戮，爲天下笑。

洪經綸，建中初爲黜陟使。至東都，訪聞魏州田悅食糧兵凡七萬人，經綸素昧時機，先以符停其兵四萬人，令歸農畝。田悅僞順命，卽依符罷之；而大集所罷兵士，激怒之曰：「爾等在軍旅，各有父母妻子，旣爲黜陟使所罷，如何得衣食？」遂大哭。悅乃盡出家財衣服厚給之，各令還其部伍，自此人堅叛心，由是罷職。及朱泚反，僞授太常少卿。

彭偃，少負俊才，銳於進取，爲當塗者所抑，形於言色。大曆末，爲都官員外郎。時劍南東川觀察使李叔明上言，以「佛、道二教，無益于時，請粗加澄汰。其東川寺觀，請定爲二等：上寺留僧二十一人〔四〕；上觀留道士十四人，降殺以七，皆精選有道行者，餘悉令返初。蘭若、道場無名者皆廢」。德宗曰：「叔明此奏，可爲天下通制，不唯劍南一道。」下尚書集議。

也。

偃獻議曰：

王者之政，變人心爲上，因人心次之，不變不因，循常守固者爲下。故非有獨見之明，不能行非常之事。今陛下以惟新之政，爲萬代法，若不革舊風，令歸正道者，非也。

當今道士，有名無實，時俗鮮重，亂政猶輕。唯有僧尼，頗爲穢雜。自西方之敎，被于中國，去聖日遠，空門不行五濁，比丘但行粗法。爰自後漢，至于陳、隋，僧之廢滅，其亦數乎！或至坑殺，殆無遺餘。前代帝王，豈惡僧道之善如此之深耶？蓋其亂人亦已甚矣。且佛之立敎，淸淨無爲，若以色見，卽是邪法，開示悟入，唯有一門，所以三乘之人，比之外道。況今出家者皆是無識下劣之流，縱其戒行高潔，在于王者，已無用矣，況是苟避征徭，於殺盜淫穢，無所不犯者乎！今叔明之心甚善，然臣恐其姦吏詆欺，而去者未必非，留者不必是，無益於國，不能息姦。旣不變人心，亦不因人心，強制力持，難致遠耳。

臣聞天生烝人，必將有職，遊行浮食，王制所禁。故有才者受爵祿，不肖者出租征，此古之常道也。今天下僧道，不耕而食，不織而衣，廣作危言險語，以惑愚者。一僧衣食，歲計約三萬有餘，五丁所出，不能致此。舉一僧以計天下，其費可知。陛下日旰憂勤，將去人害，此而不救，奚其爲政？臣伏請僧道未滿五十者，每年輸絹四疋；尼及女道士未滿五十者，每年輸絹二疋；其雜色役與百姓同。有才智者令入仕，請還俗爲平人者聽。但令就役輸課，爲僧何傷。臣竊料其所出，不下今之租賦三分之一，然則陛下之國富矣，蒼生之害除矣。其年過五十者，請皆免之。夫子曰：「五十而知天命。」列子曰：「不班白，不知道。」人年五十，嗜慾已衰，縱不出家，心已近道，況戒律檢其情性哉！臣以爲此令既行，僧道規避還俗者固已太半。其年老精修者，必盡爲人師，則道、釋二教益重明矣。

議者是之，上頗善其言。大臣以二教行之已久，列聖奉之，不宜頓擾，宜去其太甚，其議不行。

偃以才地當掌文誥，以躁求爲時論所抑，鬱鬱不得志。涇師之亂，從駕不及，匿於田家，爲賊所得。朱泚素知之，得偃甚喜，僞署中書舍人，僭號辭令，皆偃爲之。賊敗，與僞中丞崔宣、賊將杜如江、吳希光等十三人，李晟收之，俱斬於安國寺前。

史臣曰：肇分陰陽，爰有生死，修短二事，賢愚一途。故君子遇夷險之機，不易其節；

小人昧逆順之道，而陷於刑。鴻毛泰山，斯爲至論。令言遠總師徒，首爲叛逆；光晟初當委任，危輸款誠；源休雖曰士流，甚於元惡；喬琳巧辭眞主，俯就僞官；蔣鎮貪祿隳節，皆曰小人。經綸之徒，不足言爾。

贊曰：時爭逆順，命繫死生。君子守節，小人正刑。

校勘記

〔一〕武義可汗　「武」字各本原無，據冊府卷六六三補。

〔二〕非天子命也　「命」字各本原無，據冊府卷六六三補。

〔三〕改檢校駕部郎中　「改」字各本原作「故」，據葉校本、合鈔卷一七八喬琳傳改。

〔四〕上寺　各本原作「上等」，據合鈔卷一七八彭偃傳改。

舊唐書卷一百二十八

列傳第七十八

段秀實 子伯倫 顏眞卿 子頵 碩 曾孫弘式

段秀實字成公，隴州汧陽人也。祖達，左衞中郎。父行琛，洮州司馬，以秀實贈揚州大都督。秀實性至孝，六歲，母疾，水漿不入口七日，疾有間，然後飲食。及長，沉厚有斷。天寶四載，安西節度馬靈詧署爲別將，從討護蜜有功，授安西府別將。七載，高仙芝代靈詧，舉兵圍怛邏斯，黑衣救至，仙芝大衄〔一〕，軍士相失。夜中聞都將李嗣業之聲，因大呼責之曰：「軍敗而求免，非丈夫也。」嗣業甚慚，遂與秀實收合散卒，復得成軍。師還，嗣業請于仙芝，以秀實爲判官，授斥候府果毅。十二載，封常淸代仙芝，討大勃律，師次賀薩勞城，一戰而勝。常淸逐之，秀實進曰：「賊兵羸，餌我也，請備左右，搜其山林。」遂殲其伏，改綏德府折衝。

肅宗卽位於靈武，徵安西兵節度使梁宰，宰潛懷異圖。秀實謂嗣業曰：「豈有天子告急，臣下晏然，信浮妄之說，豈明公之意耶？」嗣業遂見宰，請發兵，從之。乃出步騎五千，令嗣業統赴朔方，以秀實爲援，累有戰功。而秀實父歿，哀毁過禮。嗣業旣授節制，思秀實如失左右手，表請起復，爲義王友，充節度判官。

安慶緒奔鄴，嗣業與諸軍圍之，安西輜重委於河內。乃奏秀實爲懷州長史，知軍州，加節度留後。諸軍進戰于愁思岡，嗣業爲流矢所中，卒于軍，衆推安西兵馬使荔非元禮代之。秀實聞嗣業之喪，乃遣先鋒將白孝德書，令發卒護嗣業喪送河內。秀實率將吏哭待于境，傾私財以奉葬事。元禮多其義，奏試光祿少卿，依前節度判官。

邙山之敗，軍徙翼城，元禮爲麾下所殺，將佐亦多遇害，而秀實獨以智全。衆推白孝德爲節度使，人心稍定。又遷試光祿卿，爲孝德判官。孝德改鎭邠寧，奏秀實試太常卿、支度營田二副使。大軍西遷，所過掠奪。又以邠寧之食，難於饋運，乃請軍於奉天。是時公廩亦竭，縣吏憂恐多逃匿，羣行剽盜，孝德不能禁。秀實私曰：「使我爲軍候，當不如此。」軍司馬言之，遂以秀實爲都虞候，權知奉天行營事，號令嚴一，軍府安泰，代宗聞而嗟賞久之。兵還于邠寧，復爲都虞候，尋拜涇州刺史。

大曆元年，馬璘奏加開府儀同三司。軍中有能引二十四弓而犯盜者，璘欲免之，秀實曰：「將有私愛，則法令不一，雖韓、白復生，亦不能爲理。」璘善其議，竟使殺之。璘決事有不合理者，必固爭之，得璘引過乃已。璘城涇州，秀實掌留後，歸還，加御史中丞。璘既奉詔徙鎭涇州，其士衆嘗自四鎭、北庭赴難中原，僑居驟移，頗積勞怨。刀斧將王童之因人心動搖，導以爲亂。或告其事，且曰：「候嚴，警鼓爲約矣。」秀實乃召鼓人，陽怒失節，且戒之曰：「每更籌盡，必來報。」每白之，輒延數刻，四更畢而曙。既差互，童之亂不能作。明日，告者復曰：「今夜將焚草場，期救火者同作亂。」秀實使嚴加警備。夜半火發，乃使令於軍中曰：「救火者斬。」童之居外營，請入救火，不許。明日斬之，捕殺其黨凡十餘人以徇，曰：「敢後徙者族〔三〕！」於是遷涇州。既至其理所，人烟復絕，兵無廩食。朝廷憂之，遂詔璘遙管鄭、潁二州，以贍涇原軍，俾秀實爲留後，二州甚理。璘思其績用，又奏行軍司馬，兼都知兵馬使。

八年，吐蕃來寇，戰于鹽倉，我軍不利。璘爲寇戎所隔，逮暮未還，敗將潰兵爭道而入。時都將焦令諶與諸將四五輩狼狽而至，秀實召讓之曰：「兵法：失將，麾下當斬。公等忘其死而欲安其家耶！」令諶等恐懼，下拜數十。秀實乃悉驅城中士卒未出戰者，使驍將統之，東依古原，列奇兵示賊將戰，且以收合敗亡。蕃衆望之，不敢逼。及夜，璘方獲歸。

十一年，璘疾甚，不能視事，請秀實攝節度副使兼左廂兵馬使。秀實乃以十將張羽飛爲招召將，分兵按甲，以備非常。璘卒，而軍中行哭赴喪事於內，李漢惠接賓客於外，非其親不得居喪側，族談離立者捕而囚之。都虞候史廷幹、裨將崔珍張景華謀作亂，秀實乃送廷幹於京師，徙珍及景華外鎮，軍中遂定，不戮一人。尋拜秀實涇州刺史、兼御史大夫，四鎮北庭行軍涇原鄭潁節度使。三四年間，吐蕃不敢犯塞，清約率易，遠近稱之。非公會，不聽樂飲酒，私室無妓媵，無贏財，退公之後，端居靜慮而已。德宗嗣位，就加檢校禮部尚書、張掖郡王。

建中元年，宰相楊炎欲行元載舊志，築原州城，開陵陽渠，詔中使上聞，仍問秀實可否之狀。秀實以爲方春不可興土功，請俟農隙。炎以其沮己之謀，遂除司農卿，以邠寧節度李懷光兼涇原節度使，以事西拓。無何，劉文喜叛，亦不果城。

四年，朱泚盜據宮闕，源休教泚僞迎鑾駕，陰濟逆志。泚乃遣其將韓旻領馬步三千疾趨奉天。時蒼黃之中，未有武備。泚以秀實嘗爲涇原節度，頗得士心，後罷兵權，以爲蓄憤且久，必肯同惡，乃召與謀議。秀實初詐從之，陰說大將劉海賓、何明禮、姚令言判官岐靈岳同謀殺泚，以兵迎乘輿。三人者，皆秀實夙所獎遇，遂皆許諾。及韓旻追駕，秀實以爲宗社之危，期於頃刻，乃使人走諭靈岳，竊令言印。不遂，乃倒用司農印印符以追兵。旻至駱驛得符，軍人亦莫辯其印文，惶遽而迴。秀實謂海賓等曰〔三〕：「旻之來，吾黨無遺類矣！我當直搏殺泚，不得則死，終不能向此賊稱臣。」乃與海賓約，事急爲繼，而令明禮應於外。明日，泚召秀實議事，源休、姚令言、李忠臣、李子平皆在坐。秀實戎服，與泚並膝，語至僭位，秀實勃然而起，執休腕奪其象笏，奮躍而前，唾泚面大罵曰：「狂賊，吾恨不斬汝萬段，我豈逐汝反耶！」遂擊之。泚舉臂自捍，纔中其顙，流血匍匐而走。兇徒愕然，初不敢動；而海賓等不至，秀實乃曰：「我不同汝反，何不殺我！」兇黨羣至，遂遇害焉。海賓、明禮、靈岳相次被殺。德宗在奉天聞其事，惜其委用不至，垂涕久之。

初，秀實見禁兵寡少，不足以備非常，乃上疏曰：「臣聞天子曰萬乘，諸侯曰千乘，大夫曰百乘，此蓋以大制小，以十制一也。尊君卑臣，强幹弱枝之義，在於此矣。今外有不庭之虜，內有梗命之臣，竊觀禁兵不精，其數全少，卒有患難，將何待之！且猛虎所以百獸畏者，爲爪牙也。若去其爪牙，則犬彘馬牛悉能爲敵。伏願少留聖慮，冀裨萬一。」及涇原兵作亂，召神策六軍，遂無一人至者。秀實守節不二，竟歿於賊，其明略義烈如此。

興元元年二月，詔曰：「見危致命之謂忠，臨義有勇之謂烈。惟爾克勵臣節，不憚殺身；惟予式嘉乃勳，懋昭大典。日台不德，罔克若天，遘茲殷憂，變起都邑。惟爾卿士，嗷然靡依，逼畏所加，淄澠共混。故開府儀同三司、檢校禮部尚書、兼司農卿、上柱國、張掖郡王段秀實，操行岳立，忠厚精至，義形於色，勇必有仁。頃者嘗鎮涇原，克著威惠，叛卒知訓，咨爾以誠。賊泚藏姦，欺爾以詐。守人臣之大節，見元惡之深情，端委國門，挺身白刃。奮碎兇渠之首，以敵君父之讎，視死如歸，履虎致咥。噫，天未悔禍，事乖垂成，雄風壯圖，振駭羣盜。昔王蠋守死以全節，周顗正色而抗詞，惟我信臣，無愧前哲。聲震寰宇，義冠古今，足以激勵人倫，光昭史册。不有殊等之賞，孰表非常之功。爰議疇庸，特超檢限，著之甲令，樹此風聲。可贈太尉，謚曰忠烈，宜付史官，仍賜實封五百戶、莊宅各一區。長子與三品正員官，諸子並與五品正員官。仍廢朝三日，收京城之後，以禮葬祭，旌表門閭。朕承天子人，臨馭億兆，一夫不獲，時予之辜。況誠信不達，屢致寇戎，使抱義之臣，陷于凶逆。有臨危致命，歿而逾彰；有因事成功，權以合道。苟利社稷，存亡一致，酬報之典，豈限常倫。並委所司訪其事蹟，續具條奏，當加褒異，錫其井賦。圖形雲閣，書功鼎彝，以彰我有服節死義之臣，傳于不朽。」

德宗還京，又詔曰：「贈太尉秀實，授乎貞烈，激其頹風，蒼黃之中，密蘊雄斷。將紓國難，詭收寇兵，撓其兇謀，果集吾事。挺身徑進，奮擊渠魁，英名凜然，振邁千古。宜差官致祭，并旌表門閭，緣葬所須，一切官給。仍於墓所官爲立碑，以揚徽烈。」自貞元後累朝凡赦書節文褒奬忠烈，必以秀實爲首。

其子伯倫，累官至太子詹事。大和二年正月奏：「亡父贈太尉秀實，準前後制敕令所司置廟立碑，今營造已畢，取今月二十五日行升祔禮。」詔曰：「秀實忠衞宗社，功配廟食，義風所激，千載凜然。間代勳力，須異等夷，宜賜綾絹五百疋，以度支物充。仍令所司供少牢，幷給鹵簿人夫，兼太常博士一人檢校。」尋加伯倫檢校左散騎常侍，兼殿中監。大和四年十一月，遷右金吾衞大將軍、兼御史大夫，充街使。八年七月，檢校工部尚書，充福建等州都團練觀察使，入爲太僕卿，卒。宰臣李石奏曰：「伯倫，秀實之子。自古歿身以衞社稷者，無如秀實之賢。」文宗憫然曰：「伯倫宜加賻贈。」仍輟朝一日，以禮忠臣之嗣。

顏眞卿字清臣，琅邪臨沂人也。五代祖之推，北齊黃門侍郎。眞卿少勤學業，有詞藻，尤工書。開元中，舉進士，登甲科。事親以孝聞。四命爲監察御史，充河西隴右軍試覆屯交兵使。五原有寃獄，久不決，眞卿至，立辯之。天方旱，獄決乃雨，郡人呼之爲「御史雨」。又充河東朔方試覆屯交兵使。有鄭延祚者，母卒二十九年，殯僧舍垣地，眞卿劾奏之，兄弟三十年不齒，天下聳動。遷殿中侍御史、東都畿採訪判官，轉侍御史、武部員外郎。楊國忠怒其不附己，出爲平原太守。

安祿山逆節頗著，眞卿以霖雨爲託，修城浚池，陰料丁壯，儲廩實；乃陽會文士，泛舟外池，飲酒賦詩。或讒於祿山，祿山亦密偵之，以爲書生不足虞也。無幾，祿山果反，河朔盡陷；獨平原城守具備，乃使司兵參軍李平馳奏之。玄宗初聞祿山之變，歎曰：「河北二十四郡，豈無一忠臣乎！」得平來，大喜，顧左右曰：「朕不識顏眞卿形狀何如，所爲得如此！」祿山初尙移牒眞卿，令以平原、博平軍屯七千人防河津，以博平太守張獻直爲副。眞卿乃募勇士，旬日得萬人，遣錄事參軍李擇交統之簡閱，以刁萬歲、和琳、徐浩、馬相如、高抗朗等爲將。

祿山既陷洛陽，殺留守李憕、御史中丞盧奕、判官蔣清，以三首遣段子光來徇河北。眞卿恐搖人心，乃詐謂諸將曰：「我識此三人，首皆非也。」遂腰斬子光，密藏三首。異日，乃取三首冠飾，草續支體，棺斂祭殯，爲位慟哭，人心益附。祿山遣其將李欽湊、高邈、何千年等守土門。眞卿從父兄常山太守杲卿與長史袁履謙謀殺湊、邈，擒千年送京師。土門既開，十七郡同日歸順，共推眞卿爲帥，得兵二十餘萬，橫絕燕、趙。詔加眞卿戶部侍郎，依前平原太守。

清河客李萼，年二十餘，與郡人來乞師，謂眞卿曰：「聞公義烈，首唱大順，河朔諸郡恃公爲長城。今清河，實公之西鄰也，僕幸寓家，得其虛實，知可爲長者用。今計其蓄積，足以三平原之富，士卒可以二平原之強。公因而撫之，腹心輔車之郡，其他小城，運之如臂使指耳。唯公所意，誰敢不從。」眞卿借兵千人。蕚將去，眞卿謂之曰：「兵出也，吾子何以教我？」蕚曰：「今聞朝廷使程千里統衆十萬自太行東下，將出嶀口，爲賊所扼，兵不得前。今若先伐魏郡，斬袁知泰，太守司馬垂使爲西南主；分兵開嶀口之路，出千里之兵使討郟、幽陵；平原、淸河合同志十萬之衆徇洛陽，分兵而制其衝。計王師亦不下十萬，公當堅壁，無與挑戰，不數十日，賊必潰而相圖矣。」眞卿然之，乃移牒淸河等郡，遣其大將李擇交、副將平原縣令范東馥、裨將和琳、徐浩等進兵，與淸河四千人合勢，而博平以千人來，三郡之師屯於博平，去堂邑縣西南十里。袁知泰遣其將白嗣深、乙舒蒙等以二萬人來拒戰，賊大敗，斬首萬餘級。肅宗幸靈武，授工部尙書、兼御史大夫、河北採訪招討使。祿山乘虛遣史思明、尹子奇急攻河北諸郡，饒陽、河間、景城、樂安相次陷沒，獨平原、博平、淸河三郡城守，然人心危蹙，不可復振。

至德元年十月，棄郡渡河，歷江淮、荆襄。二年四月，朝於鳳翔，授憲部尙書，尋加御史大夫。中書舍人兼吏部侍郎崔漪帶酒容入朝，諫議大夫李何忌在班不肅，眞卿劾之；貶漪爲右庶子，何忌西平郡司馬。元帥廣平王領朔方蕃漢兵號二十萬來收長安，出辭之日，百僚致謁於朝堂。百僚拜，答拜，辭亦如之。王當闕不乘馬，步出木馬門而後乘。管崇嗣爲王都虞候，先王上馬，眞卿進狀彈之。肅宗曰：「朕兒子每出，諄諄教誡之，故不敢失禮。崇嗣老將，有足疾，姑欲優容之，卿勿復言。」乃以奏狀還眞卿。雖天子蒙塵，典法不廢。洎鑾輿將復宮闕，遣左司郎中李巽先行，陳告宗廟之禮，有司署祝文，稱「嗣皇帝」。眞卿謂禮儀使崔器曰：「上皇在蜀，可乎？」器遽奏改之。中旨宣勞，以爲名儒深達禮體。時太廟爲賊所毁，眞卿奏曰：「春秋時，新宮災，魯成公三日哭。今太廟既爲盜毁，請築壇於野，皇帝東向哭，然後遣使。」竟不能從。軍國之事，知無不言。爲宰相所忌，出爲同州刺史，轉蒲州刺史。爲御史唐旻所構，貶饒州刺史。旋拜昇州刺史、浙江西道節度使，徵爲刑部尚書。李輔國矯詔遷玄宗居西宮，眞卿乃首率百僚上表請問起居，輔國惡之，奏貶蓬州長史。

代宗嗣位，拜利州刺史，遷戶部侍郎，除荆南節度使，未行而罷，除尚書左丞。車駕自陝將還，眞卿請皇帝先謁五陵、九廟而後還宮。宰相元載謂眞卿曰：「公所見雖美，其如不合事宜何？」眞卿怒，前曰：「用捨在相公耳，言者何罪？然朝廷之事，豈堪相公再破除耶！」載深銜之。旋改檢校刑部尚書知省事，累進封魯郡公。

時元載引用私黨，懼朝臣論奏其短，乃請：百官凡欲論事，皆先白長官，長官白宰相，然後上聞。眞卿上疏曰：

御史中丞李進等傳宰相語，稱奉進止：「緣諸司官奏事頗多，朕不憚省覽，但所奏多挾讒毁；自今論事者，諸司官皆須先白長官，長官白宰相，宰相定可否，然後奏聞者。」臣自聞此語已來，朝野囂然，人心亦多衰退。何則？諸司長官皆達官也，言皆專達於天子也。郞官、御史者，陛下腹心耳目之臣也。故其出使天下，事無巨細得失，皆令訪察，迴日奏聞，所以明四目、達四聰也。今陛下欲自屏耳目，使不聰明，則天下何述焉。詩云：「營營青蠅，止于棘。讒言罔極，交亂四國。」以其能變白爲黑，變黑爲白也。詩人深惡之，故曰：「取彼讒人，投畀豺虎。豺虎不食，投畀有北。」則夏之伯明、楚之無極、漢之江充，皆讒人也，孰不惡之？陛下惡之，深得君人之體矣。陛下何不深迴聽察，其言虛誣者，則讒人也，因誅殛之；其言不虛者，則正人也，因獎勵之。陛下捨此不爲，使衆人皆謂陛下不能明察，倦於聽覽，以此爲辭，拒其諫諍，臣竊爲陛下痛惜之。

臣聞太宗勤於聽覽，庶政以理，故著司門式云：「其有無門籍人，有急奏者，皆令監門司與仗家引奏，不許關礙。」所以防壅蔽也。幷置立仗馬二匹，須有乘騎便往，所以平治天下，正用此道也。天寶已後，李林甫威權日盛，羣臣不先諮宰相輒奏事者，仍託以他故中傷，猶不敢明約百司，令先白宰相。又閹官袁思藝日宣詔至中書，玄宗動靜，必告林甫，先意奏請，玄宗驚喜若神。以此權柄恩寵日甚，道路以目。上意不下宣，下情不上達，所以漸致潼關之禍，皆權臣誤主，不遵太宗之法故也。陵夷至于今日，天下之蔽，盡萃于聖躬，豈陛下招致之乎？蓋其所從來者漸矣。自艱難之初，百姓尙未凋弊，太平之理，立可便致。屬李輔國用權，宰相專政，遞相姑息，莫肯直言。大開三司，不安反側，逆賊散落，將士北走党項，合集土賊，至今爲患。僞將更相驚恐，因思明危懼，扇動却反。又今相州敗散，東都陷沒，先帝由此憂勤，至於損壽，臣每思之，痛切心骨。

今天下兵戈未戢，瘡痏未平，陛下豈得不日聞讜言以廣視聽，而欲頓隔忠讜之路乎！臣竊聞陛下在陝州時，奏事者不限貴賤，務廣聞見，乃堯、舜之事也。凡百臣庶以爲太宗之理，可翹足而待也。臣又聞君子難進易退，由此言之，朝廷開不諱之路，猶恐不言，況懷厭怠，令宰相宣進止，使御史臺作條目，不令直進。從此人人不敢奏事，則陛下聞見，只在三數人耳。天下之士，方鉗口結舌，陛下後見無人奏事，必謂朝廷無事可論，豈知懼不敢進，卽林甫、國忠復起矣。凡百臣庶，以爲危殆之期，又翹足而至也。如今日之事，曠古未有，雖李林甫、楊國忠猶不敢公然如此。今陛下不早覺悟，漸成孤立，後縱悔之無及矣！臣實知忤大臣者，罪在不測，不忍孤負陛下，無任懇迫之至。

其激切如此。於是中人爭寫內本布於外。

後攝祭太廟，以祭器不修言於朝，載坐以誹謗，貶硤州別駕、撫州湖州刺史。元載伏誅，拜刑部尚書。代宗崩，爲禮儀使。又以高祖已下七聖謚號繁多，乃上議請取初謚爲定。袁傪以諂言排之，遂罷。楊炎爲相，惡之，改太子少傅，禮儀使如舊，外示崇寵，實去其權也。

盧杞專權，忌之，改太子太師，罷禮儀使，諭於眞卿曰：「方面之任，何處爲便？」眞卿候杞於中書曰：「眞卿以褊性爲小人所憎，竄逐非一。今已羸老，幸相公庇之。相公先中丞傳首至平原，面上血眞卿不敢衣拭，以舌舐之，相公忍不相容乎？」杞矍然下拜，而含怒心。會李希烈陷汝州，杞乃奏曰：「顏眞卿四方所信，使諭之，可不勞師旅。」上從之，朝廷失色。李勉聞之，以爲失一元老，貽朝廷羞，乃密表請留。又遣逆於路，不及。

初見希烈，欲宣詔旨，希烈養子千餘人露刃爭前迫眞卿，將食其肉。諸將叢遶慢罵，舉刃以擬之，眞卿不動。希烈遽以身蔽之，而麾其衆，衆退，乃揖眞卿就館舍。因逼爲章表，令雪己，願罷兵馬。累遣眞卿兄子峴與從吏凡數輩繼來京師。上皆不報。每於諸子書，令嚴奉家廟，恤諸孤而已。希烈大宴逆黨，召眞卿坐，使觀倡優斥黷朝政爲戲，眞卿怒曰：「相公，人臣也，奈何使此曹如是乎？」拂衣而起，希烈慚，亦呵止。時朱滔、王武俊、田悅、李納使在坐，目眞卿謂希烈曰：「聞太師名德久矣，相公欲建大號，而太師至，非天命正位？欲求宰相，孰先太師乎？」眞卿正色叱之曰：「是何宰相耶！君等聞顏杲卿無？是吾兄也。祿山反，首舉義兵，及被害，詬罵不絕於口。吾今年向八十，官至太師，守吾兄之節，死而後已，豈受汝輩誘脅耶！」諸賊不敢復出口。

希烈乃拘眞卿，令甲士十人守，掘方丈坎於庭，曰「坑顏」，眞卿怡然不介意。後張伯儀敗績於安州，希烈令齎伯儀旌節首級誇示眞卿，眞卿慟哭投地。後其大將周曾等謀襲汝州，因迴兵殺希烈，奉眞卿爲節度。事洩，希烈殺曾等，遂送眞卿於龍興寺。眞卿度必死，乃作遺表，自爲墓誌、祭文，常指寢室西壁下云：「吾殯所也。」希烈旣陷汴州，僭僞號，使人問儀於眞卿，眞卿曰：「老夫耄矣，曾掌國禮，所記者諸侯朝覲禮耳。」

興元元年，王師復振，逆賊慮變起蔡州，乃遣其將辛景臻、安華至眞卿所，積柴庭中，沃之以油，且傳逆詞曰：「不能屈節，當自燒。」眞卿乃投身赴火，景臻等遽止之，復告希烈。德宗復宮闕，希烈弟希倩在朱泚黨中，例伏誅。希烈聞之怒，興元元年八月三日，乃使閹奴與景臻等殺眞卿。先曰：「有敕。」眞卿拜，奴曰：「宜賜卿死。」眞卿曰：「老臣無狀，罪當死，然不知使人何日從長安來？」奴曰：「從大梁來。」眞卿罵曰：「乃逆賊耳，何敕耶！」遂縊殺之，年七十七。

及淮、泗平，貞元元年，陳仙奇使護送眞卿喪歸京師。德宗痛悼異常，廢朝五日，謚曰文忠。復下詔曰：「君臣之義，生錄其功，歿厚其禮，況才優匡國，忠至滅身。朕自興歎，勞於寤寐。故光祿大夫、守太子太師、上柱國、魯郡公顏眞卿，器質天資，公忠傑出，出入四朝，堅貞一志。屬賊臣擾亂，委以存諭，拘脅累歲，死而不撓，稽其盛節，實謂猶生。朕致貽斯禍，慚悼靡及，式崇嘉命，兼延爾嗣。可贈司徒，仍賜布帛五百端。男頵、碩等喪制終，所司奏超授官秩。」貞元六年十一月南郊，赦書節文授眞卿一子五品正員官，故頵得錄用。文宗詔曰〔四〕：「朕每覽國史，見忠烈之臣，未嘗不嗟歎久之，思有以報。如聞從覽、弘式，實杲卿、眞卿之孫〔五〕。永惟九原，既不可作，旌其嗣續，諒協典彝。考績已深於宦途者，命列於中臺；官次未齒於搢紳者，俾佐於左輔。庶使天下再新義風。」以眞卿曾孫弘式爲同州參軍。

史臣曰：每思先軫免胄，子路結纓，雖云其忠，未聞於道。如成公孝於家，能於軍，忠於國，是武之英也；苟無楊炎弄權，若任之爲將，遂展其才，豈有朱泚之禍焉！如淸臣富於學，守其正，全其節，是文之傑也；苟無盧杞惡直，若任之爲相，遂行其道，豈有希烈之叛焉！夫國得賢則安，失賢則危。德宗內信姦邪，外斥良善，幾致危亡，宜哉。噫，「仁以爲己任，不亦重乎；死而後已，不亦遠乎！」二君守道歿身，爲時垂訓，希代之士也，光文武之道焉。

贊曰：自古皆死，得正爲順。二公云亡，萬代垂訓。

校勘記

〔一〕仙芝大蚡　「仙芝」，各本原作「靈察」，據新書卷一五三段秀實傳改。

〔二〕敢後徒者族　各本原作「敢後者徒族」，據册府卷三六七、新書卷一五三段秀實傳、合鈔卷一七九段秀實傳改。

〔三〕秀實謂海賓等曰　「謂」字各本原無，據葉校本、新唐書卷一五三段秀實傳補。

〔四〕文宗詔曰　此句上疑有脱文。據册府卷一四〇，文宗下詔事在開成元年二月，新書卷一五三顔眞卿傳作「開成初」。

〔五〕如聞從覽弘式實杲卿眞卿之孫　「杲卿」，各本原無，册府卷一四〇「眞卿」上有「杲卿」。按從覽爲杲卿曾孫，弘式爲眞卿曾孫，據補。

舊唐書卷一百二十九

列傳第七十九

韓滉 子皐 弟洄 張延賞 子弘靖 弘靖子文規 次宗

韓滉字太沖，太子少師休之子也。少貞介好學，以蔭解褐左威衞騎曹參軍，出爲同官主簿。至德初，青齊節度鄧景山辟爲判官，授監察御史、兼北海郡司馬，以道路阻絕，因避地山南。採訪使李承昭奏充判官，授通州長史、彭王府諮議參軍。鄧景山移鎮淮南，又表爲賓佐，未行，除殿中侍御史，追赴京師。先是，滉兄法知制誥〔一〕，草王璵拜官之詞，不加虛美，璵頗銜之。及其秉政，諸使奏滉兄弟者，必以冗官授之。璵免相，羣議稱其屈；累遷至祠部、考功、吏部三員外郎。

滉公潔強直，明於吏道，判南曹凡五年，詳究簿書，無遺纖隱。大曆中，改吏部郎中、給事中。時盜殺富平令韋當，縣吏捕獲賊黨，而名隸北軍，監軍魚朝恩以有武材，請詔原其罪，滉密疏駁奏，賊遂伏辜。遷尚書右丞。五年，知兵部選。六年，改戶部侍郎、判度支。自至德、乾元已後，所在軍興，賦稅無度，帑藏給納，多務因循。滉既掌司計，淸勤檢轄，不容姦妄，下吏及四方行綱過犯者，必痛繩之。又屬大曆五年已後，蕃戎罕侵，連歲豐稔，故滉能儲積穀帛，帑藏稍實。然苛剋頗甚，覆治案牘，勾剝深文，人多咨怨。

大曆十二年秋，霖雨害稼，京兆尹黎幹奏畿縣損田，滉執云幹奏不實。乃命御史巡覆，迴奏諸縣凡損三萬一千一百九十五頃。時渭南令劉藻曲附滉，言所部無損，白于府及戶部〔三〕。分巡御史趙計復檢行，奏與藻合。代宗覽奏，以爲水旱咸均，不宜渭南獨免，申命御史朱敖再檢，渭南損田三千餘頃。上謂敖曰：「縣令職在字人，不損猶宜稱損，損而不問，豈有恤隱之意耶！卿之此行，可謂稱職。」下有司訊鞫，藻、計皆伏罪，藻貶萬州南浦員外尉，計貶豐州員外司戶。滉弄權樹黨，皆此類也。俄改太常卿，議未息，又出爲晉州刺史。數月，拜蘇州刺史、浙江東西都團練觀察使。尋加檢校禮部尚書、兼御史大夫、潤州刺史、鎭海軍節度使。

滉既移鎭，安輯百姓，均其租稅，未及踰年，境內稱理。及建中年冬，涇師之亂，德宗出幸，河、汴騷然，滉訓練士卒，鍛礪戈甲，稱爲精勁。李希烈既陷汴州，滉乃擇其銳卒，令裨將李長榮、王栖曜與宣武軍節度劉玄佐犄角討襲，解寧陵之圍，復宋、汴之路，滉功居多。

然自關中多難，滉即於所部閉關梁，築石頭五城，自京口至玉山，禁馬牛出境；造樓船戰艦三十餘艘，以舟師五千人由海門揚威武，至申浦而還；毁撤上元縣佛寺道觀四十餘所，修塢壁，建業抵京峴，樓雉相屬，以佛殿材於石頭城繕置館第數十。時滉以國家多難，恐有永嘉渡江之事，以爲備預，以迎鑾駕，亦申儆自守也。城中穿深井十丈近百所，下與江平，俾偏將丘涔督其役。涔酷虐士卒，日役千人，朝令夕辦，去城數十里內先賢丘墓，多令毁廢。明年正月，追李長榮等戍軍還〔三〕，以其所親吏盧復爲宣州刺史、采石軍使，增營壘，教習長兵。以佛寺銅鐘鑄弩牙兵器。陳少遊時鎮揚州，以甲士三千人臨江大閱，滉亦以兵三千人臨金山，與少遊相應，樓船於江中，以金銀繒綵互相聘賚。而自德宗出居，及歸京師，軍用既繁，道路又阻，關中饑饉，加之以災蝗，江南、兩浙轉輸粟帛，府無虛月，朝廷賴焉。

興元元年，就加檢校吏部尚書。數月，又加檢校右僕射。貞元元年七月，拜檢校左僕射、同平章事，使並如故。二年春，特封晉國公。其年十一月，來朝京師。時右丞元琇判度支，以關輔旱儉，請運江淮租米以給京師。上以滉浙江東西節度〔四〕，素著威名，加江淮轉運使，欲令專督運務。琇以滉性剛愎，難與集事，乃條奏滉督運江南米至揚子，凡一十八里，揚子以北，皆元琇主之。滉深怒於琇。琇以京師錢重貨輕，切疾之，乃於江東監院收獲見錢四十餘萬貫，令轉送入關。滉不許，乃誣奏云：「運千錢至京師，費錢至萬，於國有害。」請罷之。上以問琇，琇奏曰：「一千之重，約與一斗米均。自江南水路至京，一千之所運，費三百耳，豈至萬乎？」上然之，遣中使齎手詔令運錢。滉堅執以爲不可。其年十二月，加滉度支諸道轉運鹽鐵等使，遂逞宿怒，累誣奏琇，貶雷州司戶。其責既重，舉朝以爲非罪，多竊議者。尚書左丞董晉謂宰臣劉滋、齊映曰：「元左丞忽有貶責〔三〕，未知罪名，用刑一濫，誰不危懼？假有權臣騁志，相公何不奏請三司詳斷之。去年關輔用兵，時方蝗旱，琇總國計，夙夜憂勤，以贍給師旅，不增一賦，軍國皆濟，斯可謂之勞臣也。今見播逐，恐失人心，人心一搖，則有聞雞起舞者矣。竊爲相公痛惜之。」滋、映但引過而已。給事袁高又抗疏申理之，滉誣以朋黨，寢而不行。

時兩河罷兵，中土寧乂，滉上言：「吐蕃盜有河湟，爲日已久。大曆已前，中國多難，所以肆其侵軼。臣聞其近歲已來，兵衆寖弱，西迫大食之強，北病迴紇之衆，東有南詔之防，計其分鎮之外，戰兵在河、隴五六萬而已。國家第令三數良將，長驅十萬衆，於涼、鄯、洮、渭並修堅城，各置二萬人，足當守禦之要。臣請以當道所貯蓄財賦爲饋運之資，以充三年之費。然後營田積粟，且耕且戰，收復河、隴二十餘州，可翹足而待也。」上甚納其言。滉之入朝也，路由汴州，厚結劉玄佐，將薦其可任邊事，玄佐納其賂，因許之。及來覲，上訪問焉，初頗稟命，及滉以疾歸第，玄佐意怠，遂辭邊任，盛陳犬戎未衰，不可輕進。滉貞元三年二月，以疾薨，遂寢其事，年六十五。上震悼久之，廢朝三日，贈太傅，賻布帛米粟有差。

滉，宰相子，幼有美名，其所結交，皆時之儁彥，非公直者不與之親密。性持節儉，志在奉公，衣裘茵衽，十年一易，居處陋薄，纔蔽風雨。弟洄常於里宅增修廊宇，滉自江南至，卽命撤去之，曰：「先公容焉，吾輩奉之，常恐失墜，所有摧圮，葺之則已，豈敢改作，以傷儉德。」自居重位，愈清儉嫉惡，彌縫闕漏，知無不爲，家人資產，未嘗在意。入仕之初，以至卿相，凡四十年，相繼乘馬五匹，皆及敝帷。尤工書，兼善丹青，以繪事非急務，自晦其能，未嘗傳之。好易象及春秋，著春秋通例及天文事序議各一卷。然以前輩早達，稍薄後進。晚歲至京師，丞郎卿佐，接之頗倨，衆不能平。其在浙右也，政令明察，末年傷於嚴急，巡內婺州傍縣有犯其令者，誅及鄰伍，死者數十百人。又俾推覆官分察境內，情涉疑似，必置極法，誅殺殘忍，一判卽剿數十人，且無虛日。雖令行禁止，而冤濫相尋。議者以滉統制一方，頗著勤績，自幼立名貞廉，晚途政甚苛慘，身未達則飾情以進，得其志則本質遂彰。子羣、臯。羣，官至考功員外郎。

臯字仲聞，夙負令名，而器質重厚，有大臣之度。由雲陽尉擢賢良科，拜右拾遺，轉左補闕，累遷起居郎、考功員外郎。俄丁父艱，德宗遣中人就第慰問，仍宣令論譔渙之事業，臯號泣承命，立草數千言，德宗嘉之。及免喪，執政者擬考功郎中，御筆加知制誥。遷中書舍人、御史中丞、尚書右丞、兵部侍郎，皆稱職。改京兆尹，奏鄭鋒爲倉曹，專掌錢穀。鋒苛刻剝下爲事，人皆咨怨。又勸臯搜索府中雜錢，折糴百姓粟麥等三十萬石進奉，以圖恩寵。臯納其計，尋奏鋒爲興平縣令。及貞元十四年，春夏大旱，粟麥枯槁，畿內百姓，累經臯陳訴，以府中倉庫虛竭，憂迫惶惑，不敢實奏。會唐安公主女出適右庶子李愬，內官中使於愬家往來，百姓遮道投狀，內官繼以事上聞。德宗下詔曰：「京邑爲四方之則，長吏受親人之寄，實繫邦本，以分朕憂，苟非其才，是紊於理。正議大夫、守京兆尹、賜紫金魚袋韓臯，比踐清貫，頗聞謹恪，委之尹正，冀効公忠。乃者邦畿之間，粟麥不稔，朕念茲黎庶，方議蠲除，自宜悉心，以副勤恤。臯奏報失實，處理無方，致令閭井不安，囂然上訴。及令覆視，皆涉虛詞，壅蔽頗深，罔惑斯甚。宜加懲誡，以勗守官。可撫州司馬，員外置同正員，馳驛發遣。」鋒亦尋出爲汀州司馬。臯無幾移杭州刺史，復拜尚書右丞。

臯恃前輩，頗以簡倨自處。順宗時，王叔文黨盛，臯嫉之，謂人曰：「吾不能事新貴。」臯從弟曄，幸於叔文，以告之，因出爲鄂州刺史、岳鄂蘄沔等州觀察使。入爲東都留守。元和八年六月，加檢校吏部尚書，兼許州刺史，充忠武軍節度使。以陳、許二州水潦之後，賜臯綾絹布葛十萬端疋，以助軍資宴賞。所理以簡儉稱。入爲吏部尚書，兼太子少傅，判太常卿事。元和十一年三月，皇太后王氏崩，以臯充大明宮使。十五年閏正月，充憲宗山陵禮儀使。三月，穆宗以師保之舊，加檢校右僕射。十二月，以銓司考科目人失實，與刑部侍郎知選事李建罰一月俸料。長慶元年正月，正拜尚書右僕射。二年四月，轉左僕射，赴尚書省上事，命中使宣賜酒饌，及宰臣百僚送上，皆如近式。其年，以本官東都留守，行及戲源驛暴卒，年七十九。贈太子太保。大和元年，諡曰貞。

臯生知音律，嘗觀彈琴，至止息，歎曰：「妙哉！嵇生之爲是曲也，其當晉、魏之際乎！其音主商，商爲秋聲。秋也者，天將搖落肅殺，其歲之晏乎！又晉乘金運，商，金聲，此所以知魏之季而晉將代也。慢其商絃，與宮同音，是臣奪君之義也，所以知司馬氏之將篡也。司馬懿受魏明帝顧託後嗣，反有篡奪之心，自誅曹爽，逆節彌露。王陵都督揚州，謀立荆王彪；毌丘儉、文欽、諸葛誕前後相繼爲揚州都督，咸有匡復魏室之謀，皆爲懿父子所殺。叔夜以揚州故廣陵之地，彼四人者，皆魏室文武大臣，咸敗散於廣陵，散言魏氏散亡自廣陵始也〔六〕。止息者，晉雖暴興，終止息於此也。其哀憤躁蹙，憯痛迫脅之旨，盡在於是矣。永嘉之亂，其應乎！叔夜撰此，將貽後代之知音者，且避晉、魏之禍，所以託之神鬼也。」

洄以蔭緒受任，劉晏判鹽鐵度支，辟爲屬吏，累官至諫議大夫、知制誥。興元載善，載誅，以累貶邵州司戶同正員。建中元年二月，復諫議大夫。先以劉晏兼領度支，晏既罷黜，令天下錢穀各歸尚書省。本司廢職罷事，久無綱紀，徒收其名而莫綜其任，國用出入，未有所統，故轉洄戶部侍郎、判度支。洄上言：「江淮七監，歲鑄錢四萬五千貫，輸于京師，度工用轉送之費，每貫計錢二千，是本倍利也。今商州有紅崖冶，出銅益多，又有洛源監，久廢不理。請增工鑿山以取銅，興洛源故監，置十鑪鑄之。歲計出錢七萬二千貫，度工用轉送之費，貫計錢九百，則利浮本矣。其江淮七監，請皆罷之。」復以「天下銅鐵之冶，是曰山澤之利，當歸於王者，非諸侯方岳所有。今諸道節度都團練使皆占之，非宜也，請總隸鹽鐵使」。皆從之。

洄與楊炎善，炎得罪，常不自安。無何，兄子皐抗疏理炎罪，德宗意洄令爲之，尋貶蜀州刺史。興元元年三月，入爲兵部侍郎。六月，爲京兆尹。七月，加御史大夫。貞元二年正月，刑部侍郎劉太眞黨於宰相盧杞得罪，以洄代太眞爲刑部侍郎，尋復兵部侍郎。貞元七年十一月，爲國子祭酒。

張延賞，中書令嘉貞之子。幼孤，本名寶符，開元末，玄宗召見，賜名延賞，取「賞延於世」之義，特授左司禦率府兵曹參軍。博涉經史，達於政事，侍中、韓國公苗晉卿見而奇之，以女妻焉。肅宗在鳳翔，擢拜監察御史，賜緋魚袋，轉殿中侍御史。關內節度使王思禮請爲從事，思禮領河東，又爲太原少尹，兼行軍司馬、北都副留守。

代宗幸陝，除給事中，轉御史中丞、中書舍人。大曆二年，拜河南尹，充諸道營田副使。河洛久當兵衝，閭井丘墟，延賞勤身率下，政尚簡約，疏導河渠，修築宮廟，數年間流庸歸附，邦畿復完，詔書褒美焉。時罷河南、淮西、山南副元帥〔七〕，以其兵鎮東都，延賞權知東都留守以領之，理行第一，入朝拜御史大夫。初，上封人李少良潛以元載陰事聞，載黨知之，奏少良狂妄，下御史臺訊鞫，欲有所屬。延賞不承其意，尋出爲揚州刺史、淮南節度觀察等使。屬歲旱歉，人有亡去他境者，吏或拘之。延賞曰：「夫食，人之所恃而生也，此居而坐斃，適彼而可生，得存吾人，又何限於彼也。」乃具舟楫而遣之，俾吏修其廬室，已其逋債，而歸者增於其舊。邊江之瓜洲，舟航湊會，而懸屬江南，延賞奏請以江爲界，人甚爲便。尋以母憂去職，終制授檢校禮部尚書、江陵尹、兼御史大夫、荆南節度觀察使。

數年，改檢校兵部尚書、成都尹、劍南西川節度觀察使，依前兼御史大夫，尋就加吏部尚書。建中四年十一月，部將西山兵馬使張朏以兵入成都爲亂，延賞奔漢州鹿頭，戍將叱干遂等討之。其月，斬朏及同惡者，復歸成都。先是兵革屢擾，自天寶末楊國忠用事南蠻，三蜀疲弊，屬車駕遷幸；其後郭英乂淫崔寧之室，遂縱崔寧、楊琳交亂；及崔寧得志，復極侈靡，故蜀土殘弊，蕩然無制度。延賞薄賦約事，動遵法度，僅至庶富焉。建中末，駕在山南，延賞貢奉供億，頗竭忠力焉。駕在梁州，倚劍南蜀川爲根本。

貞元元年，以宰相劉從一有疾，詔徵延賞爲中書侍郎、同中書門下平章事。與鳳翔節度使李晟不協，晟表論延賞過惡，德宗重違晟意，延賞至興元，改授左僕射。初，大曆末，吐蕃寇劍南，李晟領神策軍戍之，及旋師，以成都官妓高氏歸。延賞聞而大怒，即使將吏令追還焉。晟頗銜之，形於詞色。三年正月，晟入朝，詔晟與延賞釋憾，德宗注意於延賞，將用之。會浙西觀察使韓滉來朝，嘗有德於晟，因會讌說晟使釋憾，遂同飲極歡，且請晟表薦爲相，晟然之，於是復加同中書門下平章事。及延賞當國用事，晟請一子聘其女，固情好焉，延賞拒而不許。晟謂人曰：「武人性快，若釋舊惡於盃酒之間，終歡可解。文士難犯，雖修睦於外，而蓄怒于內，今不許婚，釁未忘也，得無懼焉！」無幾，延賞果謀罷晟兵權。初，吐蕃尙結贊興兵入隴州，抵鳳翔，無所虜掠，且曰：「召我來，何不持牛酒勞軍？」徐乃引去，持是以間晟。晟令牙將王佖選銳兵三千設伏汧陽，大敗吐蕃，結贊僅免。自是數遣使乞和。晟朝於京師，奏曰：「戎狄無信，不可許。」宰相韓滉又扶晟議，請調軍食以繼之，上意將帥生事邀功。會滉卒，延賞揣上意，遂行其志，奏令給事中鄭雲逵代之。上不許，且曰：「晟有社稷之功，令自舉代己者。」於是始用邢君牙焉。拜晟太尉、兼中書令，奉朝請而已。是年五月，吐蕃果背約以劫渾瑊。及册晟太尉，故事，臨軒册拜三公，中書令讀册，侍中奉禮，如闕，即以宰相攝之。延賞欲輕其禮，始令兵部尚書崔漢衡攝中書令讀册，時議非之。

延賞奏議請省官員，曰：「爲政之本，必先命官。舊制官員繁而且費，州縣殘破，職此之由。臣在荆南、劍南，所管州縣闕官員者，少不下十數年，吏部未嘗補授，但令一官假攝，公事亦理。以此言之，員可減無疑也。請減官員，收其祿俸，資幕職戰士，俾劉玄佐復河湟，軍用不乏矣。」上然之。初，韓滉入朝，至汴州，厚結劉玄佐，將薦其可委邊任，玄佐亦欲自効，初稟命，及滉卒，玄佐以疾辭，上遣中官勞問，卧以受命。延賞知不可用，奏用李抱眞，抱眞亦辭不行。時抱眞判官陳曇奏事京師，延賞俾曇勸抱眞，竟拒絶之。蓋以延賞挾怨罷李晟兵柄，由是武臣不附。自建議減員之後，物議不平。延賞懼，量留其官，下詔曰：「諸州府停減及所留官，並合釐務。其中有先考滿及充職掌，遇停減或恐公務有闕，宜委長吏於合停官中取考淺人清白幹舉者，留塡闕官，差攝訖聞奏。但取才堪，不限資序。如當州官少，任以鄰州官充。其州縣諸色部送，準舊例以當州官及本土寄客有資產幹了者差遣。」及減員人衆，道路怨歎，日聞於上。侍中馬燧奏減員太甚，恐不可行；太子少保韋倫及常參官等各抗疏以減員招怨，並請復之；浙西觀察使白志貞亦以疏論。時延賞疾甚，在私第；李泌初爲相，採於羣情，由是官員悉復。貞元三年七月薨，年六十一，廢朝三日，贈太保，賻禮加等，謚曰成肅。

子弘靖，字元理，雅厚信直。少以門蔭授河南府參軍，調補藍田尉。東都留守杜亞辟爲從事，奏改監察御史裏行，轉殿中侍御史、內供奉。留守將令狐運逐賊出郊，其日有劫轉運絹於道者，亞以運豪家子，意其爲之，乃令判官穆員及弘靖同鞫其事。員與弘靖皆以運職在牙門，必不爲盜，堅請不按。亞不聽，遂以獄聞，仍斥員及弘靖出幕府，有詔令三司使雜治之，後果於河南界得賊。無何，德陽公主下嫁，治第將侵弘靖家廟。弘靖拜表陳情，具述祖考之德，德宗慰撫之，不令毀廟。又獻賦美二京之制，德宗嘉其文，擢授監察御史。轉殿中侍御史、禮部員外郎；遷兵部郎中、知制誥、中書舍人、知東都選事；拜工部侍郎，轉戶部侍郎、陝州觀察、河中節度使；拜刑部尚書、同中書門下平章事。

吳少陽死，其子元濟擅主留務，憲宗怒，欲下詔誅之。弘靖請先命弔贈使，待其不恭，然後加兵，憲宗從其議。尋加中書侍郎平章事。盜殺宰相武元衡，京師索賊未得。時王承宗邸中有鎮卒張晏輩數人，行止無狀，人多意之，詔錄付御史陳中師按之，皆附致其罪，如京中所說。弘靖疑其不直，驟於上前言之，憲宗不聽，竟殺張晏輩。及田弘正入鄆，按簿書，亦有殺元衡者，但事曖昧，互有所說，卒未得其實。又殺張晏後，憲宗欲遂伐承宗。弘靖以爲戎事並興，鮮有濟者，不若併攻元濟，待淮西平，然後悉師河朔。憲宗業已北討，不爲之止，然亦重違其言。弘靖知終不聽用，遂自陳乞罷政事。俄檢校吏部尚書、同中書門下平章事，充太原節度使。行未及鎭，果下詔誅承宗。弘靖以驟諫不行，宜用自効，大閱軍實，請躬討承宗。詔許出軍，不許自往。俄而魏博、澤潞悉爲承宗所敗，有詔賞其前言。弘靖卽間道發使懇喻承宗，承宗因亦款附。旋徵拜吏部尚書，遷檢校右僕射、宣武軍節度使，時韓弘入覲之後也。弘靖用政寬緩，代弘之理。俄以劉總累求歸闕，且請弘靖代己，制加檢校司空平章事，充幽州、盧龍等軍節度使。

弘靖之入幽州也，薊人無老幼男女，皆夾道而觀焉。河朔軍帥冒寒暑，多與士卒同，無張蓋安輿之別。弘靖久富貴，又不知風土，入燕之時，肩輿於三軍之中，薊人頗駭之。弘靖以祿山、思明之亂，始自幽州，欲於事初盡革其俗，乃發祿山墓，毀其棺柩，人尤失望。從事有韋雍、張宗厚數輩，復輕肆嗜酒，常夜飲醉歸，燭火滿街，前後呵叱，薊人所不習之事。又雍等詬責吏卒，多以反虜名之，謂軍士曰：「今天下無事，汝輩挽得兩石力弓，不如識一丁字。」軍中以意氣自負，深恨之。劉總歸朝，以錢一百萬貫賜軍士，弘靖留二十萬貫充軍府雜用。薊人不勝其憤，遂相率以叛，囚弘靖於薊門館，執韋雍、張宗厚輩數人，皆殺之。續有張徹者，自遠使迴，軍人以其無過，不欲加害，將引置館中。徹不知其心，遂索弘靖所在，大罵軍人，亦爲亂兵所殺。明日，吏卒稍稍自悔，悉詣館，請弘靖爲帥，願改心事之。凡三請，弘靖卒不對。軍人乃相謂曰：「相公無言，是不赦吾曹必矣，軍中豈可一日無帥！」遂取朱洄爲兵馬留後。朝廷既除洄子克融爲幽州節度使，乃貶弘靖爲撫州刺史。未幾，遷太子賓客、少保、少師。長慶四年六月卒，年六十五。

元和初，王承宗阻兵，劉總父濟備陳征討之術，請身先之。及出軍，累拔城邑。總既繼父，願述先志，且欲盡更河朔舊風。長慶初，累表求入朝，兼請分割所理之地，然後歸朝。其意欲以幽、涿、營州一道，請弘靖理之；瀛州爲一道，盧士玫理之；平、薊、嬀、檀爲一道，請薛平理之。仍籍軍中宿將，盡薦於闕下，因望朝廷升奬，使幽、薊之人，皆有希美爵祿之意。及疏上，穆宗且欲速得范陽，宰臣崔植、杜元穎又不爲遠大經略，但欲重弘靖所授而省其事局。唯瀛、莫兩州許置觀察使，其他郡縣悉命弘靖統之。時總所薦將校俱在京師旅舍中〔八〕，久而不問，朱克融輩僅至假衣丐食，日詣中書求官，不勝其困。及除弘靖，命悉還本軍。克融輩雖得復歸，皆深懷觖望，其後因爲叛亂。初，總以平、薊、嬀、檀請薛平，於分裂之中尤爲上策，而朝廷不能行之，竟致後患，人到于今惜之。

子文規、景初、嗣慶、次宗。

文規，歷拾遺、補闕、吏部員外郎。開成三年十一月，右丞韋温彈劾文規：長慶中父弘靖陷在幽州，文規徘徊京師，不尋赴難，不宜塵汙南宮，乃出爲安州刺史。累遷右散騎常侍、兼御史中丞、桂管都防禦觀察使。

景初，歷職使府，官止殿中侍御史。

嗣慶，位終河南少尹。

次宗最有文學，稽古履行。開成中，爲起居舍人。文宗復故事，每入閤，左右史執筆立于螭頭之下，宰相奏事，得以備錄。宰臣既退，上召左右史更質證所奏是非，故開成政事，詳於史氏，次宗尤稱奉職。改禮部員外郎，以兄文規爲韋温不放入省出官，次宗堅辭省秩，改國子博士兼史館修撰。出爲舒州刺史，卒。

文規子彥遠，大中初由左補闕爲尙書祠部員外郎。景初子天保，嗣慶子彥修，次宗子曼容。延賞東都舊第在思順里，亭館之麗，甲於都城，子孫五代，無所加工，時號「三相張氏」云。

史臣曰：君民足則國富，將相和則國安，反是道焉，非得人者。滉殺元琇，奏瑞鹽，逞斡運之能，非貞純之士，刻下罔上，以爲己功。幸逢多事之朝，例在姑息之地，幸而獲免，餘無可稱。延賞以私害公，罷李晟兵柄，使武臣不陳其力矣；惡直醜正，擠柳渾相位，致賢者不進其才矣。象恭僝功，皆四凶之跡也，雖以蔭繼世，以才進身，蹈非道者，實小人哉！延賞歷典名藩，皆稱善政，及登大位，乃彰飾情。臯迭處大僚，徒稱舊德；弘靖輕傲邊事，欺滅軍資；洄附元載、楊炎，繼及累貶，俱非守正中立者也。書云：「世祿之家，鮮克由禮。」不其是歟！

贊曰：韓滉刻下，延賞害公。臯、洄繼世，弘靖興戎。

校勘記

〔一〕滉兄法　「法」字新書卷一二六韓滉傳作「汯」。

〔二〕白于府及戶部　「白于府及」四字各本原無，據冊府卷一五二補。

〔三〕戍軍還　「軍」字各本原作「鄆」，據冊府卷四四六改。

〔四〕浙江東西節度　「西」字各本原無，據新書卷五三食貨志補。

〔五〕元左丞　據本卷上文，此處「左丞」疑當作「右丞」。新書卷一二六韓滉傳、通鑑卷二三二均作「右丞」。

〔六〕散言魏氏散亡自廣陵　以上九字各本原無，據冊府卷八五七補。

〔七〕淮西　各本原作「西山」，據冊府卷六八四改。

〔八〕時總所薦將校　「薦將」二字各本原無，據本書卷一四三劉怦傳補。

舊唐書卷一百三十

列傳第八十

王璵 道士李國禎附 李泌 子繁 顧況附 崔造 關播 李元平附

王璵，少習禮學，博求祠祭儀注以干時。開元末，玄宗方尊道術，靡神不宗。璵抗疏引古今祀典，請置春壇，祀青帝於國東郊，玄宗甚然之，因遷太常博士、侍御史，充祠祭使。璵專以祀事希倖，每行祠禱，或焚紙錢，禱祈福祐，近於巫覡，由是過承恩遇。

肅宗即位，累遷太常卿，以祠禱每多賜賚。乾元三年七月，兼蒲州刺史，充蒲、同、絳等州節度使。中書令崔圓罷相，乃以璵爲中書侍郎、同中書門下平章事。人物時望，素不爲衆所稱，及當樞務，聲問頓減。璵又奏置太一神壇於南郊之東，請上躬行祀事。肅宗嘗不豫，太卜云：「祟在山川。」璵乃遣女巫分行天下，祈祭名山大川。巫皆盛服乘傳而行，上令中使監之，因緣爲姦，所至干託長吏，以邀賂遺。一巫盛年而美，以惡少年數十自隨，尤爲蠹弊，與其徒宿於黃州傳舍。刺史左震晨至，驛門扃鐍，不可啓，震破鎖而入，曳女巫階下斬之，所從惡少年皆斃。閱其贓賂數十萬，震籍以上聞，仍請贓錢代貧民租稅，其中使發遣歸京，肅宗不能詰。肅宗親謁九宮神，慇懃於祠禱，皆璵所啓也。歲餘，罷知政事，爲刑部尚書。上元二年，兼揚州長史、御史大夫，充淮南節度使。肅宗南郊禮畢，以璵使持節都督越州諸軍事、越州刺史，充浙江東道節度觀察處置使，本官兼御史大夫，祠祭使如故。入爲太子少保，轉少師。大曆三年六月卒。

璵以祭祀妖妄致位將相，時以左道進者，往往有之。廣德二年八月，道士李國禎以道術見，因奏皇室仙系，宜修崇靈跡，請於昭應縣南三十里山頂置天華上宮露臺、大地婆父、三皇、道君、太古天皇、中古伏羲媧皇等祠堂，并置掃灑宮戶一百戶。又於縣之東義扶谷故湫置龍堂，並許之。時歲饑荒，人甚不安，昭應縣令梁鎮上表曰：

臣聞國以人爲本，害其本則非國；神以人爲主，虐其主則非神。故昔之聖王，所以極陳理道，明著祀典，將愛其人而愼用其財力，敬其神而虔恭於祠祭。故神享其明德而降之福，人受其大賚而盡其力〔一〕，然後神人以和，而國家可保也。一昨蟊賊作孽，水旱爲災，雖王畿皆遍，而臣縣最苦。此則神之不能禦大災明矣，又何力於陛下而得列祀典哉！且以殘弊之餘，當凶荒之歲，丁壯素出家入仕，羸老方飛芻輓粟，令但供億王事，已不堪命，更奔走鬼道，何以聊生？

臣又聞天地之神，尊之極者，掃地可祭，精意可饗。陛下亦何必廢先王之典，崇俗巫之說，走南畝之客，殺東鄰之牛，而後冀非妄之福。陛下雖欲爲人祈福，福未至而人已困矣！其不可一也。陛下不覩昔者有道之君，至德之后，曷不卑宮室，惡飲食，恭己以遂萬物之性哉！陛下今違神亭育之心，竭人疲困之力，如是又何從而致其福哉？此又不可二也。又陛下宗廟之敬極矣，尙無一月三祭之禮；今此獨爲，則宗廟之靈，將等以親疏，校以厚薄，陛下又何以言哉？此又不可三也。又大地婆父，祀典無文，言甚不經，義無可取。若陛下特與大地建祖宗之廟，必上天貽向背之責，陛下又何以爲詞哉？此又不可四也。夫湫者，龍之所居也。龍得水則神，無水則螻蟻之匹也。故知水存則龍在，水竭則龍亡，此愚智之所同知矣。今湫竭已久，龍安所存？陛下又崇飾祠宇，豐潔薦奠，爲去龍之穴，破生人之產，人且怨矣，神何歆哉！此又不可五也。其道君、三皇、五帝，則兩京及所都之處，皆建宮觀祠廟，時設齋醮饗祀，國有彝典，官有常禮，蓋無闕失，何勞神役靈？此又不可六也。臣稽先王之典禮，觀前聖之軌躅，休咎豐凶，災祥禍福，必主帝王五事，不在山川百神。此又不可七也。

臣伏寮此弊，頗知其由。蓋以道士李國禎等動衆則得人，興工則獲利，祭祀則受詐，主執則弄權。是以鼓動禁中，熒惑天聽，踰越險阻，負荷粢盛，以日繫年，無時而息。曾不謂神功力，空止竭人膏血，以使人神胥怨，災孽並生。罔上害人，左道亂政，原情定罪，非殺而何！

臣昨受命之時，親承聖旨，務存安緝，許逐權宜。誠願沉鄠縣之巫，安流弊之俗，其所興兩祠土木之功、丹青之役、三六之祭、灑掃之戶，謹明宣旨，並以權宜停訖。人吏百姓等，知陛下以從善爲心，嫉惡爲務，蠲除不急，剗革煩苛，皆喧呼於庭，抃躍於路，所徵糧糗，無不樂輸。臣伏以國禎等並交結中貴，狡蠹成性，臣雖忘身許國，不懼讒構，終恐賄及豪右，復爲姦惡。其國禎等見據狀推勘，如獲贓狀，伏望許臣徵收，便充當縣郵館本用。其湫既竭，不可更置祠堂，又不當爲大地建立祖廟，臣並請停。其三皇、道君、天皇、伏羲、女媧等，既先各有宮廟，望請並於本所依禮齋祭。

上從之。

李泌字長源，其先遼東襄平人，西魏太保、八柱國司徒徒何弼之六代孫〔二〕。今居京兆，吳房令承休之子。少聰敏，博涉經史，精究易象，善屬文，尤工於詩，以王佐自負。張九齡、韋虛心、張廷珪皆器重之。泌操尙不羈，恥隨常格仕進。天寶中，自嵩山上書論當世務，玄宗召見，令待詔翰林，仍東宮供奉。楊國忠忌其才辯，奏泌嘗爲感遇詩，諷刺時政，詔於蘄春郡安置，乃潛遁名山，以習隱自適。

天寶末，祿山構難，肅宗北巡，至靈武卽位，遣使訪召。會泌自嵩、潁間冒難奔赴行在，至彭原郡謁見，陳古今成敗之機，甚稱旨，延致臥內，動皆顧問。泌稱山人，固辭官秩，特以散官寵之，解褐拜銀青光祿大夫，俾掌樞務。至於四方文狀、將相遷除，皆與泌參議，權逾宰相，仍判元帥廣平王軍司馬事。肅宗每謂曰：「卿當上皇天寶中，爲朕師友，下判廣平王行軍，朕父子三人，資卿道義。」其見重如此。尋爲中書令崔圓、倖臣李輔國害其能，將有不利於泌。泌懼，乞遊衡山，優詔許之，給以三品祿俸，遂隱衡岳，絕粒棲神。

數年，代宗卽位，召爲翰林學士，頗承恩遇。及元載輔政，惡其異己，因江南道觀察都團練使魏少遊奏求參佐，稱泌有才，拜檢校秘書少監，充江南西道判官，幸其出也。尋改爲檢校郎中，依前判官。元載誅，乃馳傳入謁，上見悅之。又爲宰相常衮所忌，出爲楚州刺史。及謝恩，具陳戀闕，上素重之，留京數月。會澧州刺史闕，衮盛陳泌理行，以荊南凋瘵，遂輟泌理之。詔曰：「荊南都會，粵在澧陽〔三〕，俾人歸厚，惟賢是牧。以泌文可以化成風俗，政可以全活惸嫠。爰命頒條，期乎共理，無薄淮陽之守，勉思渤海之功。可檢校御史中丞，充澧朗硤團練使。」重其禮而遣之。無幾，改杭州刺史，以理稱。

興元初，徵赴行在，遷左散騎常侍。貞元元年，除陝州長史，充陝虢都防禦觀察使。二年六月，泌奏：「虢州盧氏山冶，近出瑟瑟，請充獻，禁人開採。」詔曰：「瑟瑟之寶，中土所無，今產於近甸，實爲靈貺。朕不飾器玩，不尙珍奇，常思返朴之風，用明躬儉之節。其出瑟瑟之處，任百姓求採，不宜禁止。」就加泌檢校禮部尙書。時陝、許戍邊卒三千自京西逃歸，至州境，泌潛師險隘，左右攻擊，盡誅之。

尋拜中書侍郎、平章事、集賢崇文館學士、修國史。初，張延賞大減官員，人情咨怨，泌請復之，以從人欲，因是奏罷兼試額內占闕等官，加百官俸料，隨閑劇加置手力課，上從之，人人以爲便。而竇參旁奏，遂改易，使同品之內，月俸多少累等。泌又奏請罷拾遺、補闕，上雖不從，亦不授人，故諫司惟韓皐、歸登而已。泌仍命收其署湌錢，令登等寓食於中書舍人，故時戲云：「韓諫議雖分左右，歸拾遺莫辨存亡。」如是者三年。至貞元五年，以前東都防禦判官、殿中侍御史、內供奉韋綬爲左補闕，監察御史梁肅右補闕。既復置，人心忻然。順宗在春宮，妃蕭氏母郜國公主交通外人，上疑其有他，連坐貶黜者數人，皇儲亦危。泌百端奏說，上意方解。

泌頗有讜直之風，而談神仙詭道，或云嘗與赤松子、王喬、安期、羨門遊處，故爲代所輕，雖詭道求容，不爲時君所重。德宗初卽位，尤惡巫祝怪誕之士。初，肅宗重陰陽祠祝之說，用妖人王璵爲宰相，或命巫媼乘驛行郡縣以爲厭勝。凡有所興造功役，動牽禁忌。而黎幹用左道位至尹京，嘗內集衆工，編刺珠繡爲御衣，旣成而焚之，以爲禳禬，且無虛月。德宗在東宮，頗知其事，卽位之後，罷集僧於內道場，除巫祝之祀。有司言宣政內廊壞，請修繕，而太卜云：「孟冬爲魁罡，不利穿築，請卜他月。」帝曰：「春秋之義，啓塞從時，何魁罡之有？」卒命修之。又代宗山陵靈駕發引，上號送于承天門，見轀輬不當道，稍指午未間。問其故，有司對曰：「陛下本命在午，故不敢當道。」上號泣曰：「安有枉靈駕而謀身利。」卒命直午而行。及建中末，寇戎內梗，桑道茂有城奉天之說，上稍以時日禁忌爲意，而雅聞泌長於鬼道，故自外徵還，以至大用，時論不以爲愜。及在相位，隨時俯仰，無足可稱。復引顧況輩輕薄之流，動爲朝士戲侮，頗貽譏誚。年六十八薨，贈太子太傅，賻禮有加。泌放曠敏辯，好大言，自出入中禁，累爲權倖忌嫉，恆由智免；終以言論縱橫，上悟聖主，以躋相位。有文集二十卷。

子繁，少聰警，有才名，無行義。泌爲相，嘗引薦夏縣處士北平陽城爲諫議大夫。城道直，旣遇知己，深德之。及泌歿，戶部尚書裴延齡巧佞奉上，德宗信任，竊弄威權，舉朝側目。城中正之士，尤忿嫉之。一日盡疏其過惡，欲密論奏，以繁故人子，爲可親信，遂示其疏草，兼請繁繕寫。繁既寫，悉能記之，其夕乃徑詣延齡，具述其事。延齡聞之，卽時請對，盡以城章中欲論事件，一一先自解。及城疏入，德宗以爲妄，不之省。泌與右補闕、翰林學士梁肅友善，嘗命繁持所著文請肅潤色。繁亦自有學術，肅待之甚厚，因許師事，日熟其門。及肅卒，繁亂其配，士君子無不歎駭，積年委棄。後起爲太常博士，太常卿權德輿奏斥之，除河南府士曹掾。以其警悟異常，泌之故人爲宰相，左右援拯，後得累居郡守，而力學不倦。罷隨州刺史，歸京師，久不承恩。

韋處厚入相，厚待之。寶曆二年六月，敬宗降誕日，御三殿，特詔兵部侍郎丁公著、太常少卿陸亘與繁等三人抗浮圖道士講論。九月，除大理少卿，復加弘文館學士。時諫官御史章疏相繼，宰臣不得已，出爲亳州刺史。州境嘗有羣賊，剽人廬舍，劫取貨財，累政擒捕不獲。繁潛設機謀，悉知賊之巢穴，出兵盡加誅斬。時議責繁以不先啓聞廉使，涉於擅興之罪，朝廷遣監察御史舒元輿按問。元輿素與繁有隙，復以初官，銳於生事，乃盡反其獄辭，以爲繁濫殺無辜，狀奏，敕於京兆府賜死，時人冤之。其後元輿被禍，人以爲有報應焉。

初，泌流放江南，與柳渾、顧況爲人外之交，吟詠自適。而渾先達，故泌復得入官於朝。

顧況者，蘇州人。能爲歌詩，性詼諧，雖王公之貴與之交者，必戲侮之，然以嘲誚能文，人多狎之。柳渾輔政，以校書郎徵。復遇李泌繼入，自謂已知秉樞要，當得達官，久之方遷著作郎，況心不樂，求歸於吳。而班列羣官，咸有侮玩之目，皆惡嫉之。及泌卒，不哭，而有調笑之言，爲憲司所劾，貶饒州司戶。有文集二十卷。其贈柳宜城辭句，率多戲劇，文體皆此類也。

子非熊，登進士第，累佐使府，亦有詩名于時。

崔造字玄宰，博陵安平人。少涉學，永泰中，與韓會、盧東美、張正則爲友，皆僑居上元，好談經濟之略，嘗以王佐自許，時人號爲「四夔」。浙西觀察使李栖筠引爲賓僚，累至左司員外郎。與劉晏善，及晏遭楊炎、庾準誣奏伏誅，造累貶信州長史。

朱泚之逆，造爲建州刺史，聞難作，馳檄鄰州，請齊舉義兵，遂調發所部，得二千人，德宗聞而嘉之。及收京師，詔徵造至藍田，以舅源休明逆伏誅，上疏請罪，不敢即赴闕。上以爲知禮，優詔慰勉，拜吏部郎中、給事中。貞元二年正月，與中書舍人齊映各守本官、同平章事。時京畿兵亂之後，仍歲蝗旱，府無儲積。德宗以造敢言，爲能立事，故不次登用。

造久從事江外，嫉錢穀諸使罔上之弊，乃奏天下兩稅錢物，委本道觀察使、本州刺史選官典部送上都；諸道水陸運使及度支、巡院、江淮轉運使等並停；其度支、鹽鐵，委尚書省本司判；其尚書省六職，令宰臣分判。乃以戶部侍郎元琇判諸道鹽鐵、榷酒等事；戶部侍郎吉中孚判度支及諸道兩稅事；宰臣齊映判兵部承旨及雜事；宰臣李勉判刑部；宰臣劉滋判吏部、禮部；造判戶部、工部。又以歲飢，浙江東西道入運米每年七十五萬石，今更令兩稅折納米一百萬石，委兩浙節度使韓滉運送一百萬石至東渭橋；其淮南濠壽旨米〔四〕、洪潭屯米，委淮南節度使杜亞運送二十萬石至東渭橋。諸道有鹽鐵處，依舊置巡院勾當；河陰見在米及諸道先付度支、巡院般運在路錢物，委度支依前勾當，其未離本道者，分付觀察使發遣，仍委中書門下年終類例諸道課最聞奏。造與元琇素厚，罷使之後，以鹽鐵之任委之。而韓滉方司轉運，朝廷仰給其漕發。滉以司務久行，不可遽改。德宗復以滉爲江淮轉運使，餘如造所條奏。元琇以滉性剛難制，乃復奏江淮轉運，其江南米自江至揚子凡十八里，請滉主之；揚子已北，琇主之。滉聞之怒，掎摭琇鹽鐵司事論奏。德宗不獲已，罷琇判使，轉尚書右丞。其年秋初，江淮漕米大至京師，德宗嘉其功，以滉專領度支、諸道鹽鐵轉運等使，造所條奏皆改。物議亦以造所奏雖舉舊典，然凶荒之歲，難爲集事，乃罷造知政事，守太子右庶子，貶琇雷州司戶。造初奏太銳，及琇改官，憂懼成疾，數月不能視事。明年九月卒，年五十一。

關播字務元，衞州汲人也。天寶末，舉進士。鄧景山爲淮南節度使，辟爲從事，累授衞佐評事，遷右補闕。善言物理，尤精釋氏之學。大曆中，神策軍使王駕鶴妻關氏以播與同宗，深遇之。元載惡其交往，出爲河南府兵曹，攝職數縣，皆有政能。陳少遊領浙東、淮南，又辟爲判官，歷檢校金部員外，攝滁州刺史。李靈曜阻兵，跋扈於梁汴。少遊自總兵鎭淮上〔五〕，所在盜賊蜂起。播調閱州兵，令其守備。又爲政淸淨簡惠，既無盜賊，人甚安之。楊綰、常衮知政事，薦播爲都官員外郎。

德宗登極，湖南山洞中有王國良者，聚衆爲盜，令播往宣撫之。臨行，召對於別殿，上問政理之要，播奏云：「爲政之本，須求有道賢人，乃可得理。」上謂播云：「朕下詔求賢良，當躬親閱試，亦遣使臣黜陟，廣加搜訪聞薦，擢其能者用之，冀以傳理。」播奏曰：「下詔求賢，黜陟舉薦，唯得求名文詞之士，安有有道賢人肯隨牒舉選乎？」上悅其言，謂播曰：「卿且使去，迴日當與卿論政事。」播又奏曰：「臣今奉詔招撫，國良不受命，臣請便宜恩命，語鄰境速出兵勦除。」上曰：「卿言深合朕意。」使迴，改兵部員外，遷河中少尹。

建中初，張鎰爲河中少尹。鎰尋入相，二年七月，遷播給事中。舊例，諸司甲庫，皆是胥吏掌知，爲弊頗久，播始建議並以士人知之，至今稱當。轉刑部侍郎、奉迎皇太后副使。盧杞以播柔緩，冀其易制，驟稱薦之。尋遷吏部侍郎，轉刑部尙書、知删定。奏上元中，詔擇古今名將十人於武成王廟配享，如文宣王廟之儀。播以「太公古稱大賢，今其下稱亞聖，於義不安。又孔子十哲，皆是當時弟子，今所擇名將，年代不同，於義既乖，於事又失。臣請删去名將配享之儀及十哲之稱」。從之。

建中三年十月，拜銀青光祿大夫、中書侍郎、同中書門下平章事、集賢殿崇文館大學士、修國史。時政事決在盧杞，播但斂衽取容而已。乏於知人之鑒，好大言虛誕者，播必悅而親信之。有李元平、陶公達、張愻、劉承誡，皆言談詭妄，誇大可立功名，亦有微材薄藝。播累奏云元平等皆可將相也，請閱試用之，上以爲然，以元平爲補闕。會淮西節度李希烈叛亂，上以汝州要鎭，令選擇刺史。播薦元平爲汝州刺史，尋加檢校吏部郎中、汝州別駕，知州事。元平至州旬日，爲希烈所擒，汝州陷賊，中外哂之。由是公達等未克任用。播與盧杞等從駕幸奉天，既而盧杞、白志貞等並貶黜，播尙知政事，中外囂然，以爲不可，遂罷相，改刑部尚書。大臣韋倫等泣於朝曰：「宰相不能謀猷翊贊，以至今日，而尚爲尚書，可痛心也！」

貞元四年，迴紇請和親，以咸安公主出降可汗，令播以本官加檢校右僕射、兼御史大夫，持節充送咸安公主及册可汗使〔六〕，奉使往來，皆清儉謹愼，蕃人悅之。使迴，遷兵部尚書，固辭疾，請罷官，改太子少師致仕。播致仕之後，減去僮僕車騎，閉關守靜，不綮外事，士君子重之。貞元十三年正月卒，時年七十九，廢朝一日，贈太子太保。

李元平者，宗室子。始爲湖南觀察使蕭復判官，試大理評事。性疏傲，敢大言，好論兵，天下賢士大夫無可其意者，以是人多銜怒。關播奇重之，許以將帥。時希烈反叛，朝廷以汝州與賊接壤，刺史韋光裔懦弱不任職，播乃盛稱元平，特召見，超左補闕，不數日，擢爲檢校吏部郎中，兼汝州別駕，知州事。既至部，募工徒繕理郛郭，希烈乃使勇士應募，執役板築，凡入數百人，元平不之覺。希烈遣僞將李克誠以數百騎突至其城，先應募執役者應於內，縛元平馳去。既見希烈，遺下汚地。希烈見其無鬚眇小，戲謂克誠曰：「使汝取李元平，何得將元平兒來？」因嫚駡曰：「盲宰相使汝當我，何待我淺耶！」僞署爲御史中丞。播聞元平得用，仍欺於人曰：「李生功業濟矣。」言必能覆希烈而建功也。居無何，希烈用爲宰相，或告其有二者，乃斷一指以自誓。希烈既死，或有人言在賊中微有謀慮，貸死流於珍州。會赦得歸剡中，浙東觀察使皇甫政表聞其到，以發上怒，復流賀州而死。

史臣曰：蒸嘗礿祀，前王制以奉先；怪力亂神，宣聖鄙而不語。凡云左道，固有舊章。璵假於鬼神，乃至將相，既處代天之位，爰滋亂政之源。國禎妖人疑衆，妄恢其祀典；梁鎮正士抗疏，方悟其上心。泌見可進而知難退，足爲高牽智辯之士；居相位而談鬼神，乃見狂妄浮薄之蹤。王制云：「執左道以亂政，殺。」寧無畏乎！縶之醜行，棄於當時，竟陷非辜，諒由素履。造爲臣得禮，莅事非能；播居位取容，舉人敗事。皆非國器，咸歷台司，失人者亡，國其危矣。

贊曰：璵、泌、造、播，俱非相材。國禎左道，梁生直哉！

校勘記

〔一〕受其大賚　「賚」字各本原作「賴」，據冊府卷五四六改。

〔二〕司徒徒何弼　各本原作「司徒何弼」，據北史卷六〇李弼傳補「徒」字。

〔三〕粵在澧陽　「粵」字各本原作「奧」，據冊府卷六七一改。

〔四〕旨米　冊府卷四九八作「先支米」。

〔五〕總兵鎮淮上　「淮」字各本原作「汴」，據冊府卷六九六改。

〔六〕冊可汗使　「使」字各本原無，據冊府卷六五四補。

舊唐書卷一百三十一

列傳第八十一

李勉　李皐 子象古　道古

李勉字玄卿，鄭王元懿曾孫也。父擇言，爲漢褒相岐四州刺史、安德郡公，所歷皆以嚴幹聞。在漢州，張嘉貞爲益州長史、判都督事，性簡貴，待管內刺史禮隔，而引擇言同榻，坐談政理，時人榮之。勉幼勤經史，長而沉雅清峻，宗於虛玄，以近屬陪位，累授開封尉。時昇平日久，且汴州水陸所湊，邑居龐雜，號爲難理，勉與聯尉盧成軌等，並有擒姦擿伏之名。

至德初，從至靈武，拜監察御史。屬朝廷右武，勳臣恃寵，多不知禮。大將管崇嗣於行在朝堂背闕而坐，言笑自若，勉劾之，拘於有司，肅宗特原之，歎曰：「吾有李勉，始知朝廷尊也。」遷司膳員外郎。時關東獻俘百餘，詔並處斬，囚有仰天歎者，勉過問之，對曰：「某被脅制守官，非逆者。」勉乃哀之，上言曰：「元惡未殄，遭點汚者半天下，皆欲澡心歸化。若盡殺之，是驅天下以資兇逆也。」肅宗遽令奔騎宥釋，由是歸化日至。

克復西京，累歷清要，四遷至河南少尹。累爲河東節度王思禮、朔方河東都統李國貞行軍司馬，尋遷梁州都督、山南西道觀察使。勉以故吏前密縣尉王晬勤幹，俾攝南鄭令，俄有詔處死，勉問其故，乃爲權倖所誣。勉詢將吏曰：「上方藉牧宰爲人父母，豈以譖言而殺不辜乎！」即停詔拘晬，飛表上聞，晬遂獲宥，而勉竟爲執政所非，追入爲大理少卿。謁見，面陳王晬無罪，政事條舉，盡力吏也。肅宗嘉其守正，乃除太常少卿。王晬後以推擇拜大理評事、龍門令，終有能名，時稱知人。

肅宗將大用勉，會李輔國寵任，意欲勉降禮於己。勉不爲之屈，竟爲所抑，出歷汾州、虢州刺史，改京兆尹、檢校右庶子、兼御史中丞、都畿觀察使。尋兼河南尹，明年罷尹，以中丞歸西臺，又除江西觀察使。賊帥陳莊連陷江西州縣，偏將呂太一、武日昇相繼背叛，勉與諸道力戰，悉攻平之。部人有父病，以蠱道爲木偶人，署勉名位，瘞丁其隴，或以告，曰：「爲父禳災，亦可矜也。」捨之。

大曆二年，來朝，拜京兆尹、兼御史大夫，政尚簡肅。宦官魚朝恩爲觀軍容使，仍知國子監事，恃寵含威，天憲在舌。前尹黎幹寫心候事，動必求媚，每朝恩入監，傾府人吏具數百人之饌以待之。及勉莅職旬月，朝恩入監，府吏先期有請，勉曰：「軍容使判國子監事，勉候太學，軍容宜厚具主禮。勉忝京尹，軍容倘惠顧府廷，豈敢不具蔬饌。」朝恩聞而銜之，因不復至太學，勉亦尋受代。

四年，除廣州刺史，兼嶺南節度觀察使。番禺賊帥馮崇道、桂州叛將朱濟時等阻洞爲亂，前後累歲，陷沒十餘州。勉至，遣將李觀與容州刺史王翃併力招討，悉斬之，五嶺平。前後西域舶泛海至者歲纔四五，勉性廉潔，舶來都不檢閱，故末年至者四十餘。在官累年，器用車服無增飾。及代歸，至石門停舟，悉搜家人所貯南貨犀象諸物，投之江中，耆老以爲可繼前朝宋璟、盧奐、李朝隱之徒。人吏詣闕請立碑，代宗許之。十年，拜工部尚書。及滑亳永平軍節度令狐彰卒，遺表舉勉自代，因除之。在鎮八年，以舊德清重，不嚴而理，東諸侯雖暴驁者，亦宗敬之。

十一年，汴宋留後田神玉卒，詔加勉汴州刺史〔一〕、汴宋節度使。未行，汴州將李靈曜阻兵，北結田承嗣，承嗣使姪悅將銳兵戍之。詔勉與李忠臣、馬燧等攻討，大破之，悅僅以身免。靈曜北走，勉騎將杜如江擒之以獻，代宗褒賞甚厚。既而李忠臣代鎮汴州，而勉仍舊鎮。忠臣遇下貪虐，明年爲麾下所逐，詔復加勉汴宋節度使，移理汴州，餘並如故。德宗嗣位，加檢校吏部尚書，尋加平章事。建中元年，檢校左僕射，充河南汴宋滑亳河陽等道都統，餘如故。四年，李希烈反，以他盜爲名，悉衆來寇汴州。勉城守累月，救援莫至，謂其將曰：「希烈兇逆殘酷，若與較力，必多殺無辜，吾不忍也。」遂潛師潰圍，南奔宋州。詔以司徒平章事徵。既至朝廷，素服請罪，優詔復其位，勉引過備位而已。

無何，盧杞自新州員外司馬除澧州刺史，給事中袁高以杞邪佞蠹政，貶未塞責，停詔執表，遂授澧州別駕。他日，上謂勉曰：「衆人皆言盧杞姦邪，朕何不知！卿知其狀乎？」對曰：「天下皆知其姦邪，獨陛下不知，所以爲姦邪也。」時人多其正直，然自是見疏。累表辭位，遂罷知政事，加太子太保。貞元四年卒，年七十二，上頗悼之，册贈太傅，賻物有差，喪葬官給。

勉坦率素淡，好古尚奇，清廉簡易，爲宗臣之表。善鼓琴，好屬詩，妙知音律，能自制琴，又有巧思。及在相位，向二十年，祿俸皆遺親黨，身沒而無私積。其在大官，禮賢下士，終始盡心。以名士李巡、張參爲判官，卒於幕，三歲之內，每遇宴飲，必設虛位於筵次，陳膳執酹，辭色悽惻，論者美之。或曰：「勉失守梁城，亦可貶也。」議者曰：「不然。當賊烈之始亂，其慓悍陰禍，兇焰不可當，天方厚其毒而降之罰。況勉應變非長，援軍莫至，又其時關輔已俶擾矣，人心已動搖矣。以文吏之才，當虎狼之隊，其全師奔宋，非量力之恥也。與其坐受喪敗，不猶愈乎！」

李皋字子蘭，曹王明玄孫，嗣王戢之子。少補左司禦率府兵曹參軍。天寶十一載嗣封，授都水使者，三遷至祕書少監，皆同正。多智數，善因事以自便。奉太妃鄭氏以孝聞。上元初，京師旱，米斗直數千，死者甚多。皋度俸不足養，亟請外官，不允，乃故抵微法，貶溫州長史。無幾，攝行州事。歲儉，州有官粟數十萬斛，皋欲行賑救，掾吏叩頭乞候上旨，皋曰：「夫人日不再食，當死，安暇稟命！若殺我一身，活數千人命，利莫大焉。」於是開倉盡散之。以擅貸之罪，飛章自劾。天子聞而嘉之，答以優詔，就加少府監。皋行縣，見一媪垂白而泣，哀而問之，對曰：「李氏之婦，有二子：鈞、鍔，宦遊二十年不歸，貧無以自給。」時鈞爲殿中侍御史，鍔爲京兆府法曹，俱以文藝登科，名重於時。皋曰：「『入則孝，出則悌，行有餘力，然後可以學文。』若二子者，豈可備於列位！」由是舉奏，並除名勿齒。改處州別駕，行州事，以良政聞。徵至京，未召見，因上書言理道，拜衡州刺史。坐小法，貶潮州刺史。時楊炎謫官道州，知皋事直，及爲相，復拜衡州。初，皋爲御史覆訊，懼貽太妃憂，竟出則素服，入則公服，言貌如平常，太妃竟不知。及爲潮州，詭詞謂遷，至是復位，方泣以白，且言非疾不敢有聞。

建中元年，遷湖南觀察使。前使辛京杲貪殘，有將王國良鎮邵州武岡縣，豪富，京杲以死罪加之。國良危懼，因人所苦，遂散財聚衆，據縣以叛，諸道同討，聯歲不能下。皋授命日，乃曰：「驅疲甿，誅反側，非所以奉聖朝事。」遣使遺國良書曰：「觀將軍非敢大逆，蓋遭讒嫉，救誤死而已。將軍遇我，何不速降？我與將軍同爲辛京杲所構，我已蒙聖朝昭雪，使我何心持刃殺將軍耶！將軍以爲不然，我以陣術破將軍陣，以攻法屠將軍城，非將軍所度也。」國良捧書，且憂且喜，遣使請降，亦未必決。皋卽日赴縣受降，中道有候騎馳告曰：「國良軍中有變，言降是詐也。」皋曰：「非爾輩所知。」遂留麾下兵，單騎假稱使者，徑入國良壘中。國良召使者入，皋遂大叫軍中曰：「有人識曹王否？只我是。國良何不速降？」一軍愕眙不敢動。適有識者走至，傳呼曰：「是。」國良匍匐叩頭請罪。皋執手約爲兄弟，盡焚攻守之備，散倉庫，給兵士，令復農桑。有詔赦國良罪，賜名惟新。

建中二年，丁母艱，奉喪至江陵。會梁崇義反，乃授起復左衞大將軍，復還湖南，尋加散騎常侍。李希烈反，遷江西道節度使、洪州刺史、兼御史大夫。至州，集將吏而令曰：「嘗有功未申者，別爲行；有策謀及器能堪佐軍者，別爲行。」有裨將伊慎、李伯潛、劉昊皆自占，皋察其詞氣，驗其有功，悉補大將。擢王鍔委之中軍，以馬彝、許孟容爲賓佐。繕甲兵，具戰艦，將軍二萬餘。初，伊愼將江西兵從李希烈平襄州，及反，懼皋任之，乃陰遣遺之鎖甲，又詐爲愼書往復，置遺于境。上聞，卽遣中使斬愼，臯表請捨令自効。會與賊夾江爲陣，中使又至，臯乃勉令以功自贖，賜之以所乘馬及器甲，令將鋒而先，臯率軍繼之，責其有功，果大破賊，斬首數百級，愼方得免罪。賊樹堡栅於蔡山，臯度峻險不可攻，乃聲言西取蘄州，理戰艦，分兵傍南涯，與舟師泝江而上。賊以老弱守栅，引軍循江隨戰艦，南北與臯兵相直。去蔡山三百餘里，臯令步兵登舟，順流東下，不日拔蔡山。賊還救，間一日方至，大破之，因進拔蘄州，降其將李良，又取黃州，斬首千餘，兵益振。舒王爲元帥，加臯前軍兵馬使。

德宗居奉天，淮南節度陳少遊強取鹽鐵錢，其使包佶以財幣泝江，次于蘄口。時希烈已屠汴州，又遣驍將杜少誠將步騎萬餘來寇蘄、黃，將絕江道。臯遣伊愼將七千衆禦之，遇于永安戍。愼列三栅，相去纔四里，列鼓角中栅。少誠至，分兵圍之，部隊未嚴，聲鼓而三栅齊出奮擊，不爲行陣，賊亂，少誠敗走，斬首萬級，封尸爲京觀。以功加銀青光祿大夫，進封五百戶。上至梁州，進獻繼至。臯以上蒙塵于外，不敢居城府，乃於西塞山上游大洲屯軍，從近縣爲軍市，商貨畢至。加工部尚書。駕還京師，又遣伊愼、王鍔將兵圍安州，州城阻溳水爲固，攻之累日不下。希烈遣甥劉戒虛將步騎八千來援。臯命李伯潛分師迎擊於應山，獲戒虛及大將二、裨將二十，斬首千餘。面縛戒虛等之城下，乃使人說之，賊曰：「得大將及賓佐一二人爲信，當降。」皐乃使王鍔、馬彝縋城而入，城中大呼，乃出降。希烈又遣兵援隨州，皐令伊愼擊於厲鄉，大破之，復平靜、白雁等關。希烈懼，乃戢兵。

貞元初，拜江陵尹、荆南節度等使，江漢倚皐爲固。未幾，李思登以隨州降。凡下州四、縣十七，大小十餘陣，未嘗敗衂。淮西既平，請護喪祔東都，上遣中使弔，贈父右僕射，母曹國太妃。葬畢來朝，詔還鎭，出東都以拜墓，觀者榮之。先，江陵東北有廢田傍漢古隄二處，每夏則溢，皐始命塞之，廣田五千頃，畝得一鍾。規江南廢洲爲廬舍，架江爲二橋，流人自占二千餘戶。自荆至樂鄉凡二百里，旅舍鄉聚凡十數，大者皆數百家。楚俗佻薄，不穿井，飲陂澤，皐始命合錢開井以便人。

初平希烈，吳少誠殺陳仙奇，上以襄、鄧要阨，三年，除襄州刺史、山南東道節度等使，割汝、隨隸焉。練兵積糧，市迴鶻馬益騎兵，嘗大畋以教士，少誠憚之。性勤儉，知人疾苦，設監司，能參聽下〔二〕，持將吏短長，賞罰必信。所至常平物價，貴則出賣之，給將吏廩俸，豪家不得擅其利。常運心巧思爲戰艦，挾二輪蹈之，翔風鼓浪〔三〕，疾若挂帆席，所造省易而久固。又造欹器，進入內中。每遣人物，常自秤量。署之官匹帛皆印之，絕吏之私。

初，扶風馬彝未知名，皐始辟之，卒以正直稱。漢陽王張柬之有林園在州西，公府多假之游宴，皐將買之，彝斂袵而言曰：「張漢陽有中興功，今遺業當百代保之，王縱欲之，奈何令其子孫自鬻焉！」皋謝曰：「主吏失詞，爲足下羞；微足下，安得聞此言！」以改過遷善、知人任下爲己任，故賓從將佐多至大官。貞元八年三月，暴卒于位，年六十，廢朝三日，贈右僕射，賻弔有差，謚曰成。子象古、道古、復古。

象古自衡州刺史爲安南都護。元和十四年，爲楊清所殺，妻子支黨無噍類焉。楊清者，代爲南方酋豪，屬象古貪縱，人心不附，又惡清之強，自驩州刺史召爲牙門將，鬱鬱不快。無何，邕管黄家賊叛，詔象古發兵數道共討之，象古命清領兵三千赴焉。清與其子志烈及所親杜士交潛謀迴戈，夜襲安南，數日城陷，象古故及於害。朝廷命唐州刺史桂仲武爲都護，且招諭之，赦清，以爲瓊州刺史。仲武至境，清不納，復約束部署，刑戮僭虐，人無聊生。仲武使人諭其酋豪，數月間，歸附繼至，約兵七千餘人，收其城，斬清及其子志貞，籍沒其家。志烈與士交敗，保于長州之鑿溪，尋以所部兵來降。

道古登進士第，遷司門員外郎。便佞巧宦，早升朝籍，常以酒肴棋博游公卿門，角賭之際，每僞爲不勝而厚償之，故當時有虚名，而嗜利者悉與之狎。歷利、隨、唐、睦四州刺史，由黔中觀察爲鄂岳沔蘄安黄團練觀察使，時元和十一年也。初，以柳公綽在鎮無功，議將代之，裴度言：「道古嗣曹王皐之子，皐嘗以江漢兵遏希烈之亂，威惠至今在人，復用其子，必能繼美。」憲宗然之，故有此授。及赴鎮，倍道而行，以數騎徑入安州城。時公綽殊未意道古至，惶駭而出，家財多爲所奪。十二年，道古攻申州，克其羅城，乃進圍逼其中城。城中守卒夜帥婦人登城而呼，懸門竊發，分出其衆，道古之衆驚亂，爲虜所殺。初，李聽守安州，未嘗退衂。及道古至，誣奏聽，移去之，乃自帥兵出穆陵。士卒驕惰，賜給多闕，其度支供軍錢，道古半以奉權倖，半以沒己，人皆怨怒，不肯力戰。賊亦易道古，以羸兵抵之，故道古前後再攻破申州外城而不能拔。至李愬入蔡州，乃降。

元和十三年，入爲宗正卿。道古在鄂州日，以貪暴聞，懼終得罪，乃薦山人柳泌以媚於上。後又爲左金吾衞將軍。憲宗季年頗信方士，銳於服食，詔天下搜訪奇士。宰相皇甫鎛方諛媚固寵，道古言柳泌有道術，鎛得而進之，待詔翰林。憲宗服餌過當，暴成狂躁之疾，以至棄代。穆宗在東宮，扼腕於其事，及居喪，皆竄逐誅之。鎛既貶責，授道古循州司馬，終以服丹藥，歐血而卒。

史臣曰：李勉、李皐，稟性端莊，處身廉潔，臨民莅事，動有美聲，可謂宗臣之英也。若夫治軍旅，禦寇戎，謀必臧，戰必勝，則又勉不及皋遠矣。道古便佞，姦以事君，何父子之不相類也。

贊曰：我宗之英，曰皋與勉，才雖不同，道豈相遠。

校勘記

〔一〕汴州刺史　「汴」字各本原作「沛」，合鈔卷一八二李勉傳作「汴」，按李勉既加汴宋節度使，則作「汴」是，今據合鈔改。

〔二〕能參聽下　冊府卷六九〇「聽」下有「於」字。

〔三〕翔風鼓浪　「浪」字各本原無，據御覽卷三三四補。

舊唐書卷一百三十二

列傳第八十二

李抱玉　李抱眞　王虔休　盧從史　李芃　李澄 族弟元素

李抱玉，武德功臣安興貴之裔。代居河西，善養名馬，爲時所稱。羣從兄弟，或徙居京華，習文儒，與士人通婚者，稍染士風。抱玉少長西州，好騎射，常從軍幕，沉毅有謀，小心忠謹。

乾元初，太尉李光弼引爲偏裨，屢建勳績，由是知名。二年，自特進、右羽林軍大將軍、知軍事，遷鴻臚卿員外置同正員，持節鄭州諸軍事兼鄭州刺史、攝御史中丞、鄭陳潁亳四州節度。時史思明陷洛陽，光弼守河陽，賊兵鋒方盛，光弼謂抱玉曰：「將軍能爲我守南城二日乎？」抱玉曰：「過期若何？」光弼曰：「過期而救不至，任棄城也。」賊帥周摯領安太清、徐黃玉等先攻南城，將陷之，抱玉乃紿之曰：「吾糧盡，明日當降。」賊衆大喜，斂軍以俟之。抱玉因得繕完設備，明日，堅壁請戰。賊怒欺紿，急攻之。抱玉出奇兵，表裏夾攻，殺傷甚衆，摯軍退。光弼自將于中潬城，摯捨南城攻中潬，不勝，乃整軍將攻北城。光弼以兵出戰，大敗之。固河陽，復懷州，皆功居第一，遷澤州刺史、兼御史中丞。代宗卽位，擢爲澤潞節度使、潞州大都督府長史、兼御史大夫，加領陳、鄭二州，遷兵部尙書。抱玉上言：「臣貫屬涼州，本姓安氏，以祿山構禍，恥與同姓，去至德二年五月，蒙恩賜姓李氏，今請割貫屬京兆府長安縣。」許之，因是舉宗並賜國姓。

廣德元年冬，吐蕃寇京師，乘輿幸陝，諸軍潰卒及村閭亡命相聚爲盜，京城南面子午等五谷羣盜頗害居人，朝廷遣薛景仙領兵爲五谷使招討，連月不捷，乃詔抱玉兼鳳翔節度使討之。抱玉探知賊帥行止之處，先分屯諸谷，乃設奇潛使輕銳數百南自洋州入攻之。賊帥高玉方與諸偷會，遽爲銳卒數十人掩擒之，因大搜獲偷黨，悉斬之，餘黨不討自潰，旬日內五谷平。以功遷司空，餘並如故。

時吐蕃每歲犯境，上以岐陽國之西門，寄在抱玉，恩寵無比，遷同中書門下平章事，又兼山南西道節度使、河西隴右山南西道副元帥、判梁州事，連統三道節制，兼領鳳翔、潞、梁三大府，秩處三公。抱玉以任位崇重，抗疏懇讓司空及山南西道節度、判梁州事，乞退授兵部尙書。上嘉其謙讓，許之。抱玉凡鎭鳳翔十餘年，雖無破虜之功，而禁暴安人，頗爲當時所稱。大曆十二年卒，上甚悼之，輟朝三日，贈太保。

李抱眞，抱玉從父弟也。抱玉爲澤潞節度使，甚器抱眞，任以軍事，累授汾州別駕。當是時，僕固懷恩反于汾州，抱眞陷焉，乃脫身歸京師。代宗以懷恩倚迴紇，所將朔方兵又勁，憂甚，召見抱眞問狀，因奏曰：「郭子儀領朔方之衆，人多思之。懷恩欺其衆，曰『子儀爲朝恩所殺』，詐而用之。今復子儀之位，可不戰而克。」其後懷恩子瑒爲其下所殺，懷恩奔遁，多如抱眞策，因是遷殿中少監。居頃之，爲陳鄭、澤潞節度留後，抱眞因中謝言曰：「臣雖無可取，當今百姓勞逸，繫在牧守，願得一郡以自試。」上許之，改授澤州刺史，兼爲澤潞節度副使。居二年，轉懷州刺史，復爲懷澤潞觀察使留後，凡八年。

抱玉卒，抱眞仍領留後。抱眞密揣山東當有變，上黨且當兵衝，是時乘戰餘之地，土瘠賦重，人益困，無以養軍士。籍戶丁男，三選其一，有材力者免其租徭，給弓矢，令之曰：「農之隙，則分曹角射；歲終，吾當會試。」及期，按簿而徵之，都試以示賞罰，復命之如初。比三年，則皆善射，抱眞曰：「軍可用矣。」於是舉部內鄉兵〔一〕，得成卒二萬，前既不廩費，府庫益實，乃繕甲兵，爲戰具，遂雄視山東。是時，天下稱昭義軍步兵冠諸軍。無幾，復代李承昭爲昭義軍及磁邢節度觀察留後，加散騎常侍。

德宗卽位，拜檢校工部尚書，兼潞州長史、昭義軍節度支度營田、澤潞磁邢觀察使。建中二年〔三〕，田悅以魏博反，乃悉兵圍邢州及臨洺益急，詔河東節度使馬燧及神策兵救之。抱眞與燧敗悅兵於雙岡，斬悅將楊朝光，又擊破悅于臨洺，遂解臨洺及邢州之圍，以功加檢校兵部尚書。復與燧大破悅於洹水，悅以數百騎走歸魏州。復與燧圍魏州，又敗悅於城下，以功加檢校右僕射。時悅窘蹙，朱滔、王武俊皆反，聯兵救悅，抱眞與燧等退次魏縣。上幸奉天，中使告問至，諸將皆仰天慟哭。李懷光席卷奔命，馬燧、李芃各引兵歸鎭。朱泚既汙宮闕，時李希烈陷大梁，李納亦反鄆州。無何，上幸梁州，李懷光又竊據河中。抱眞獨於擾攘傾潰之中，以山東三州外抗羣賊，內輯軍士，羣賊深憚之。

興元初，遷檢校左僕射、平章事。時朱滔悉幽薊軍，借兵迴紇，擁衆五萬，南向以應泚，攻圍貝州。初，羣賊附於希烈，希烈僭僞，有臣屬羣賊意，羣心稍離。上自奉天下罪己之詔，悉赦羣賊，抱眞乃遣門客賈林以大義說武俊，合從擊朱滔，武俊許之。時兩軍尚相疑，抱眞乃以數騎徑入武俊營。其將去也，賓客皆止之，抱眞遣軍司馬盧玄卿勒軍部分曰：「僕今日此舉，繫天下安危。僕死不還，領軍事以聽朝命，亦唯子；奮勵士馬，東向雪僕之恥，亦唯子。」言訖而去。武俊設備甚嚴，抱眞曰：「朱泚、希烈僭竊大位，朱滔攻圍貝州，此輩皆欲陵駕吾屬。足下既不能自振數賊之上，捨九葉天子而北面臣反虜乎？乃者聖上率天下罪己之詔，可謂禹、湯之主也。」因言及播越，持武俊哭，涕泗交下，武俊亦哭，感動左右。因退臥武俊帳中，酣寢久之。武俊感其不疑，待之益恭，指心仰天曰：「此身已許公死敵矣。」遂與結爲兄弟而別，約明日合戰，遂擊破朱滔于經城，以功加檢校司空，實封五百戶。貞元初，朝于京師，居頃之，還鎭。

抱眞沉斷多智計，嘗欲招致天下賢儁，聞人之善，必令持貨幣數千里邀致之；至與語無可採者，漸退之。時天下無事，乃大起臺榭，穿池沼以自娛。晚節又好方士，以冀長生。有孫季長者，爲抱眞鍊金丹，紿抱眞曰：「服之當昇僊。」遂署爲賓僚。數謂參佐曰：「此丹秦皇、漢武皆不能得，唯我遇之，他年朝上清，不復偶公輩矣。」復夢駕鶴沖天，寤而刻木鶴、衣道士衣以習乘之。凡服丹二萬丸，腹堅不食，將死，不知人者數日矣。道士牛洞玄以猪肪穀漆下之，殆盡。病少間，季長復曰：「垂上僊，何自棄也！」益服三千丸，頃之卒。初，抱眞久疾，好禨祥，或令厭勝，爲巫祝所惑，請降官爵以禳除之。是年，凡七上章讓司空，復爲檢校左僕射。貞元十年卒，時年六十二，廢朝三日，贈太保，賻以布帛米粟有差。

抱眞薨之日，其子殿中侍御史緘匿喪不發。營田副使盧會昌令抱眞從甥元仲經潛與緘謀，其明日，將吏會集，仲經詐爲抱眞令曰：「吾疾甚，不能莅職，今令緘掌軍事，諸軍善佐之。」節度副使李說及諸將吏俛首，皆曰：「諾。」須臾，緘盛服而出，衆皆拜之，緘乃悉府藏頒賞軍士。盧會昌仍詐爲抱眞表，請以職事付緘。翌日，又令諸將連奏請緘領軍。上已聞抱眞卒，乃遣中使第五守進馳傳觀變，且令以軍事屬於大將王延貴。守進至潞州，緘詐言抱眞疾病，請見明日。如此者凡三日，緘乃出造中使，左右皆陳兵，甚嚴備。中使謂緘曰：「有詔「朝廷已知相公薨歿，令以兵務屬延貴，侍御宜歸發喪行服也。」緘愕然，出謂諸將曰：「有詔不許緘掌事，諸公意若何？」將吏莫有對者。緘懼而退，遽以使印及管鑰歸監軍。是日，乃發喪，畢一哭。中使召延貴，以口詔令視事，趣遣緘赴東都。元仲經逃于外，延貴捕得殺之。旣歸罪仲經，盧會昌得不坐。緘初謀亂，遣裨將陳榮詐以文書告成德節度使王武俊，求假財帛，武俊大怒曰：「吾與汝府公善者，冀恭王命，非同惡也。今聞已亡，執詐令其子而不俟朝旨耶？何敢告我，況有求也！」乃囚陳榮而遣使讓緘焉〔三〕。

王虔休字君佐，汝州梁人也。本名延貴。少涉獵書籍，鄉里間以信義畏慕之，尤好武藝。大曆中，汝州刺史李深用之爲將。久之，澤潞節度李抱眞聞名，厚以財帛招之，累授兵馬使押衙。建中初，抱眞統兵馬與諸將征討河北，其雙岡、水寨營等陣，虔休攻戰居多，擢爲步軍都虞候，累加兼御史中丞、大夫，賜實封百戶。洎抱眞卒，裨將元仲經等議立抱眞子緘，軍中擾亂，虔休正色言於衆曰：「軍州是天子軍州，將帥闕，合待朝命，何乃云云，妄生異意！」軍中服從其言，由是竟免潰亂。朝廷知而嘉之，以邕王爲昭義節度觀察大使，授虔休潞州左司馬，依前兼御史大夫，掌留後，仍賜名虔休。號令安撫，軍州大理。二歲，遷潞州長史、昭義軍節度、澤潞磁邢洺觀察使，尋加檢校工部尚書。貞元十五年卒，年六十二，廢朝三日，贈左僕射，賻以布帛米粟。

虔休性恭勤，儉省節用，管內州倉庾皆積糧儲，可支軍人數歲。又嘗撰繼天誕聖樂曲以進，其表曰：

臣聞於師，夫君子爲能知樂，是故審音以知聲，審樂以知政，則理道備矣。淸明廣大，終始周旋，與天地同其和，與四時合其序，豈止於鐘鼓管磬云乎哉！臣伏見開元中天長節著于甲令，每於是日海縣歡娛，稱萬壽之無疆，樂一人之有慶，故能追堯接舜，邁禹踰湯，自周已後，不能議矣。臣竊以陛下降誕之辰，未有惟新之曲。雖太和已布於六氣，而大樂未宣於八音，無乃臣子之分，或有所闕。愚臣不揆頑昧，敢思祖述，每思歌竊抃，忘寢與食久矣。適遇有知音者，與臣論及樂章，探微賾奧，窮理盡性，臣乃遣造繼天誕聖樂一曲。大抵以宮爲調，表五音之奉君也；以土爲德，知五運之居中也。凡二十五遍，法二十四氣而足成一歲也。每遍一十六拍，象八元、八凱登庸於朝也。所冀雲門、咸池，永傳於律呂，空桑、孤竹，合薦於宮懸，不聞惉懘之聲，長作中和之樂。可使九域之人，頓忘於肉味；四夷之俗，皆播於薰風。與唐惟休，終古盡善。臣不勝懇款屏營之至，謹昧死陳獻以聞。其所造譜，謹同封進。

先時，有太常樂工劉玠流落至潞州，虔休因令造此曲以進，今中和樂起此也。

盧從史，其先自元魏已來，冠冕頗盛。父虔，少孤，好學，舉進士，歷御史府三院、刑部郎中、江汝二州刺史、祕書監。從史少矜力，習騎射，遊澤、潞間，節度使李長榮用爲大將。德宗中歲，每命節制，必令採訪本軍爲其所歸者。長榮卒，從史因軍情，且善迎奉中使，得授昭義軍節度使。漸狂恣不道，至奪部將妻妾，而辯給矯妄，從事孔戡等以言直不從引去。前年丁父憂，朝旨未議起復，屬王士眞卒，從史竊獻誅承宗計以希上意，用是起授，委其成功。及詔下討賊，兵出，逗留不進，陰與承宗通謀，令軍士潛懷賊號；又高其芻粟之價，售於度支，諷朝廷求宰相；且誣奏諸軍與賊通，兵不可進。上深患之。

護軍中尉吐突承璀將神策兵與之對壘，從史往往過其營博戲。從史沓貪好得，承璀出寶帶、奇玩以炫燿之，時其愛悅而遺焉，從史喜甚，日益狎。上知其事，取裴垍之謀，因戒承璀伺其來博，揖語，幕下伏壯士，突起，持捽出帳後縛之，內車中，馳以赴闕。從者驚亂，斬十數人，餘號令乃定，且宣諭密詔，追赴闕庭。都將烏重胤素懷忠順，乃嚴戒其軍，衆不敢動。會夜，使疾驅，未明出境，道路人莫知。元和五年四月，制曰：

邪以蓄衆，自致覆車；姦以事君，所宜用鉞。故楚人告變，韓信患釋於事先；蜀土徵災，鍾會禍生於部下。況害深楚、蜀，功匪鍾、韓，構此厲階，布於公議。懷私負德，合置於嚴科；屈法申恩，尚從於寬典。前昭義軍節度副大使、知節度事盧從史，擢自裨將，居于大藩，不思報國之誠，每設徇身之計。比丁家禍，曾無戚容，行棄人倫，孝虧天性。屬常山稱亂，朝制未行，固願興師，苟求復位。刻期効用，請以身先；指日投誠，誓云獨致。示於懷撫，推以信誠。排衆論以釋其苴癧，決中心而授之鈇鉞，委以重任，命之專征。章奏所陳，事無違者；恩光是貸，予何愛焉。而乃冒利蓄姦，隳政敗度，成師既出，保敵而交通；邪計以行，臨戎而向背。諸侯盡力而不應，遺寇遊魂而是託。臣節既喪，恩豈念於生成；台位干求，禮頓虧於忠敬。肆其醜行，熾以兇威，至於逼脅軍中，潛施賊號；陵汙麾下，實玷皇風。貸以藩身，虐而用衆，士庶怨而罔恤，將校勞而不圖。稟於陶鈞，行事至此，視於天地，負我何多，且辜覆載之仁，寧逭神鬼之責。況頃年上請，就食山東，及遣旋師，不時恭命，致動其衆，覬生其心，賴劉濟抗忠正之辭，使邪豎絕遲迴之計。加以偏毀鄰境，密疏事情，反覆百端，高下萬變，心無恥愧，事至滿盈。朕念以始終，務於含貸，所期悔過，豈謂踰兇。而昭義軍忠節夙彰，義聲昭著，發其衆怒，叶以一心，顧大惡而不容，幸全軀而自免，宜從大戮，以正彝章。尚以曾列方隅，嘗經任使，惜君臣之體，抑中外之情，俾投魑魅之鄉，以解人神之憤。可貶驩州司馬。嗚呼！姦由事驗，自開棄絕之門；禍實己招，豈漏恢疏之網。凡百多士，宜諒朕懷。

子繼宗等四人並貶嶺外。

李芃字茂初，趙郡人也。解褐上邽主簿，三遷試大理評事，攝監察御史、山南東道觀察支使。嚴武爲京兆尹，舉爲長安尉。李勉爲江西觀察使，署奏祕書郎、兼監察御史，爲判官。永泰初，轉兼殿中侍御史。

時宣、饒二州人方淸、陳莊聚衆據山洞，西絕江路，劫商旅以爲亂。芃乃請於秋浦置州，守其要地，以破其謀。李勉然其計，以聞，代宗嘉之，以宣州之秋浦、青陽、饒州之至德置池州焉。芃攝行州事，無幾，乃兼侍御史。居無何，魏少遊代勉爲使，復署奏檢校虞部員外郎，賜金紫，爲都團練副使。頃之，攝江州刺史，州人便之。丁母憂，免喪，永平軍節度李勉署奏檢校工部郎中、兼侍御史，爲判官，尋攝陳州刺史。歲中，郎值李靈曜反於汴州，勉署芃兼亳州防禦使，練達軍事，兵備甚肅；又開陳、潁運路，以通漕輓。

德宗嗣位，授檢校太常少卿、兼御史中丞、河陽三城鎮遏使。撫勞備至，資廩善者，必先軍士。間一年，爲節度使路嗣恭之副，加檢校左庶子、河陽三城懷州節度觀察使，以東畿汜水等五縣隸焉。時河南北連大兵，詔益以神策、汝、陝之師。芃進收新鄉、共城，遂圍衞州。明年，詔與河東節度馬燧等諸軍破田悅於洹水，以功加檢校兵部尚書，累封開郡王〔四〕，實封一百戶。進圍悅於魏州，將符璘以精騎五百夜降，芃開營以納之。明日，歸璘於招討使。上居奉天，斂軍還。

興元初，檢校右僕射，無何，以疾固讓罷歸。芃將請告，謂所親曰：「今年夏被蝗旱，人主厭兵革，然則天下城壘堅厚矣，戈鋋銛利矣，以力勝之，則有得失，其可盡乎！除弊之急，莫先德化，循而理之，斯易致耳。方鎮之戴翼時主，宜先退讓，貪權持祿，吾所不取也。吾旣疾病，豈能言而不踐乎！」乃手疏乞罷。貞元元年卒，年六十四，廢朝一日，贈太子太保。

李澄，遼東襄平人，隋蒲山公寬之後也，居京兆。父鎬，清江太守，以澄贈工部尚書。澄以武藝爲偏將，累除試將作監，隸於江淮都統李峘。建中初，以檢校太子賓客、兼御史中丞，隸於永平軍節度使李勉。及勉移理汴州，乃奏澄爲滑州刺史。四年冬，李希烈陷汴州，勉奔歸行在，澄遂以城降希烈，僞署尚書令，兼滑州永平軍節度使。

興元元年春，澄密令親信人盧融間道齎表達於奉天，上嘉之，乃以帛詔藏於蠟丸中，加澄刑部尚書，兼汴州刺史、汴滑節度觀察使。澄祕而未宣，乃集州兵嚴加訓習。希烈頗疑之，乃令養子六百人戍之，以虞其變。希烈苦攻寧陵，邀澄率其衆至石柱。澄令縱火焚營而僞遁，誘六百人因驚行剽而加其罪，果大俘掠，悉令斬之以告。希烈不能窮詰焉。無幾，希烈遣其將翟暉等寇陳州，久之未復。

是歲十月，澄以汴州兵寡，度希烈不能制已，又會中官薛盈珍持節且至，加檢校兵部尚書，封武威郡王，賜實封五百戶。澄乃乘勢力焚賊旌節，誓衆歸國。及十一月，希烈既失澄，又聞翟暉大敗，由是奔歸蔡州。澄遽率衆將復汴州，屯於城北門，恇怯不敢進。及宣武軍節度使劉洽師至城東門，賊將田懷珍開關以納之。翌日，澄方自北入，洽已據子城。澄乃舍於浚儀縣，兩軍將士，日有忿競，不自安。會鄭州賊將孫液通款於澄，澄遣其子清赴之。先是，河陽軍節度使李芃遣其將雍顒攻鄭州，顒所過縱掠，液拒之尤固；及清至，遂納之。顒怒攻液，清以衆助之，殺登城者數十人，顒方引退，又焚陽武而歸。澄乃出赴鄭州，朝廷特授清檢校太子賓客、兼御史中丞，更名克寧。

貞元元年三月，就加澄檢校左僕射、義成軍鄭滑許等州節度使。二年卒，年五十四，廢朝一日，贈司空，賵布帛粟有差，仍令左散騎常侍歸崇敬充弔祭使，所緣喪葬，並勒官給。澄實以八月癸未終，克寧祕之，以九月庚寅，欲自起視事。其行軍司馬馬鉉不許，克寧陰遣殺之，乃墨絰而出，加卒於城門，將爲不順。劉洽出師屯於境上以制之，且使告諭切至，由是克寧不敢妄發，然道路絕商旅者凡十四五日。及賈耽代澄，克寧護喪將歸，乃悉索府中財貨，以夜出城，軍人從而剽奪，及明殆盡。澄柩至京師，又賜克寧莊一所、錢千貫、粟麥二千石。澄初封隴西郡公，進武威郡王，每上疏連稱二封，頗爲時人所哂。

李元素字大朴，蒲山公密之孫〔五〕。任侍御史，時杜亞爲東都留守，惡大將令狐運，會盜發洛城之北，運適與其部下畋于北郊，亞意其爲盜，遂執訊之，逮繫者四十餘人。監察御史楊寧按其事，亞以爲不直，密表陳之，寧遂得罪。亞將逞其宿怒，且以得賊爲功，上表指明運爲盜之狀，上信而不疑。宰臣以獄大宜審，奏請覆之，命元素就決，亞迎路以獄成告。元素驗之五日，盡釋其囚以還。亞大驚，且怒，親追送，馬上責之，元素不答。亞遂上疏，又誣元素。元素還奏，言未畢，上怒曰：「出俟命。」元素曰：「臣未盡詞。」上又曰：「且去。」元素復奏曰：「一出不得復見陛下，乞容盡詞。」上意稍緩，元素盡言運冤狀明白，上乃寤曰：「非卿，孰能辨之！」後數月，竟得其眞賊，元素由是爲時器重，遷給事中。時美官缺，必指元素。遷尙書右丞。數月，鄭滑節度盧羣卒，遂命元素兼御史大夫，鎭鄭滑，就加檢校工部尙書，在鎭稱理。

元和初，徵拜御史大夫。自貞元中位缺，久難其人，至是元素以名望召拜，中外聳聽。及居位，一無修舉，但規求作相。久之，寖不得志，見客必曰：「無以某官散相疏也。」見屬官必先拜，脂韋在列，大失人情。李錡爲亂江南，遂授元素浙西道節度觀察處置等使。數月受代，入拜國子祭酒，尋遷太常卿，轉戶部尙書、判度支。

元素少孤，奉長姊友敬加於人，及其姊歿，沉悲遘疾，上疏懇辭職，從之。數月，以出妻免官。初，元素再娶妻王氏，石泉公方慶之孫，性柔弱，元素爲郎官時娶之，甚禮重，及貴，溺情僕妾，遂薄之。且又無子，而前妻之子已長，無良，元素寖疾昏惑，聽譖遂出之，給與非厚。妻族上訴，乃詔曰：「李元素病中上表，懇切披陳，云『妻王氏，禮義殊乖，願與離絕』。初謂素有醜行，不能顯言，以其大官之家，所以令自處置。訪聞不曾告報妻族，亦無明過可書，蓋是中情不和，遂至於此。脅以王命，當日遣歸，給送之間，又至單薄。不唯王氏受辱，實亦朝情悉驚。如此理家，合當懲責。宜停官，仍令與王氏錢物，通所奏數滿五千貫。」元和五年卒，贈陝州大都督。

史臣曰：李抱玉、李抱眞，以武勇之材，兼忠義之行，有唐之良將也。且如農隙教潞人之射，數騎入武俊之營，非有奇謀，孰能如是。惜乎服食求仙，爲藥所誤。王虔休不黨僭命，有足可嘉；盧從史動多懷姦，自貽伊戚。芃則老也知足，澄則過而改圖。元素爲御史時，執德不回；居大夫日，其心甚短。因緣七出，益露醜聲，善少惡多，又何足算。

贊曰：抱玉、抱眞，我朝良將。虔休之心，亦多可尚。史懷姦謀，芃將祿讓。澄迷卻行，素貪一嚮。吾誰與欺，豈如忠諒。

校勘記

〔一〕於是舉部內鄉兵 「兵」字各本原無，據冊府卷四一三補。

〔二〕建中二年　「二年」，各本原作「三年」，據册府卷三五九、通鑑卷二二六改。

〔三〕乃囚陳榮　「囚」字各本原作「因」，據新書卷一三八李抱眞傳、合鈔卷一八三李抱眞傳改。

〔四〕開郡王　本書卷一二德宗紀、合鈔卷一八三李芃傳作「開陽郡王」。

〔五〕蒲山公密之孫　新書卷一四七李元素傳作「邢國公密裔孫」。按蒲山公乃李寬，密爲邢國公。

舊唐書卷一百三十三

列傳第八十三

李晟 子愿 愬 聽 憲 憑 恕 惎 王佖附

李晟字良器，隴右臨洮人。祖思恭，父欽，代居隴右爲裨將。晟生數歲而孤，事母孝謹，性雄烈，有才，善騎射。年十八從軍，身長六尺，勇敢絕倫。時河西節度使王忠嗣擊吐蕃，有驍將乘城拒鬭，頗傷士卒，忠嗣募軍中能射者射之。晟引弓一發而斃，三軍皆大呼，忠嗣厚賞之，因撫其背曰：「此萬人敵也。」鳳翔節度使高昇雅聞其名，召補列將。嘗擊疊州叛羌於高當川，又擊宕州連狂羌於罕山，皆破之，累遷左羽林大將軍同正。廣德初，鳳翔節度使孫志直署晟總遊兵，擊破党項羌高玉等，以功授特進、試光祿卿，轉試太常卿。

大曆初，李抱玉鎮鳳翔，署晟爲右軍都將。四年，吐蕃圍靈州，抱玉遣晟將兵五千以擊吐蕃，晟辭曰：「以衆則不足，以謀則太多。」乃請將兵千人疾出大震關，至臨洮，屠定秦堡，焚其積聚，虜堡帥慕容谷鍾而還，吐蕃因解靈州之圍而去。拜開府儀同三司。無幾，兼左金吾衞大將軍、涇原四鎮北庭都知兵馬使，并總遊兵。無何，節度使馬璘與吐蕃戰於鹽倉，兵敗，晟率所部橫擊之，拔璘出亂兵之中，以功封合川郡王。璘忌晟威名，又遇之不以禮，令朝京師，代宗留居宿衞，爲右神策都將。德宗卽位，吐蕃寇劍南，時節度使崔寧朝京師，三川震恐，乃詔晟將神策兵救之，授太子賓客。晟乃踰漏天，拔飛越，廓淸肅寧三城，絕大渡河，獲首虜千餘級，虜乃引退，因留成都數月而還。

建中二年，魏博田悅反，將兵圍臨洺、邢州，詔以晟爲神策先鋒都知兵馬使，與河東節度使馬燧、昭義節度使李抱眞合兵救臨洺。尋加兼御史中丞。河東、昭義軍攻楊朝光於臨洺南，晟與河東騎將李自良、李奉國擊悅於雙岡，悅兵却，遂斬朝光。戰於臨洺，諸軍皆却。晟引兵渡洺水，乘冰而濟，橫擊悅軍，王師復振，擊悅，大破之。三年正月，復以諸道軍擊敗悅軍於洹水，遂進攻魏州，以功加檢校左散騎常侍，實封百戶。無幾，兼魏府左司馬。時朱滔、王武俊聯兵在深、趙，怒朝廷賞功薄，田悅知其可間，遣使求援，滔與武俊應之，遂以兵圍康日知于趙州。李抱眞分兵二千人守邢州，馬燧大怒，欲班師。晟謂燧曰：「初奉詔進討，三帥齊進。李尚書以邢州與趙州接壤，分兵守之，誠未爲害，其精卒銳將皆在於此，令公遽自引去，奈王事何？」燧釋然謝晟，燧乃自造抱眞壘，與之交歡如初。

王武俊攻趙州，晟乃獻狀請解趙州之圍，欲引兵赴定州與張孝忠合勢，欲圖范陽。德宗壯之，加晟御史大夫，俾禁軍將軍莫仁擢、趙光銑、杜季泚皆隸焉。晟自魏州引軍而北，徑趨趙州，武俊聞之，解圍而去。晟留趙州三日，與孝忠兵合，北略恆州，圍朱滔將鄭景濟於淸苑，決水以灌之。田悅、王武俊皆遣兵來救，戰於白樓。賊犯義武軍，稍却，晟引步騎擊破之，晟所乘馬連中流矢。踰月，城中益急，滔、武俊大懼，乃悉收魏博之衆而來，復圍晟軍。晟內圍景濟，外與滔等拒戰，日數合，自正月至於五月。會晟病甚，不知人者數焉，軍吏合謀，乃以馬輿還定州，賊不敢逼。

晟疾間，復將進師，會京城變起，德宗在奉天，詔晟赴難。晟承詔泣下，即日欲赴關輔。義武軍間於朱滔、王武俊，倚晟爲輕重，不欲晟去，數謀沮止晟軍。晟謂將吏曰：「天子播越於外，人臣當百舍一息，死而後已。張義武欲沮吾行，吾當以愛子爲質，選良馬以啗其意。」乃留子憑以爲婚。義武軍有大將爲孝忠委信者謁晟，晟乃解玉帶以遺之，因曰：「吾欲西行，願以爲別。」陳赴難之意，受帶者果德晟，乃諫孝忠勿止晟。晟得引軍踰飛狐，師次代州，詔加晟檢校工部尙書、神策行營節度使，實封二百戶。晟軍令嚴肅，所過樵採無犯。自河中由蒲津而軍渭北，壁東渭橋以逼泚。時劉德信將子弟軍救襄城，敗於扈澗，聞難，率餘軍先次渭南，與晟合軍。軍無統一，晟不能制，因德信入晟軍，乃數其罪斬之。晟以數騎馳入德信軍，撫勞其衆，無敢動者。旣併德信軍，軍益振。

時朔方節度使李懷光亦自河北赴難，軍於咸陽，不欲晟獨當一面以分己功，乃奏請與晟兵合，乃詔晟移軍合懷光軍。晟奉詔引軍至陳濤斜，軍壘未成，賊兵遽至，晟乃出陣，且言於懷光曰：「賊堅保宮苑，攻之未必克；今離其窟穴，敢出索戰，此殆天以賊賜明公也！」懷光恐晟立功，乃曰：「吾軍適至，馬未秣，士未飯，詎可戰耶？不如蓄銳養威，俟時而舉。」晟知其意，遂收軍入壘，時興元元年正月也。每將合戰，必自異，衣錦裘、繡帽前行，親自指導。懷光望見惡之，乃謂晟曰：「將帥當持重，豈宜自表飾以啗賊也！」晟曰：「晟久在涇原，軍士頗相畏服，故欲令其先識以奪其心耳。」懷光益不悅，陰有異志，遷延不進。晟因人說懷光曰：「寇賊竊據京邑，天子出居近甸，兵柄廟略，屬在明公。公宜觀兵速進，晟願以所部得奉嚴令，爲公前驅，雖死不悔。」懷光益拒之。晟兵軍於朔方軍北，每晟與懷光同至城下，懷光軍輒虜驅牛馬，百姓苦之；晟軍無所犯。懷光軍惡其獨善，乃分所獲與之，晟軍不敢受。

久之，懷光將謀沮晟軍，計未有所出。時神策軍以舊例給賜厚於諸軍，懷光奏曰：「賊寇未平，軍中給賜，咸宜均一。今神策獨厚，諸軍皆以爲言，臣無以止之，惟陛下裁處。」懷光計欲因是令晟自署侵削己軍，以撓破之。德宗憂之，欲以諸軍同神策，則財賦不給，無可奈何，乃遣翰林學士陸贄往懷光軍宣諭，仍令懷光與晟參議所宜以聞。贄、晟俱會於懷光軍，懷光言曰：「軍士稟賜不均，何以令戰？」贄未有言，數顧晟。晟曰：「公爲元帥，弛張號令，皆得專之。晟當將一軍，唯公所指，以効死命。至於增損衣食，公當裁之。」懷光默然，無以難晟，又不欲侵刻神策軍發於自己，乃止。

懷光屯咸陽，堅壁八十餘日，不肯出軍，德宗憂之，屢降中使，促以收復之期。懷光託以卒疲，更請休息，以伺其便，然陰與朱泚交通，其迹漸露。晟懼爲所併，乃密疏請移軍東渭橋，以分賊勢。上初未之許。晟以懷光反狀已明，緩急宜有所備，蜀、漢之路，不可壅也，請以裨將趙光銑爲洋州刺史，唐良臣爲利州刺史，晟子壻張彧爲劍州刺史，各將兵五百以防未然。上初納之，未果行。無何，吐蕃請以兵佐誅泚，上欲親總六師，移幸咸陽，以促諸軍進討。懷光聞之大駭，疑上奪其軍，謀亂益急。時鄜坊節度李建徽、神策將楊惠元及晟，並與懷光聯營，晟以事迫，會有中使過晟軍，晟乃宣令云：「奉詔徙屯渭橋。」乃結陣而行，至渭橋。不數日，懷光果劫建徽、惠元而併其兵，建徽遁免，惠元爲懷光所害。

是日，車駕幸梁州。時變生倉卒，百官扈從者十二三，駱谷道路險阻，儲供無素，從官乏食，上歎曰：「早從李晟之言，三蜀可坐致也。」晟大將張少弘自行在傳口詔授晟尙書左僕射、同中書門下平章事，以安衆心。晟拜哭受命，且曰：「長安宗廟所在，爲天下本，若皆執羈靮，誰復京師？」乃浚城隍，繕兵甲，以圖收復。晟以孤軍獨當強寇，恐爲二賊之所併，乃卑詞厚幣，僞致誠於懷光，外示推崇，內爲之備。時芻粟未集，乃令檢校戶部郎中張彧假京兆少尹，擇官吏以賦渭北畿縣。不旬日，芻糧皆足，晟乃大陳三軍，令之曰：「國家多難，亂逆繼興，屬車駕西幸，關中無主。予代受國恩，見危死節，臣子之分，況當此時，不能誅滅兇渠，以取富貴，非人豪也。渭橋橫跨大川，斷賊首尾，吾與公等戮力勤王，擇利而進，興復大業，建不世之功，能從我乎？」三軍無不泣下，曰：「唯公所使。」晟亦歔欷流涕。

是時，朱泚盜據京城，懷光圖爲反噬，河朔僭僞者三，李納虎視於河南，希烈鴟張於汴、鄭。晟內無貨財，外無轉輸，以孤軍而抗劇賊，而銳氣不衰，徒以忠義感於人心，故英豪歸向。戴休顏率奉天之衆，韓遊瓌治邠寧之師，駱元光以華州之兵守潼關，尚可孤以神策之旅屯七盤，皆稟晟節度，晟軍大振。懷光以休顏、遊瓌從晟，益懼。晟又致書於懷光，諭以禍福，令破賊迎鑾，以掩前過。懷光卒不悟，軍衆漸多離散，糗糧且竭，虜剽無所得，懼爲晟所襲。三月，懷光自三原、富平東抵奉天，所至焚掠，乃自馮翊入據河中。懷光將孟涉、段威勇者，本神策將，惡懷光之不臣，既至富平，結陣於軍中，外向大呼而去，懷光不能制。涉、威勇以數千人歸晟，乃陳兵受涉等降卒，乃奏授涉檢校工部尚書，威勇兼御史大夫。

德宗之幸山南，既入駱谷，謂渾瑊曰：「渭橋在賊腹內，兵勢懸隔，李晟可辦事乎？」瑊對曰：「李晟秉義執志，臨事不可奪，以臣計之，破賊必矣。」帝意始安。是月，渾瑊步將上官望自間道懷詔書加晟檢校右僕射，兼河中尹、河中晉絳慈隰節度使，益實封三百戶，又兼京畿、渭北、鄜坊丹延節度招討使。晟承詔流涕。時帝欲移幸西川，晟上表：「請駐蹕梁漢，繫億兆之心，圖翦滅之勢。若規小捨大，作都岷峨，卽人心失望，武士謀臣無所施矣。」四月，有詔加晟京畿、渭北、鄜坊、商華兵馬副元帥。時京兆府司錄李敬仲自京城來，諫議大夫鄭雲逵自奉天至，晟以京兆少尹張彧爲副使，鄭雲逵爲行軍司馬，李敬仲爲節度判官，俾同主軍畫。又請以懷光舊將唐良臣保潼關，以河中節度授之；戴休顏守奉天，請以鄜坊節度授之，上皆從之。渭橋舊有粟十餘萬斛，度支先饋懷光軍欲盡，晟又奏曰：「近畿雖乘兵亂，猶可賦斂，儻寇賊未滅，宿兵曠時，人廢耕桑，又無儲蓄，非防微制勝之術也。」上納之。晟乃於畿甸率聚征賦，吏民樂輸，守禦益固，由是軍不乏食。

神策軍家族多陷於泚，晟家亦百口在賊中，左右或有言及家者，晟因泣下曰：「乘輿何在，而敢恤家乎！」泚又使晟小吏王無忌之壻詣晟軍，且曰：「公家無恙，城中有書聞。」晟曰：「爾敢與賊爲間！」遽命斬之。時轉輸不至，盛夏軍士或衣裘褐，晟亦同勞苦，每以大義奮激士心，卒無離叛者。會將吏數輩自賊中逃來，言泚衆攜離可滅之狀，士心益奮。先是，賊將姚令言及僞中丞崔宣咸使諜覘我軍，爲邏騎所得，拘送於晟，晟解縛，食而遣之，誡之曰：「爾報崔宣，善爲賊守，諸人勉力自固，勿不忠於賊也！」

五月三日，晟引軍抵通化門，耀武而還，賊不敢出。晟集將佐，圖兵所向，諸將曰：「先拔外城，旣有市里，然後北淸宮闕。」晟曰：「若先收坊市，巷陌隘狹，間以居人，若賊設伏格鬬，百姓囂潰，非計也。且賊重兵堅甲，皆在苑中，若自苑擊其心腹，彼將圖走不暇，如此則宮闕保安，市不易肆，計之上也。」諸將曰：「善。」乃移書渾瑊、駱元光、尙可孤，剋期進軍於城下。

其月二十五日夜，晟自東渭橋移軍於光泰門外米倉村，以薄京城。晟臨高指麾，令設壕柵以候賊軍。俄而賊衆大至，賊驍將張庭芝、李希倩逼柵求戰，晟謂諸將曰：「吾恐賊不出，今冒死而來，天贊我也！」勒吳詵、康英俊、史萬頃、孟涉等縱兵擊之。時華州營在北，兵少，賊併力攻之，晟遣李演、孟華以精卒救之。中軍鼓譟，演力戰，大破之，乘勝入光泰門；再戰，又敗之，僵屍蔽地，餘衆走入白華，夜聞慟哭之聲。

翌日，將復出師，諸將請待西軍至，則左右夾攻。晟曰：「賊旣傷敗，須乘勝撲滅，若俟其有備，豈王師之利耶！如待西軍，恐失機便。」二十八日，晟大集諸將駱元光、尙可孤，兵馬使吳詵、王佖，都虞候邢君牙、李演、史萬頃，神策將孟涉、康英俊，華州將郭審金、權文成，商州將彭元俊等，號令誓師畢，陳兵於光泰門外。乃使王佖、李演率騎軍，史萬頃領步卒，直抵苑牆神麚村。晟先是夜使人開苑牆二百餘步，至是賊已樹木柵之，賊倚柵拒戰。晟叱軍士曰：「安得縱賊如此，當先斬公等！」萬頃懼，先登，拔柵而入，王佖騎軍繼進，賊即奔潰，獲賊將段誠諫，大軍分道並入，鼓譟雷動。姚令言、張庭芝、李希倩猶力捍官軍，晟令決勝軍使唐良臣、兵馬使趙光銑、楊萬榮、孟日華等步騎齊進，賊軍陣成而屢北。戰十餘合，乘勝驅蹙，至于白華。忽有賊騎千餘出於官軍之背，晟以麾下百餘騎馳之，左右呼曰：「相公來！」賊聞之驚潰，官軍追斬，不可勝計。朱泚、姚令言、張庭芝尙有衆萬人，相率遁走，晟遣田子奇追之，其餘兇黨相率來降。

是日，晟軍入京城，勒兵屯於含元殿前，晟舍於右金吾仗，仍號令諸軍曰：「晟實不武，上憑睿算，下賴士心，幸得殲厥兇渠，肅清宮禁，皆三軍之力也。長安士庶，久陷賊庭，若小有震驚，則非伐罪弔人之義也。晟與公等各有家室，離別數年，今已成功，相見非晚，五日內不得輒通家信，違命者斬。」乃遣京兆尹李齊運、攝長安令陳元衆、攝萬年令韋上仮告喩百姓，居人安堵，秋毫無所犯。尙可孤軍人有擅取賊馬者，晟大將高明曜虜賊女妓一人，司馬伷取賊馬二匹，晟皆立斬之，莫敢忤視。士庶無不感悅，咸歔欷流涕，遠坊居人，亦有經宿方知者。二十九日，令孟涉屯於白華，尙可孤屯望仙門，駱元光屯章敬寺，晟自屯於安國寺。是日，斬賊將李希倩等八人，徇于市。

六月四日，晟破賊露布至梁州，上覽之感泣，羣臣無不隕涕，因上壽稱萬歲，奏曰：「李晟虔奉聖謨，盪滌兇醜。然古之樹勳，力復都邑者，往往有之；至於不驚宗廟，不易市肆，長安人不識旗鼓，安堵如初，自三代以來，未之有也。」上曰：「天生李晟，爲社稷萬人，不爲朕也。」百官拜賀而退。是日，晟斬僞相李忠臣、張光晟、蔣鎭、喬琳、洪經綸、崔宣等，又表守臣節不屈于賊者程鎭之、劉迺、蔣沇、趙曄、薛岌等。

晟初屯渭橋時，熒惑守歲，久之方退，賓介或勸曰：「今熒惑已退，皇家之利也，可速用兵。」晟曰：「天子外次，人臣但當死節，垂象玄遠，吾安知天道耶！」至是，謂參佐曰：「前者士大夫勸晟出兵，非敢拒也，且軍可用之，不可使知之。嘗聞五緯盈縮無準，晟懼復來守歲，則我軍不戰而自潰。」參佐歎服，皆曰：「非所及也。」

尋拜晟司徒，兼中書令，實封一千戶。

晟綜理以備百司，令大將吳詵將兵三千至寶雞清道，晟又請至鳳翔迎扈，不許。七月十三日，德宗至自興元，渾瑊、韓遊瓌、戴休顏以其兵扈從，晟與駱元光、尚可孤以其兵奉迎。時元從禁軍及山南、隴州、鳳翔之衆，步騎凡十餘萬，旌旗連亙數十里，傾城士庶，夾道歡呼。晟以戎服謁見於三橋，上駐馬勞之。晟再拜稽首，初賀元惡殄滅，宗廟再清，宮闈咸肅，抃舞感涕，跪而言曰：「臣忝備爪牙之任，不能早誅妖逆，至鑾輿再遷。及師於城隅，累月方殄賊寇，皆臣庸懦不任職之責，敢請死罪。」伏於路左。上爲之掩涕，命給事中齊映宣旨，令左右起晟於馬前。是月，御殿大赦，贈晟父欽太子太保，母王氏贈代國夫人，賜永崇里第及涇陽上田、延平門之林園、女樂八人。入第之日，京兆府供帳酒饌，賜教坊樂具，鼓吹迎導，宰臣節將送之，京師以爲榮觀。上思晟勳力，製紀功碑，俾皇太子書之，刊石立於東渭橋，與天地悠久，又令太子書碑詞以賜晟。

晟以涇州倚邊，屢害戎帥，數爲亂階，乃上書請理不用命者，兼備耕以積粟，攘却西蕃，上皆從之。詔以晟兼鳳翔尹、鳳翔隴右節度使，仍充隴右涇原節度，兼管內諸軍及四鎮、北庭行營兵馬副元帥，改封西平郡王。初，帝在奉天，鳳翔軍亂，殺其帥張鎰，立小將李楚琳。至是楚琳在朝，晟請以楚琳俱往鳳翔，將誅之，上以初復京師，方安反側，不許。八月，晟至鳳翔，理殺張鎰之罪，斬王斌等十餘人。初，朱泚亂時，涇州亦殺其帥馮河清，立別將田希鑒，方屬播遷，不遑討伐，以涇帥授之。至是，晟奏曰：「近者中原兵禍，皆起涇州，且其地逼西戎，易爲反覆。希鑒兇徒，將校驕逆，若不懲革，終爲後患。」從之。晟至鳳翔，託以巡邊，至涇州，希鑒迎謁，於坐執而誅之，幷誅害河清者石奇等三十餘人，具事以聞。上曰：「涇州亂逆泉藪，非晟莫能理之。」還鎮，表右龍武將軍李觀爲涇原節度使，吐蕃深畏之。晟常曰：「河、隴之陷也，豈吐蕃力取之，皆因將帥貪暴，種落攜貳，人不得耕稼，展轉東徙，自棄之耳。

且土無絲絮，人苦征役，思唐之心，豈有已乎！」乃傾家財以賞降者，以懷來之。降虜浪息囊，晟奏封王，每蕃使至，晟必置息囊於坐，衣以錦袍、金帶以寵異之。蕃人皆相指目，榮羨息囊。

蕃相尚結贊頗多詐謀，尤惡晟，乃相與議云：「唐之名將，李晟與馬燧、渾瑊耳。不去三人，必爲我憂。」乃行反間，遣使因馬燧以請和，既和，卽請盟，復因盟以虜瑊，因以賣燧。貞元二年九月，吐蕃用尚結贊之計，乃大興兵入隴州，抵鳳翔，無所虜掠，且曰：「召我來，何不以牛酒犒勞？」徐乃引去，持是間晟也。是役也，晟先令衙將王佖選銳兵三千，設伏於汧陽，誡之曰：「蕃軍過城下，勿擊首尾，首尾縱敗，中軍力全，若合勢攻汝，必受其弊。但俟其前軍已過，見五方旗、武豹衣，則其中軍也，突其不意，可建奇功。」佖如晟節度，果遇結贊。及出奮擊，賊皆披靡，佖軍不識結贊，故結贊僅而獲免。十月，晟出師襲吐蕃摧沙堡，拔之，斬其堡使扈屈律悉蒙等，自是結贊數遣使乞和。十二月，晟朝京師，奏曰：「戎狄無信，不可許。」宰相韓滉又扶晟議，請調軍食以給晟，命將擊之。上方厭兵，疑將帥生事邀功。會滉卒，張延賞秉政，與晟有隙，屢於上前間晟，言不可久令典兵。延賞欲用劉玄佐、李抱眞，委以西北邊事，俾立功以壓晟，德宗竟納延賞之言，罷晟兵柄。三年三月，册拜晟爲太尉、中書令，奉朝請而已。其年閏五月，渾瑊與尚結贊同盟於平涼，果爲蕃兵所劫，瑊單馬僅免，將吏皆陷。六月，罷河東節度使馬燧爲司徒，盡中尙結贊之謀。

晟旣罷兵權，朝謁之外，罕所過從。有通王府長史丁瓊者，亦爲張延賞所排，心懷怨望，乃求見晟言事，且曰：「太尉功業至大，猶罷兵權，自古功高，無有保全者。國家倘有變故，瓊願備左右，狡兔三穴，盍早圖之。」晟怒曰：「爾安得不祥之言！」遽執瓊以聞。四年三月，詔爲晟立五廟，以晟高祖芝贈隴州刺史，曾祖嵩贈澤州刺史，祖思恭贈幽州大都督。廟成，官給牲牢、祭器、牀帳，禮官相儀以祔焉。

五年九月，晟與侍中馬燧見於延英殿，上嘉其勳力，詔曰：「昔我列祖，乘乾坤之盪滌，掃隋季之荒屯，體元御極，作人父母；則亦有熊羆之士，不二心之臣，左右經綸，參翊締構，昭文德，恢武功，威不若，康不乂，用端命于上帝，付畀四方。宇宙旣淸，日月旣貞，王業旣成，太階旣平；乃圖厥容，列于斯閣，懋昭績効，式表儀形，一以不忘于朝夕，一以永垂乎來裔，君臣之義，厚莫重焉。貞元己巳歲秋九月，我行西宮，瞻宏閣崇構，見老臣遺像，顒然肅然，和敬在色，想雲龍之叶應，感致業之艱難。覩往思今，取類非遠。且功與時並，才爲代生，苟蘊其才，遇其時，尊主庇人，何代不有？在中宗，則桓彥範等著其輔戴之績；在玄宗，則劉幽求等申翼奉之勳；在肅宗，則郭子儀掃殄氛祲；今則李晟等保寧朕躬。咸宜力肆勤，光復宗社。訂之前烈，夫豈多謝，闕而未錄，孰謂旌賢。況念功紀德，文祖所爲也，在予曷其敢怠！有司宜敍年代先後，各圖其像於舊臣之次，仍令皇太子書朕是命，紀于壁焉。庶播嘉庸，式昭于下，俾後來者尙揖清顏，知元勳之不朽。」復命皇太子書其文以賜晟，晟刻石於門左。

初，晟在鳳翔，謂賓介曰：「魏徵能直言極諫，致太宗於堯、舜之上，眞忠臣也，僕所慕之。」行軍司馬李叔度對曰：「此搢紳儒者之事，非勳德所宜。」晟斂容曰：「行軍失言。傳稱『邦有道，危言危行』。今休明之期，晟幸得備位將相，心有不可〔一〕，忍而不言，豈可謂有犯無隱，知無不爲者耶！是非在人主所擇耳。」叔度慙而退。故晟爲相，每當上所顧問，必極言匪躬，盡大臣之節。性沉默，未嘗泄於所親。臨下明察，每理軍，必曰某有勞，某能其事，雖廝養小善，必記姓名。尤惡下爲朋黨相構，好善嫉惡，出於天性。嘗有恩者，厚報之。初，譚元澄爲嵐州刺史，嘗有恩於晟，後坐貶於岳州；比晟貴，上疏理之，詔贈元澄寧州刺史。元澄三子，晟撫待勤至，皆爲成就宦學，人皆義之。理家以嚴稱，諸子姪非晨昏不得謁見，言不及公事，視王氏甥如己子。嘗正歲，崔氏女歸省，未及階，晟却之曰：「爾有家，況姑在堂，婦當奉酒醴供饋，以待賓客。」遂不視而遣還家，其達禮敦教如此。貞元九年八月薨，時年六十七。上震悼出涕，廢朝五日，令百官就第臨弔，命京兆尹李充監護喪事，官給葬具，賵賻加等。比大斂，上手書致意，送柩前，曰：

皇帝遣宮闈令第五守進致旨於故太尉、中書令、西平郡王、贈太師之靈曰：天祚我邦，是生才傑，稟陰陽之粹氣，實山岳之降靈。弘濟患難，保佑王室；掃盪氛祲，廓清上京。忠誠感於人神，功業施於社稷，匡時定亂，實賴元勳。洎領上台，克諧中外，訏謨帝道，叶贊皇猷。常竭嘉言，以匡不逮，情所親重，義無間然。方期與國同休，永爲邦翰。比嬰疾恙，雖歷旬時，日冀痊除，重期相見，弼予在位，終致和平。豈圖藥餌無徵，奄至薨逝，喪我賢哲，虧我股肱，天不憖遺，痛惜何極！嗚呼！大廈方構，旋失棟樑；巨川未濟，遂亡舟楫。君臣之義，追慟益深，循省遺章，倍增感切。卿一門胤嗣，朕必終始保持。況愿等弟兄，承卿敎訓，朕之志義，豈忘平生？縱卿不言，朕亦存信。比者卿在之日，却未見朕深心，今卿與朕長乖，方冀知朕誠志。無以爲念，發言涕零，是用躬述數行，貴寫所懷得盡。臨紙遣使，不能飾詞，魂而有知，當體朕意。

册贈太師，謚曰忠武。晟薨後，城鹽州，復鹽池，上賜宰臣新鹽，惻然思晟，乃令致鹽於靈座。又時遣中使至晟第存撫諸子，敎戒備至，聞愿等有一善，上喜形於色，眷遇終始，無與晟比。

元和四年，詔曰：「夫能定社稷，濟生人，存不朽之名，垂可久之業者，必報以殊常之寵，待以親比之恩，與國無窮，時惟茂典。故奉天定難功臣、太尉、兼中書令、上柱國、西平郡王、食實封一千五百戶，贈太師李晟，間代英賢，自天忠義，邁濟時之宏算，抱經武之長材，貫以至誠，協于一德，嘗遭屯難之際，實著戡定之功。鯨鯢既殲，宮廟斯復，眷茲勳伐，則既褒崇。永言天步之夷，載懷邦傑之力，思加崇於往烈，爰協比於後昆，睦以宗親，將予厚意。其家宜令編附屬籍。晟配饗德宗廟庭。」

晟十五子：侗、伷、偕，無祿早世；次愿、聽、總、憑、恕、憲、愬、懿、聽、惎、愻，聰、總官卑而卒，而愿、愬、聽最知名。

愿，幼謙謹寡過，晟立大勳，諸子猶無官，宰相奏陳，德宗即日召愿拜銀青光祿大夫、太子賓客、上柱國。舊制，勳至上柱國，賜門戟，即令賜愿，乃與父並列棨戟於門。九年，丁父憂。十二年，服闋，德宗召見愿等於延英，憫然久之曰：「朕在宮中，常念卿等，追懷勳德，何日忘之。又聞卿等居喪得禮，朕甚嘉之。」各賜衣一襲、絹三千匹。愿依前授太子賓客，兄弟同日拜官者九人。尋轉左衞大將軍。

元和元年八月，檢校禮部尚書，兼夏州刺史、夏綏銀宥等州節度使，威令簡肅，甚得綏懷之術。客有亡馬者，以狀告愿，愿以狀牓於路，懸金以購之。不三日，所亡馬繫之牓下，仍置書一緘曰：「馬逸及韋，不時告，罪當死，敢以良馬一匹贖罪，幷亡馬謹納於路。」愿付客亡馬而縱其良馬。境內嚴肅，多如此類。轉徐州刺史、武寧軍節度使。到鎮，以青、鄆不恭，奉命討伐，屠城下邑，捷奏屢聞。無何，有疾，以其弟愬代爲徐帥，入爲刑部尚書。疾愈，檢校尚書左僕射，兼鳳翔尹、鳳翔隴右節度使。然自是頗怠於爲理，無復素志，聲色之外，全不介懷。

長慶二年二月，檢校司空，兼汴州刺史、宣武軍節度使。先是，張弘靖爲汴帥，以厚賞安士心。及愿至，帑藏已竭，而愿恣其奢侈，門內數百口，仰給官司，不恤軍政，賞賚不及弘靖時，而以威刑馭下。又令妻弟竇緩將親兵，緩亦驕傲黷貨，以是羣情聚怨。是歲七月四日夜，牙將李臣則、薛志忠、秦鄰等三人宿直，突入竇緩帳中，斬緩首以徇。愿聞有變，與左右數人露髮而走，登子城北樓，懸絙而下，由水竇而出。比曉，行十數里，遇野人驅驢，奪而乘之，得至鄭州。愿妻竇氏死於亂兵之手，子三人匿而獲免，僕妾爲軍士所俘。城中大掠三日，乃立其牙將李齐爲留後，以邀旄鉞，月餘，方誅之。愿坐貶隨州刺史。朝廷念晟之勳，終不加罪，入爲左金吾衞大將軍。長慶四年六月，復檢校司空，兼河中尹，充河中晉絳慈隰節度使。河中之政，亦如岐、梁。加以愿結託權幸，厚行賂遺，賦入隨盡，軍府蕭然，賴遽疾終，不爾，蒲人必有更變。寶應元年六月卒〔三〕，贈司徒。

愬以父蔭起家，授太常寺協律郎，遷衞尉少卿。愬早喪所出，保養於晉國夫人王氏，及卒，晟以本非正室，令服緦，號哭不忍，晟感之，因許服縗。既練，丁父憂，愬與仲弟憲廬于墓側，德宗不許，詔令歸第。居一宿，徒跣復往，上知不可奪，遂許終制。服闋，授右庶子，轉少府監、左庶子。出爲坊、晉二州刺史。以理行殊異，加金紫光祿大夫。復爲庶子，累遷至太子詹事，宮苑閑廄使。

愬有籌略，善騎射。元和十一年，用兵討蔡州吳元濟。七月，唐鄧節度使高霞寓戰敗，又命袁滋爲帥，滋亦無功。愬抗表自陳，願於軍前自効。宰相李逢吉亦以愬才可用，遂檢校左散騎常侍，兼鄧州刺史、御史大夫，充隨唐鄧節度使。兵士摧敗之餘，氣勢傷沮，愬揣知其情，乃不肅軍陣，不齊部伍。或以不肅爲言，愬曰：「賊方安袁尙書之寬易，吾不欲使其改備。」乃紿告三軍曰：「天子知愬柔而忍恥，故令撫養爾輩。戰者，非吾事也。」軍衆信而樂之。愬又散其優樂，未嘗宴樂，士卒傷痍者，親自撫之。賊以嘗敗高、袁二帥，又以愬名位非所畏憚者，不甚增其備。

愬沉勇長算，推誠待士，故能用其卑弱之勢，出賊不意。居半歲，知人可用，乃謀襲蔡，表請濟師。詔河中、鄜坊騎兵二千人益之，由是完緝器械，陰計戎事。嘗獲賊將丁士良，召入與語，辭氣不撓，愬異之，因釋其縛，署爲捉生將。士良感之，乃曰：「賊將吳秀琳總衆數千，不可遽破者，用陳光洽之謀也。士良能擒光洽以降秀琳。」愬從之，果擒光洽。十二月，吳秀琳以文成柵兵三千降。愬乃徑徙之新興柵，遂以秀琳之衆攻吳房縣，收其外城。初，將攻吳房，軍吏曰：「往亡日，請避之。」愬曰：「賊以往亡謂吾不來，正可擊也。」及戰，勝捷而歸。賊以驍騎五百追愬，愬下馬據胡床，令衆悉力赴戰，射殺賊將孫忠憲，乃退。或勸愬遂拔吳房，愬曰：「取之則合勢而固其穴，不如留之以分其力。」

初，吳秀琳之降，愬單騎至柵下與之語，親釋其縛，署爲衙將。秀琳感恩，期於効報，謂愬曰：「若欲破賊，須得李祐，某無能爲也。」祐者，賊之騎將，有膽略，守興橋柵，常侮易官軍，去來不可備。愬召其將史用誠誡之曰：「今祐以衆穫麥於張柴，爾可以三百騎伏旁林中，又使搖旆於前，示將焚麥者。祐素易我軍，必輕而來逐，爾以輕騎搏之，必獲祐。」用誠等如其料，果擒祐而還。官軍常苦祐，皆請殺之，愬不聽，解縛而客禮之。愬乘間常召祐及李忠義，屏人而語，或至夜分。忠義，亦降將也，本名憲，愬致之。軍中多諫愬，愬益寵祐。始募敢死者三千人以爲突將，愬自教習之。愬將襲元濟，會雨水，自五月至七月不止，溝塍潰溢，不可出師。軍吏咸以不殺祐爲言，簡牘日至，且言得賊諜者具言其事。愬無以止之，乃持祐泣曰：「豈天意不欲平此賊，何爾一身見奪於衆口！」愬又慮諸軍先以謗聞，則不能全祐，乃械送京師，先表請釋，且言：「必殺祐，則無以成功者。」比祐至京，詔釋以還愬，乃署爲散兵馬使，令佩刀巡警，出入帳中，略無猜閒。又改爲六院兵馬使。舊軍令，有舍賊諜者屠其家，愬除其令，因使厚之，諜反以情告愬，愬益知賊中虛實。

陳許節度使李光顏勇冠諸軍，賊悉以精卒抗光顏。由是愬乘其無備，十月，將襲蔡州。其月七日，使判官鄭澥告師期於裴度。十日夜，以李祐率突將三千爲先鋒，李忠義副之，愬自帥中軍三千，田進誠以後軍三千殿而行。初出文成栅，衆請所向，愬曰：「東六十里止。」至賊境，曰張柴砦，盡殺其戍卒，令軍士少息，繕羈靮甲胄，發刃彀弓，復建旆而出。是日，陰晦雨雪，大風裂旗旆，馬慄而不能躍，士卒苦寒，抱戈僵仆者道路相望。其川澤梁逕險夷，張柴已東，師人未嘗蹈其境，皆謂投身不測。初至張柴，諸將請所止，愬曰：「入蔡州取吳元濟也。」諸將失色。監軍使哭而言曰：「果落李祐計中！」愬不聽，促令進軍，皆謂必不生還；然已從愬之令，無敢爲身計者。愬道分五百人斷洄曲路橋，其夜凍死者十二三。又分五百人斷朗山路。自張柴行七十里，比至懸瓠城，夜半，雪愈甚。近城有鵝鴨池，愬令驚擊之，以雜其聲。賊恃吳房、朗山之固，晏然無一人知者。李祐、李忠義坎墉而先登，敢銳者從之，盡殺守門卒而登其門，留擊柝者。黎明，雪亦止，愬入，止元濟外宅。蔡吏告元濟曰：「城已陷矣。」元濟曰：「是洄曲子弟歸求寒衣耳。」俄聞愬軍號令將士云：「常侍傳語。」乃曰：「何常侍得至於此？」遂驅率左右乘子城拒捍。田進誠以兵環而攻之。愬計元濟猶望董重質來救，乃令訪重質家安卹之，使其家人持書召重質。重質單騎而歸愬，白衣泥首，愬以客禮待之。田進誠焚子城南門，元濟城上請罪，進誠梯而下之，乃檻送京師。其申、光二州及諸鎮兵尚二萬餘人，相次來降。

自元濟就擒，愬不戮一人，其爲元濟執事帳下廚廄之間者，皆復其職，使之不疑。乃屯兵鞠場以待裴度。翌日，度至，愬具櫜鞬候度馬首。度將避之，愬曰：「此方不識上下等威之分久矣，請公因以示之。」度以宰相禮受愬迎謁，衆皆聳觀。明日，愬軍還於文成柵。十一月，詔以愬檢校尚書左僕射，兼襄州刺史、山南東道節度、襄鄧隨唐復郢均房等州觀察等使、上柱國，封涼國公，食邑三千戶，食實封五百戶，一子五品正員。

憲宗有意復隴右故地，元和十三年五月，授愬鳳翔隴右節度使，仍詔路由闕下。愬未發，屬李師道再叛，詔田弘正、義成、宣武等軍討之，乃移愬爲徐州刺史、武寧軍節度使，代其兄愿。兄弟交換岐、徐二鎮，旬日間再踐父兄之任。愬至徐方，理兵有方略。時蔡將董重質貶春州司戶，愬上表請恕重質賜之，堪於軍前驅使，卽詔徵還送武寧軍，愬乃署爲牙將。愬破賊金鄉，凡十一戰，擒賊將五十，俘斬萬計。

淄青平，將有事燕、趙。元和十五年九月，以愬檢校左僕射、同中書門下平章事、潞州大都督府長史、昭義節度使，仍賜興寧里第。十月，王承宗卒，魏博田弘正移任鎮州。愬至潞州，四月，遷魏州大都督府長史、魏博節度使。長慶元年，幽、鎮復亂，愬聞之，素服以令三軍曰：「魏人所以富庶而能通知聖化者，由田公故也。天子以其仁而愛人，使理鎮冀。且田公出於魏，撫師七年，一旦鎮人不道，敢茲殘害，以魏爲無人也。若父兄子弟食田公恩者，其何以報？」衆皆慟哭。又以玉帶、寶劍與牛元翼，遣使謂之曰：「吾先人常以此劍立大勳，吾又以此劍平蔡寇，今鎮人叛逆，公以此翦之。」元翼承命感激，乃以劍及帶令於軍中，報之曰：「願以衆從，竭其死力。」方有制置，會疾作，不能治軍，人違紀律，功遂無成。朝廷以田布代之，除太子少保，歸東都。是年十月，卒於洛陽，時年四十九。穆宗聞之震悼，賻加等，贈太尉。

始，晟克復京城，市不改肆；及愬平淮蔡，復踵其美。父子仍建大勳，雖昆仲皆領兵符，而功業不侔於愬，近代無以比倫。加以行己有常，儉不違禮，弟兄席父勳寵，率以僕馬第宅相矜，唯愬六遷大鎮，所處先人舊宅一院而已。晚歲忽於取士，辟請不得其人，至使吏緣爲奸，軍政不肅，物論稍減，惜哉！

聽七歲，以蔭授太常寺協律郎，常入公署，吏胥小之，不爲致敬，聽令鞭之見血，父晟奇之。後隨吐突承璀討王承宗，爲神策行營兵馬使。時昭義盧從史持兩端，無心討賊，承璀用聽計，擒從史以獻。轉左驍衞將軍、兼御史中丞。出爲安州刺史，隨鄂岳觀察使柳公綽討吳元濟，軍中動靜，悉用聽謀，軍聲遂振。元和中，討李師道，聽爲楚州刺史，統淮南之師。鄆人素易淮軍，聽潛訓練，出其不意，趨海州，據險要，破沭陽兵，降朐山戍，懷仁、東海兩城望風乞降，山東平。元和十四年五月，以功授檢校左散騎常侍、夏州刺史、夏綏銀宥節度使。十五年六月，改靈州大都督府長史、靈鹽節度使。境內有光祿渠，廢塞歲久，欲起屯田以代轉輸，聽復開決舊渠，溉田千餘頃，至今賴之。就加檢校工部尚書。

初，聽爲羽林將軍，有名馬，穆宗在東宮，令近侍諷聽獻之，聽以職總親軍，不敢從。及卽位之始，幽、冀不廷，太原與二鎭接境，方議易帥，宰臣進擬，上皆不允，謂宰臣曰：「李聽爲羽林將軍，不與朕馬，是必可任。」長慶二年二月，授檢校兵部尚書、太原尹、北京留守、河東節度使，代裴度。四年七月，轉滑州刺史、義成軍節度使。大和二年，討李同捷，時魏博行營將丌志沼潛結滄、鎭，擅迴戈攻其帥史憲誠。詔聽帥師援之，大破其叛卒，志沼奔鎭州，爲王庭湊所殺，聽遂凱旋，以功封涼國公，授一子五品官。王庭湊再違朝旨，詔聽以全師屯貝州。路由魏州，史憲誠懼聽見襲，束甲郊迎，候吏密白聽，乃令兵士匣刃櫜弓，休於野外，魏人遂安。後憲誠欲入覲，竭其府庫，魏人怨之，殺憲誠，而軍立其大將何進滔。詔聽兼領魏博節度使，將兵北渡，魏人不納聽，乘城拒守，乃屯兵館陶。魏兵遽襲，聽不爲備，其軍大敗，無復部伍，晝夜奔走，僅而獲免，喪師過半，輜車兵仗並皆委棄。御史中丞溫造、殿中侍御史崔蠡彈之曰：

臣聞賞罰不立，無以示天下；是非一貫，莫能建大中。竊見義成軍節度使李聽，昨者資其承藉，委以統戎，俾代憲誠，付之雄鎮。總二萬虎貔之旅，位極寵榮；兼兩藩節制之權，心無報効。況陛下授以神算，假以天威，入魏之期，刻日先定。而聽擁旄觀望，按甲遷延，熒惑人心，逗撓軍政。遂使憲誠陷於屠戮，亂衆肆其奸兇，失六郡於垂成，固危巢於已覆。委貝州而不守，燒劫無遺；望淺口而疾驅，狼狽就道。自圖苟免，不吝苞羞，蔑棄朝章，有同兒戲。魏州之亂，職聽之由，論其負恩，萬死猶幸。伏以封常清河南失律，斬於闕門；高霞寓唐鄧破傷，投諸遐裔；渾鎬節制易定〔三〕，將戰而兵力不支；袁滋逗留西川，欲進而兇渠尚在。或親當矢石，或躬歷艱危，勢屈賊鋒，竟申朝典，未曾貸法，必震皇威。今李聽罪狀夙聞，中外憤惋，比之常清等輩，萬萬過之。若陛下猶示含弘，不寘極法，臣等恐憲章墜地，天下寒心。伏請付法。

上不之罪，罷兵柄，爲太子少師。

聽頗賂遺權幸以爲援，居無何，復檢校司徒，起爲邠寧節度使。邠州衙廳，相傳不利葺修，以至隳壞，聽曰：「帥臣鑿凶門而出，豈有拘于巫祝而隳公署耶！」遂命葺之，卒無變異。

大和六年，轉武寧軍節度使。時聽有蒼頭爲徐州將，不欲聽至，聽先使親吏慰勞徐人，爲蒼頭所殺。聽不敢進，固以疾辭，用爲太子太保。七年，出守鳳翔，時人榮之。九年，改陳許節度，未至鎮，復除太子太保分司。開成元年，出爲河中尹、河中晉慈隰節度使。四年，以疾求代，除太子太保。是歲十月卒，時年六十一，贈司徒。

聽十領節旄，所不至者三鎮。莅官苛細，好將迎遺路，故急於聚斂，窮極侈欲。位至一品，竟終牖下，非西平之遺德，焉能及此乎！

憲，晟第五子。晟十子，憲、愬最仁孝。及長，好儒術，以禮法修整，起家太原府參軍、醴泉縣尉。于頔鎮襄陽，辟爲從事。時吳少誠據淮西，獨憚頔之威，當時咸以憲謀畫致之。元和八年，田弘正以魏博奉朝旨，辟憲爲從事，授衞州刺史，遷絳州，所至以理行稱。入爲宗正少卿，遷光祿卿。穆宗卽位，以太和公主降迴鶻，命金吾大將軍胡証充送公主使，命憲副之。使還，獻入蕃道里記，遷檢校左散騎常侍，兼太府卿。出爲洪州刺史、江西觀察使。大和二年，轉嶺南節度使。憲雖勳伐之家，然累歷事任，皆以吏能擢用，所履官秩，政績流聞。性本明恕，尤精律學，屢詳決冤獄，活無罪者數百人。以能入官，官無敗事，士君子多之。大和三年八月卒，時年五十六。

憑累歷諸衞大將軍，恕太子洗馬，並以蔭授官，累遷至少卿監。惎累官至右龍武大將軍，沉湎酒色，恣爲豪侈，積債至數千萬。其子貸迴鶻錢一萬餘貫不償，爲迴鶻所訴，文宗怒，貶惎爲定州司法參軍。

王佖，晟之甥。雄武善騎射，自晟河西、河北出師，佖無役不從。朱泚之亂，晟攻賊於光泰門，賊鋒尙勁，佖與兵馬使李演踰苑牆血戰，敗賊前鋒，諸軍方振，論功爲神策將。吐蕃之寇涇原，佖伏卒擊尙結贊，幾獲，由是深爲吐蕃所畏。晟視佖恩寵與愿、愬不殊，給與過之。晟旣爲張延賞媒孽罷兵權，亦不用佖爲將帥，入爲左衞上將軍。元和中，愿、愬兄弟在方鎭，佖檢校工部尙書、靈州大都督府長史、朔方靈鹽節度使。先是，吐蕃欲成烏蘭橋於河壖，先貯材木，朔方節度使每遣人潛載之，委於河流，終莫能成。至是，蕃人知佖貪而無謀，先厚遺之，然後併役成橋，仍築月城圍守之。自是朔方禦寇不暇，邊上至今爲恨。長慶三年四月卒。

史臣曰：西平器偉材雄，人望而畏，出身事主，落落有將帥之風，見義能勇，聽受不疑，忠於事君，長於應變，誠一代之賢將也。觀恆山之役，立談釋二帥之憾；涇師之亂，號哭赴奉天之危，可不爲忠義乎！對白華之進軍，知平涼之必詐，沮星變之議，移渭橋之軍，可不爲應變乎！解帶結孝忠之心，請婚釋延賞之怨，嫉惡有楚琳之請，懲亂行希鑒之誅，可不爲明於決斷乎！而德宗皇帝聽斷不明，無人君之量，俾功臣困讒慝之口，奸人秉衡石之權，汀瓊之言，誠堪太息。雖齦齦刻渭橋之石，區區賜煙閣之銘，亦何心哉！作善遺慶，諸子俱才，元和平賊之功，聽、愬居其半。父子昆弟，皆以功名始終，道家所忌之談，李氏以善勝矣。

贊曰：桓桓太師，義勇天資。運鍾禍亂，力拯顚危。愬事章武，誅蔡平齊。凌煙畫圖，父子爲宜。

校勘記

〔一〕心有不可　「心」字各本原作「必」，據御覽卷二〇五、冊府卷三七四改。

〔二〕寶應　「寶應」爲代宗年號，李愿卒於穆宗長慶之後，當爲「寶曆」之誤。合鈔卷一八四李愿傳作「寶曆」。

〔三〕渾鎬　各本原作「渾縞」，據本書卷一三四渾鎬傳改。

舊唐書卷一百三十四

列傳第八十四

馬燧 子暢 燧兄炫　渾瑊 子鎬 鐵

馬燧字洵美，汝州郟城人，其先自右扶風徙焉。祖珉，官至左玉鈐衞倉曹。父季龍，嘗舉明孫吳，倜儻善兵法，官至嵐州刺史、幽州經略軍使。燧少時，嘗與諸兄讀書，乃輟卷歎曰：「天下將有事矣，丈夫當建功於代，以濟四海，安能矻矻爲一儒哉！」燧姿度魁異，長六尺二寸，沉勇多智略，該涉羣書，尤善兵法。

安祿山反，俾光祿卿賈循守范陽。燧說循曰：「祿山負恩首亂，雖陷洛城，必當夷滅。公盍建不代之功，誅其逆將向潤客、牛廷玠，拔其根柢，祿山西不能入關，則坐而受擒，天下可定也。」循雖善之，計不時決，事洩，祿山果遣韓朝陽來召循。朝陽至范陽，與循語，陰伏壯士以弓弦縊殺之。燧脫身走西山，隱者徐遇匿之。踰月，間行歸平原。平原不守，復走魏郡。

寶應中，澤潞節度使李抱玉署奏趙城尉。是時迴紇大軍還國，恃復東都之功，倨強恣睢，所過或虜掠廩粟，供饋小不如意，恣行殺害。抱玉具供辦，賓介皆憚不敢行，燧自贊請主鄆驛。比迴紇至，則先賂其渠帥，與明要約，迴紇乃授燧旗幟爲識，犯令者命燧戮之。燧取死囚給左右廝役，小違令，輒殺之。迴紇相顧失色，虜涉其境，無敢暴掠。抱玉益奇之。燧因說抱玉曰：「屬者與迴紇言，燧得其情。今僕固懷恩恃功樹黨，李懷仙、張忠志、薛嵩、田承嗣分授疆土，皆出於懷恩，其子瑒佻勇不義。以燧度之，將必窺太原西山以爲亂，公宜深備之。」無何，懷恩果與太原都將李竭誠通謀，將取太原，其帥辛雲京覺之，斬竭誠，固城自守，懷恩遣其子瑒率兵圍之。初，迴紇北歸，遣其將安恪、石常庭將兵數百及誘募附麗者復數千人以守河陽，東都所虜掠重貨，悉積河陽。是時，懷恩遣薛嵩自相、衞餽糧以絕河津。抱玉令燧詣薛嵩說之，嵩乃絕懷恩從順。署奏左武衞兵曹。

歷太子通事舍人，遷著作郎、營田判官。無幾，遷秘書少監，兼殿中侍御史，爲節度判官、承務郎，遷鄭州刺史。燧乃勸課農畝，總其戶籍，歲一稅之，州人以爲便。大曆四年，改懷州刺史。乘亂兵之後，其夏大旱，人失耕稼；燧乃務修教化，將吏有父母者，燧輒造之施敬，收葬暴骨，去其煩苛。至秋，界中生穭穀，人頗賴之。

抱玉移鎭鳳翔，以汧陽被邊，署奏隴州刺史、兼御史中丞。州西有通道，廣二百餘步，上連峻山，山與吐蕃相直，虜每入寇，皆出於此。燧乃按行險易，立石種樹以塞之，下置二門，設籬櫓，八日而功畢。會抱玉入覲，與燧俱行。久之，代宗知其能，召見，拜商州刺史、兼御史中丞、防禦水陸運使。

大曆十年，河陽三城兵亂，逐鎭將常休明，以燧檢校左散騎常侍、御史大夫、河陽三城使。十一年五月，汴州大將李靈耀反，因據州城，絕運路，以邀節制。代宗務姑息人，因授靈耀汴、宋等八州節度留後。靈耀不受命，乃潛結魏博；田承嗣乃遣兄子悅將兵援靈耀，破永平軍將劉洽。詔燧與淮西節度使李忠臣合軍討靈耀。忠臣懼賊，焚廬舍西走。燧勸其還兵，請爲前鋒，擊破田悅，進逼汴州。忠臣行汴南，燧引軍行汴北，又敗靈耀將張湑於西梁固。靈耀選銳兵八千，號爲「餓狼軍」；燧獨引軍擊破之，進至浚儀。是時，河陽兵冠諸軍。承嗣又遣悅將兵二萬救靈耀，破永平軍將杜如江，略曹州，又敗李正己遊軍，擊走劉洽、長孫全緒等軍，乘勝去汴州一舍，方陣而進。忠臣會宋州、淮南、浙西兵，與戰不利，請救於燧，燧引四千人爲奇兵擊破之，田悅西馬遁去。靈耀知悅敗，明日以百騎夜走，汴州悉降，燧讓功於忠臣。忠臣素暴戾，燧不欲入汴城，乃引軍退舍於板橋。忠臣入城，果專其功，因會擊殺宋州刺史李僧惠。燧還河陽。

大曆十四年六月，檢校工部尚書、太原尹、北都留守、河東節度留後，尋爲節度使。太原承前政飽防百井敗軍之後，兵甲寡弱，燧乃悉召將吏牧馬廝役，得數千人，悉補騎卒，教之數月，爲精騎。造甲者必令長短三等，稱其所衣，以便進趨。又造戰車，蒙以狻猊象，列戟於後，行則載兵甲，止則爲營陣，或塞險以遏奔衝，器械無不犀利。居一年，陳兵三萬，開廣場以習戰陣，教其進退坐作之勢。

建中二年六月，朝於京師，加檢校兵部尚書，令還太原。初，田悅新代承嗣統兵，恐人不附己，詐効誠款，燧上疏明其必反，宜先備之。其年，悅果與淄青、恆冀通謀，自將兵三萬圍邢州，次臨洺，築重城，絕其內外，以拒救兵。邢州將李洪、臨洺將張伾，皆堅守不拔。昭義軍告急，乃詔燧將步騎二萬與昭義節度使李抱眞、神策行營兵馬使李晟合軍救臨洺。燧軍出嵊口，兵未過險，乃遣持書喩悅，且示之好，悅謂燧畏之。十一月，師次邯鄲，悅遣使至，燧皆斬之以徇；遣兵擊破其支軍，射殺其將成炫之。悅自攻臨洺，遣大將楊朝光將兵萬人，於臨洺南雙岡東西列二栅以禦燧。燧乃率李抱眞、李晟進軍，營於二栅之中。其夜，東栅走歸悅。明日，燧進軍營明山，取其棄栅以置輜重。悅謂將吏曰：「朝光堅栅不下萬人，假令燧等盡銳攻之，比數日，計不能下，殺傷必甚。吾此必拔臨洺，賞勞軍士而與之戰，必勝之術也。」悅乃分恆州李惟岳救兵五千以助朝光，燧率軍攻朝光，田悅將萬餘人救之。

燧乃令大將李自良、李奉國將騎兵合神策軍於雙岡禦之，令曰：「令悅得過，當斬爾！」自良等擊却悅。燧乃令推火車以焚其柵，斬朝光及大將盧子昌，斬首五千餘級，生虜八百餘人。居五日，進軍至臨洺，田悅悉軍復戰。燧自將銳兵扼其衝口，凡百餘合，士皆決死，悅兵大敗，斬首萬餘級，生虜九百人，得穀三十萬斛，器甲稱是。悅收敗兵夜遁，邢州圍亦解。以功加右僕射。先戰，燧誓軍中，戰勝請以家財行賞，既勝，盡出其私財以頒將士。德宗嘉之，詔度支出錢五萬貫行賞，還燧家財。尋加魏博招討使。

三年正月，田悅求救於淄青、恆冀，李納遣大將衛俊將兵萬人救悅，李惟岳亦遣兵三千赴援。悅收合散卒二萬餘人，壁于洹水，淄青軍其東，恆冀軍其西，首尾相應。燧率諸軍進屯於鄴，奏請益河陽兵，詔河陽節度使李芃將兵會之。軍次于漳，悅遣將王光進以兵守長橋，築月城以爲固，軍不得渡。燧乃於下流以車數百乘，維以鐵鎖，鎖絕中流，實以土囊以遏水，水稍淺，諸軍畢渡。是時軍糧少，悅深壁不戰，欲老燧軍。燧令諸軍持十日糧，進次倉口，與悅夾洹水而軍。抱眞與李芃問曰：「糧少而深入，何也？」燧曰：「糧少利速戰，兵法善於致人，不致於人。今田悅與淄青、恆三軍爲首尾，計欲不戰，以老我師；若分軍擊其左右，兵少未可必破，悅且來救，是前後受敵也。兵法所謂攻其必救，彼固當戰也，燧爲諸軍合而破之。」燧乃造三橋道逾洹水，日挑戰，悅不敢出。恆州兵以軍少，懼爲燧所幷，引軍合於悅。悅謂燧明日復挑戰，乃伏兵萬人，欲邀燧。燧乃令諸軍半夜皆食，先雞鳴時擊鼓吹角，潛師傍洹水徑趨魏州，令曰：「聞賊至，則止爲陣。」又令百騎吹鼓角，皆留於後，仍抱薪持火，待軍畢發，止鼓角匿其旁，伺悅軍畢渡，焚其橋。軍行十數里，悅乃率淄青、恆州步騎四萬餘人踰橋掩其後，乘風縱火，鼓譟而進。燧乃坐，申令無動，命前除草斬榛棘廣百步以爲陣；燧出陣，募勇力得五千餘人，分爲前列，以俟賊至。比悅軍至，則火止氣乏，力少衰，乃縱兵擊之，悅軍大敗。時神策、昭義、河陽軍小却，河東軍既勝，諸軍還鬭，合擊又大破之。追洹水，悅軍走橋，橋已焚矣。悅軍亂，赴水，斬首二萬餘級，殺大將孫晉卿、安墨啜，生獲三千餘人，溺死者不可勝紀。淄青軍殆盡，死者相枕藉三十餘里。

悅收敗卒千餘人走魏州，至門，州將李長春閉門不納。久之，追兵不至，比明，乃納悅。悅既入，殺長春，嬰城自守。數日，李再春以博州降，悅兄昂以洺州降，王光進以長橋降。悅遣符璘、李瑤將五百騎送淄青兵還鎮，璘、瑤因來降燧。魏州先引御河入城南流〔二〕，燧令塞其領口，河流絕，城中益恐。悅乃遣許士則、侯臧徒步間行說朱滔、王武俊，借兵求救。時王武俊已殺李惟岳，傳首京師，授武俊恆冀觀察都防禦使；時武俊同列張孝忠已爲易定節度使，武俊獨爲防禦使，又割趙、深二州爲一鎮，以康日知爲觀察使，甚爲怨望，且素輕孝忠，恥名在下。時朱滔討李惟岳，拔深州，求隸幽州不得，亦怨望。由是滔、武俊同謀救悅。

悅恃燕、趙之援，又出兵二萬背城而陣，燧復與諸軍擊破之。五月，加燧同中書門下平章事。

六月，朱滔、王武俊聯兵五萬來救悅，至于城下。諸帥議退兵，燧固不可，德宗遣朔方節度使李懷光將朔方軍步騎萬五千人赴燧。是月晦，懷光亦至。懷光勇而無謀，軍至之日，未休息，堅請與滔等戰，王師不利。悅等決水灌燧等軍，燧兵屈糧少，七月〔三〕，燧與諸軍退次魏縣。是月，詔加燧魏州大都督府長史，兼魏博貝四州節度、觀察、招討等使。田悅、朱滔、王武俊軍亦至魏縣，與官軍隔河對壘。十一月，三盜於魏縣軍中遞相推獎王號：朱滔稱冀王，田悅稱魏王，王武俊稱趙王；又遣使於李納，納稱齊王。四道共推淮西李希烈爲天下兵馬元帥、太尉、建興王，皆僞署官號，如國初行臺之制，而名目頗有妖僻者，然未敢僞稱年號。而五盜合從圖傾社稷，兩河鼎沸，寇盜橫行；燧等雖志在勤王，竟莫能驅攘患難。

四年十月，涇師犯闕，帝幸奉天，燧引軍還太原。議者云：「燧若乘田悅洹水之敗，併力攻之，時城中敗卒無三二千人，皆夷傷未起，日夕俟降；燧與抱眞不和，遷延於擊賊，乃致三盜連結，至今爲梗，職燧之由。」燧至太原，遣行軍司馬王權將兵五千赴奉天，又遣男彙及大將之子與俱來，壁於中渭橋。及帝幸梁州，權、彙領兵還鎮。燧以晉陽王業所起，度都城東面平易受敵，時天下騷動，北邊數有警急，乃引晉水架汾而注城之東，瀦以爲池，寇至計省守陴者萬人；又決汾水環城，多爲池沼，樹柳以固隄。尋兼保寧軍節度使。

興元元年正月，加檢校司徒，封北平郡王。七月，德宗還京，加燧奉誠軍及晉絳慈隰節度并管內諸軍行營副元帥，令與侍中渾瑊、鎮國軍節度使駱元光同討河中。初，李懷光據河中，燧遣使招諭之，懷光妹壻要廷珍守晉州，衙將毛朝敭守隰州，鄭抗守慈州，皆相次降燧。初，王武俊自魏縣還鎮，雖去僞號，而攻圍趙州不解，康日知窘蹙，欲棄趙州，燧奏曰：「可詔武俊與抱眞同擊朱滔，以深、趙隸武俊，請改日知爲晉慈隰節度使。」日知未至而三州降燧，故又加燧晉慈隰節度使。燧乃表讓三州於日知，且言因降而授之，恐後有功者踵以爲常。上嘉而許之。燧乃遣使迎日知，既至，籍府庫而歸之，日知喜且過望。

九月十五日，燧帥步騎三萬次于絳，分兵收夏縣，略稷山，攻龍門，降其將馮萬興、任象玉。燧以兵攻絳州，十月，拔其外城，其夜僞刺史王克同與大將達奚小進棄城走，降其衆四千人。又遣大將李自良、谷秀分兵略定聞喜、夏縣、萬泉、虞鄉、永樂、猗氏六縣，降其將辛兟及兵五千人。谷秀以犯令虜士女，斬之以徇。

貞元元年，軍次寶鼎，敗賊騎兵於陶城，前鋒將李黯追擊之，射殺賊將徐伯文，斬首萬餘級，獲馬五百匹。是歲，天下蝗旱，物價騰踊，軍乏糧餉，而京師言事多請捨懷光，上意未決。燧以懷光逆節尤甚，河中密邇京邑，反覆不可保信，捨之無以示天下，慮上爲左右所惑，且兵事尙密。六月，燧乃捨軍以數百騎朝于京師。比召見，燧曰：「臣雖不武，得芻糧支一月，足以平河中。」上許之。

七月，燧因朝京師，乃與渾瑊、駱元光、韓遊瓌合軍，次于長春宮。懷光將徐廷光以兵六千守宮城，禦備甚嚴。燧度長春不下，則懷光自固，攻之曠日持久，所傷必甚，乃挺身至城下呼廷光。廷光素憚燧威名，則拜於城上。燧度廷光心已屈，乃徐謂之曰：「我來自朝廷，可西面受命。」廷光復拜。燧乃喻之曰：「公等皆朔方將士，祿山以來，首建大勳，四十餘年，功伐最高，奈何棄祖父之勳力，背君上，爲族滅之計耶！從吾，非止免禍，富貴可圖也。」賊徒皆不對。燧又曰：「爾以吾言不誠，今相去不遠數步，爾當射我！」乃披襟示之。廷光感泣俯伏，軍士亦泣下。先一日，賊焦籬堡守將尉珪以兵二千因堡降燧；廷光東道既絕，乃率衆出降。燧以數騎徑入城，處之不疑，莫不畏服，衆大呼曰：「吾輩復得爲王人矣！」渾瑊由是服燧，私謂參佐曰：「予嘗謂馬公用兵與予不相遠，但驚怪累敗田悅；今觀其行兵料敵，吾不逮遠矣！」八月，燧移軍於焦籬堡。其夜，賊太原堡守將吳冏棄堡而遁，其下皆降。燧率諸軍濟河，兵凡八萬，陣於城下。是日，賊將牛名俊斬懷光首以城降。其守兵猶一萬六千人，斬賊將閻晏、孟寶、張清、吳冏等七人以徇，爲懷光脅虜者皆捨之。

燧自朝京師還行營，凡二十七日而河中平。詔書褒美，遷光祿大夫，兼侍中，仍與一子五品正員官。宴賜畢，還太原。是行也，德宗賜燧宸扆、台衡二銘。序曰：

朕每覽上古之書，及唐、虞之際，君臣相得，聖賢同時，日夕孜孜，講論至道，或陳其鑒誡，或諷以詠歌，煥乎典謨，百代是式，有以見啓沃之道，理化之端，意甚慕之，而未能迨也。頃靈鹽節度使杜希全著書上獻，多所規諫，聊爲君臣箴，用答其意。河東等道副元帥、司徒燧固請勒石，貽厥後人。朕以文既非工，義又非備，垂諸來裔，良所恧焉。起予者商，因之有作，庶乎朝夕自儆，且俾後代知我文武殿邦之臣歟。

宸扆銘曰：

天生蒸人，性命元淳〔三〕，嗜欲交馳，利害糾紛。無主乃亂，樹之以君，九域茫茫，萬情云云。目不備覩，耳難徧聞，覩之聞之，矧又非眞。事失其源，道遠莫親，理得其要，化行如神。失源維何，不自正身，正身之方，先誠其意。罔從爾欲，罔載爾僞，體道崇德，本仁率義。必信若寒暑，無私象天地，感而遂通，百慮一致。任人之術，各當其器，捨短從長，理無求備。事多總集，衆才咸遂，知而必任，任而勿貳。以天下之目爲鑒，我鑒斯明；以天下之心爲謀，我謀則智。求賢惟廣，辯理惟精，逆耳咈心，必嘉乃誠。順旨苟容，亦察其情，斥去姦諛，全度忠貞。先人立言，爲代作程，謣謣者昌，唯唯者傾，繫以興亡，曷云其輕。承天子人，夫豈不貴，伊昔哲王，夙夜祗畏。馭朽爲戒，納隍爲志，神將害盈，天匪假易。四海爲家，夫豈不富，伊昔哲王，勤儉固陋。土階罔飾，露臺罷構，遠奇伎淫巧，放珍禽怪獸。敬之愼之，天命可祜。欲令必行，順人之情，欲誠必著，淸己之慮，心無億詐，事必忠恕。凡將有爲，靡不三思，喜怒以節，動靜以時。毫釐或差，禍害亦隨，慢易厥初，悔其曷追。刑不可長，武不可恃，作威逞力，厲階斯起。垂旒蔽聰，黈纊塞耳，含弘光大，是亦爲美。覆之如天，愛之如子，仁心感人，率土自理。嗟予寡昧，嗣守丕圖，寇戎薦興，德化未孚。大業兢兢，其敢以渝，俯察物情，仰稽典謨，作誡斯言，置于坐隅。

台衡銘曰：

天列台星，垂象于人，聖人則天，亦建輔臣。以翼以弼，爲衡爲鈞，如耳目應心，如股肱運身，是則同體，孰云非親。陰陽相推，四序成歲，君臣相得，萬邦作乂。感同風雲，合若符契，以道匡救，盡規獻替，木必從繩，金其用礪。帝者之盛，時惟陶唐，乃聞疇咨，仄陋明敭。洎乎有虞，二八騰芳。爰迨伊尹，相于成湯。載生姜牙，諒彼武王。道無不行，謀無不臧，君聖臣賢，運泰時康。漢高旣興，蕭、曹亦彰。烈烈我祖，膺期而昌，剗滅羣兇，砥平四方。惟衞及英，啓闢封疆；曰房與杜，振理維綱；亦有魏徵，忠謇昂昂。偉茲衆材，爲棟爲梁，蕩蕩巍巍，邦家有光。是知道之廢興，繫于時主，主之得失，資于台輔。經之以文，緯之以武，出爲方、召〔四〕，入作申、甫，紹維載張，闕袞斯補。惟德是倚，惟才是求，人不易知，德亦難周。傅說板築，夷吾射鉤，任之不疑，千載垂休，體於至公，何鄙何讎。追惟哲主，必賴良弼，矧予不德，暗於理術。師旅繁起，政刑多失，遘茲艱屯，夙夜祗慄。翊我戴我，實惟勳賢，內熙庶績，外總十連，威武載揚，謀猷日宣。長城壓境，巨艦濟川，同德同心，扶危持顛。予嘉爾誠，爾相予理，惟后失道，亦臣之恥。自昔格言，慎終如始，功藏鼎彝，道冠圖史。無俾伊、傅，克專厥美，作鑿勒銘，永世是紀。

燧至太原，乃勒二銘於起義堂西偏，帝爲題額，其崇寵如此。

二年冬，吐蕃大將尚結贊陷鹽、夏二州，各留兵守之，結贊大軍屯於鳴沙，自冬及春，羊馬多死，糧餉不繼。德宗以燧爲綏銀麟勝招討使，令與華帥駱元光、邠帥韓遊瓌及鳳翔諸鎮之師會於河西進討。燧出師，次石州。結贊聞之懼，遣使請和，仍約盟會，上皆不許。又遣其大將論頰熱厚禮卑辭申情於燧請和，燧頻表論奏，上堅不許。三年正月，燧軍還太原。四月，燧與論頰熱俱入朝，燧盛言蕃情可保，請許其盟，上然之。燧既入朝，結贊遽自鳴沙還蕃。是歲閏五月十五日，侍中渾瑊與蕃相尚結贊盟于平涼，爲蕃軍所劫，狼狽僅免，陷將吏六十餘員，由燧之謬謀也，坐是奪兵權。六月，以燧守司徒，兼侍中、北平王如故，仍賜妓樂，奉朝請而已。

五年九月，燧與太尉李晟召見于延英殿，上嘉其有大勳力，皆圖形凌煙閣，列於元臣之次。九年七月，燧對於延英。初，上以燧足疾，不令朝謁；是日，燧以冬首入朝，敕許不拜而坐。時太尉晟初薨，帝謂燧曰：「常時卿與太尉晟同來，今獨見卿，不覺悲慟。」上歔欷久之。燧既退，足疾，仆於地，上親掖起之，送及於陛，燧頓首泣謝。累上表乞骸，陳讓侍中，優詔不許。貞元十一年八月薨，時年七十。先是，司天頻奏熒惑太白犯太微上將，間一月而燧薨。廢朝四日，詔京兆尹韓皐監護喪事，嗣吳王獻爲弔祭贈賵使，册贈太尉，謚曰莊武。子彙、暢。

暢以父蔭累遷至鴻臚少卿，留京師。建中三年，燧討田悅於山東，時歲旱，京師括率商戶，人心甚搖。鳳翔留鎮幽州兵，多離散入南山爲盜。殿中丞李雲端與其黨袁封、單超俊、李誠信、冀信等與暢善，因飲食聚會，言時事將危；暢乃遣家人温靖與父書，具陳利害，可班師還鎮。燧怒，執靖具奏其狀，令兄炫執暢請罪。德宗以燧方討賊，不竟其事，誅雲端等十一人，敕炫就第杖暢三十，上於是罷括率之令。燧貲貨甲天下，燧既卒，暢承舊業，屢爲豪幸邀取。貞元末，中尉楊志廉〔五〕諷暢令獻田園第宅，順宗復賜暢。初爲彙妻所訴，析其產，中貴又逼取，仍指使施於佛寺，暢不敢吝；晚年財產並盡，身歿之後，諸子無室可居，以至凍餒。今奉誠園亭館，即暢舊第也。暢終少府監，贈工部尚書。

子繼祖，以祖蔭，四歲爲太子舍人，累遷至殿中少監，年三十七卒。

炫字弱翁，燧之仲兄，少以儒學聞於時，隱居蘇門山，不應辟召。至德中，李光弼鎭太原，辟爲掌書記、試大理評事、監察御史，歷侍御史。常參謀議，光弼甚重之，奏授比部、刑部郎中。田神功鎭汴州，奏授節度判官、檢校兵部郎中。轉連州刺史，徵拜吏部郎中，又出爲閬州刺史，入爲大理少卿。建中初，爲潤州刺史，黜陟使柳載以淸白聞，徵拜太子右庶子，遷左散騎常侍。弟燧爲司徒，以親比拜刑部侍郎，以疾辭，改兵部尚書致仕。貞元七年卒，時年七十九。

史臣曰：燧雄勇強力，常先計後戰，又善誓師，將戰，親自號令，士無不慷慨感動，戰皆決死，未嘗折北，謀得兵勝，冠於一時。然力能擒田悅而不取，納蕃帥之僞款而保其必盟；平涼之會，大臣幾陷，關畿搖動，此謂才有餘而心不至，議者惜而恨之。

渾瑊，皋蘭州人也，本鐵勒九姓部落之渾部也。高祖大俟利發渾阿貪支，貞觀中爲皋蘭州刺史。曾祖元慶、祖大壽、父釋之，皆代爲皋蘭都督。大壽，開元初歷左領衞中郎將、太子僕同正。釋之，少有武藝，從朔方軍，積戰功於邊上，累遷至開府儀同三司、試太常卿、寧朔郡王。廣德中，與吐蕃戰，沒於靈武，年四十九。

瑊本名曰進，年十餘歲即善騎射，隨父戰伐，破賀魯部，下石堡城，收龍駒島，勇冠諸軍，累授折衝果毅。後節度使安思順遣瑊提偏師深入葛祿部，經狐媚磧，略特羅斯山，大破阿布思部；又與諸軍城永清栅、天安軍，遷中郎將。

安祿山構逆，瑊從李光弼出師河北，定諸郡邑。賊將有李立節者，素稱驍勇，與瑊格鬬，臨陣斬之，遷右驍衞將軍。既而肅宗即位於靈武，瑊統兵赴行在，至天德，遇蕃軍入寇，瑊擊敗之。從郭子儀收兩京，討安慶緒，破賊於新鄉。改檢校太僕卿，充武鋒軍使。又從僕固懷恩討史朝義，前後數十戰。朝義平，加開府儀同三司、太常卿，賜實封二百戶。

及懷恩謀亂，令子瑒與瑊率軍圍榆次，朔方將殺瑒，瑊率所部歸郭子儀。會瑊父釋之戰死，又起復本官，爲朔方行營左廂兵馬使。從子儀討吐蕃於邠州，以功加御史中丞。軍還，盛秋於邠。會吐蕃大入寇，至奉天，瑊拒戰於漠谷，大破蕃軍，以功加太子賓客，復屯於奉天。華州周智光反，子儀奉詔討之，令瑊領馬步萬人攻下同州。智光平，詔以邠、寧、慶三州隸朔方軍，子儀領之；子儀令瑊先率兵至邠州，便於宜祿縣防秋。歲餘，加兼御史大夫。

大曆七年，吐蕃大寇邊，瑊與涇原節度使馬璘會兵，大破蕃賊於黃菩原。自是，每年常戍於長武城，臨盛秋。十一年，領邠州刺史。其年，吐蕃入寇慶州方渠、懷安等鎮，瑊擊却之。十二年，子儀入朝，令瑊知邠寧慶三州兵馬留後。十三年，迴紇侵太原，破鮑防軍，北歸，頗爲邊患。以瑊爲石嶺關已南諸軍都知兵馬使，率兵掎角逐之，虜騎引退。其年八月，加檢校工部尚書、單于副都護、振武軍使。十四年，郭子儀拜太尉，號尚父，分所管內別置三節度，以瑊兼單于大都護，充振武軍、東受降城、鎮北大都護府、綏銀麟勝等軍州節度副大使知節度使事、管內支度營田等使。其年，復以崔寧爲朔方節度使，領子儀舊管，徵瑊爲左金吾衞大將軍，兼左街使。

建中四年，李希烈遣間諜詐爲瑊書與希烈交通，瑊奏其狀，上特保證之，仍賜瑊馬一匹幷鞍轡，錦綵二百匹。時以普王爲荊襄等道兵馬元帥討李希烈，大開府幕，以瑊檢校戶部尚書、御史大夫，充中軍都虞候。會涇師亂，德宗幸奉天，後三日，瑊率家人子弟自京城至，乃署爲行在都虞候、檢校兵部尚書、京畿渭北節度觀察使。居數日，邠寧節度使韓遊瓌與慶州刺史論惟明統兵三千，自乾陵北過，赴醴泉以拒朱泚。會諜報泚已出兵，帝遽令追遊瓌兵，纔至奉天，賊軍果至。遊瓌等戰于城東，王師不利，遂乘勝奔突，將入，官軍與賊隔門相持，自卯至午，殺傷頗甚。門內有草車數乘，瑊令推車塞門，焚之以外禦，乘火力戰，賊方解去，然重圍已合。賊大修攻具，以僧法堅爲匠師，毁佛寺房宇以爲梯櫓。是月，賊自丁未至辛未，四面攻城，晝夜矢石不絕，瑊隨機應敵，僅能自固。

十一月，靈武節度使杜希全、鹽州刺史戴休顏、夏州刺史時常春合兵六千人赴難〔六〕。將至，上議其所向，宰相盧杞、白志貞以漠谷路爲便。瑊曰：「漠谷險隘，必爲賊所邀，不若取乾陵北過，附柏城而行，便取城東北雞子堆下營，與城中掎角相應，且分賊勢，朱泚必不更於陵寢往來。」杞曰：「漠谷路近，若慮逆賊邀擊，即出兵應接，若取乾陵路，恐驚陵寢。」瑊曰：「今朱泚圍城，斬伐柏城，以夜繼晝，驚動已多。今城中危急，佇望救軍，唯希全等率先赴難，安危是賴，所繫非輕，制置不宜差跌。但令希全等於雞子堆下營，固守善地，賊泚可以計破也。」盧杞等曰：「陛下以順討逆，不可自驚陵寢。」白志貞從而贊之，上從杞議。希全等進至漠谷，果爲賊軍邀擊，奪據水口，乘高以大弩、巨石左右夾擊，殺傷頗甚；城中出兵應援，亦爲賊挫銳而退。希全等各歸還本鎮，賊攻城逾急，壕塹圜之。旬日，復偏攻東北角，矢石亂入，晝夜如雨，城中死傷者甚衆。重圍救絕，芻粟俱盡，城中伺賊休息，輒遣人城外捃拾樵採以進御。人心危蹙，上與瑊對泣。賊泚北據乾陵，下瞰城內，身衣黃衣，蔽以翟扇，前後左右，皆朱紫閹官，宴賜拜舞，紛紜旁午。城中動息，賊俯窺之，慢辭戲侮，以爲破在漏刻之頃，時令騎將環城招公卿、士庶，責以不識天命。

十五日，賊造雲橋成，闊數十丈，以巨輪爲脚，推之使前，施濕氈生牛革，多懸水囊以爲障，直指城東北隅，兩旁構木爲廬，冒以牛革，迴環相屬，負土運薪於其下，以塡壕塹，矢石不能傷。城中恟懼，相顧失色。上召瑊勉諭之，令齎空名告身自御史大夫、實封五百戶已下者千餘軸，募諸軍突將敢死之士以當之；兼賜瑊御筆一管，當戰勝，量其功伐，即署其名授之，不足者，筆書其身，因命以位。仍謂瑊曰：「朕便與卿別，更不用對來，縱有急切，令馬承倩在卿處，但令附奏。」瑊俯伏嗚咽，上亦悲慟不自勝，撫瑊背而遣之。前一日，瑊與防城使侯仲莊揣雲橋來路，先鑿地道，下可深丈餘，上積馬糞，深五六尺。次二日，即令爇火，次一日復下柴薪夜燒之，平明，火焰高於城壘。是時，北風正急，賊乃隨風推橋以薄城下，賊三千餘人相繼而登。城上士卒皆久寒餒，又少甲冑，瑊但感激誠厲之。以飢弱之衆，當劇賊之鋒，雖力戰應敵，人憂不濟，公卿已下，仰首祝天。賊徒至地道所，橋脚偏陷，不能進。須臾，風迴焰轉，雲橋焚爲灰燼，賊焚死者數千，城中歡譟振地。時瑊中流矢，遽自拔之，血流霑沫，格鬭不已，初不言瘡痛，以激士心。是日，上先授瑊二子官，餘授將校有差。賊又別造雲橋，周以重鐵，方就，而朔方節度使李懷光自魏縣行營赴難，先遣兵馬使張韶入奏。

韶至奉天，與賊塡塹者相雜，臨城忽大呼，謂城上曰：「我李懷光使也，懷光自河北領大軍至矣。」卽繩引而登。城中得懷光表，歡聲振動，賊衆不之測，乃令昇韶巡於城上。翌日，懷光大軍次醴泉，是夜，賊解圍而去。

興元元年正月，以瑊爲行在都知兵馬使。二月，賜實封五百戶。是月，德宗移幸山南。時懷光叛逆，二賊連結，寇盜縱橫，瑊分布諸軍，以爲翼衞，纔入谷口，而懷光追騎遽至，瑊令侯仲莊以後軍擊敗之。三月，加檢校左僕射、同中書門下平章事，兼靈州都督、靈鹽豐夏等州、定遠西城天德軍節度等使，仍充朔方邠寧振武等道兼永平軍奉天行營兵馬副元帥，上臨軒授鉞，用漢拜韓信故事。是月，瑊將諸軍赴京畿，賊將韓旻、張廷芝、宋歸朝等拒我師於武功，瑊與吐蕃將論莽羅之衆大破賊於武亭川，斬首萬餘級。瑊便赴奉天應接李晟，抗京城西面。五月，李晟自東渭橋抵京城攻賊，瑊亦與韓遊瓌、戴休顏西面諸軍會合。晟破賊之日，瑊亦進收咸陽。尋聞朱泚、姚令言奔敗，命諸軍分道邀擊，其衆離潰，相率來降。選勁騎三千急追泚至涇州，賊將誅泚，傳首來獻。

六月，加瑊侍中。論收京城之功，加實封李晟一千戶，瑊八百戶，韓遊瓌、戴休顏四百戶，駱元光、尙可孤五百戶。七月，德宗還宮，以瑊守本官，兼河中尹、河中絳慈隰節度使，仍充河中同陝虢節度及管內諸軍行營兵馬副元帥，改封咸寧郡王。九月，賜瑊大寧里甲第、女樂五人，入第之日，宰臣、節將送之，一如李晟入第之儀。以李懷光未平，又加朔方行營兵馬副元帥，與河東節度使馬燧會兵進討。貞元元年八月，河中平，以功加檢校司空，與一子五品正員官。是冬望，皇帝親郊昊天上帝，瑊入朝陪祀畢，還鎮河中。

三年，吐蕃入寇，至鳳翔，爲李晟邀擊之，又襲破其摧沙堡，吐蕃深恨之。尙結贊入寇，陷我鹽、夏二州，以兵守之。欲長驅犯京師，而畏瑊與李晟、馬燧，欲陰計圖之。乃卑詞遜禮告馬燧，請重立盟誓，則蕃軍引去，德宗不許。馬燧自入朝言之，上乃令崔翰入蕃報結贊，言還我鹽、夏，則許同盟。結贊謂翰曰：「淸水之會，同盟人少，是以和好輕慢不成；今蕃相及元帥已下凡二十一人赴盟，靈州節度使杜希全、涇原節度使李觀皆和善守信，境外重之，此時須請預盟。」翰約盟于淸水，且先歸我鹽、夏二州，結贊曰：「淸水非吉地，請會盟於原州土梨樹。」又請盟畢歸二州。翰歸，備奏其事，神策將馬有麟奏曰：「土梨樹地多險，恐蕃軍隱伏不利，不如於平涼，其地坦平，且近涇州，就之爲便。」乃定盟於平涼川。

初，結贊請李觀、杜希全預盟，欲執之，徑犯京師。詔報之曰：「杜希全職在靈州，不可出境，李觀又已改官；今遣侍中渾瑊充盟會使。」五月，瑊自咸陽入朝，詔授平涼盟會使，兵部尙書崔漢衡副之，司勳郎中鄭叔矩爲判官。瑊統兵二萬，又詔華州節度使駱元光以本鎮兵從瑊。

閏月十五日，瑊與結贊會平涼。初，約以兵三千列於壇之東西，散手四百人至壇下，各遣遊軍相覘伺。是時，蕃軍精騎數萬列於壇西，蕃之遊軍貫穿我軍之中。瑊將梁奉貞率六十騎爲遊軍，纔至壇所，爲蕃軍所執。結贊又謂瑊曰：「請侍中已下具衣冠劍珮。」瑊與監軍宋鳳朝、崔漢衡等入幕次，坦無他慮。結贊命伐鼓三通，其衆呼譟而至。瑊遽出自幕後，偶得他馬，跨而奔馳，追騎雲合，流矢雨集而不傷。會瑊將辛榮以數百人據北阜，與賊血戰，追騎方止，瑊僅得免，辛榮兵盡矢窮，力屈而降。宋鳳朝、瑊判官鄭弇，爲追兵所殺；崔漢衡、中官俱文珍劉延李清朝、漢衡判官鄭叔矩、瑊判官路泌袁同直、大將軍扶餘準馬寧、神策將孟日華李至言樂演明范澄馬弇等六十餘人，皆陷于賊。尙結贊至原州，列坐帳中，召陷蕃將吏讓之，因怒瑊曰：「武功之捷，吐蕃之力，許以涇州、靈州相報，竟食其言，負我深矣，舉國同怨。本劫是盟，志在擒瑊。吾已爲金枷待瑊，將獻贊普；旣已失之，虛致君等何爲？」乃放俱文珍、馬寧、馬弇歸朝。

七月，瑊自奉天入朝，素服待罪，詔釋之而後見。俄而吐蕃入寇京畿，瑊鎭奉天。十月，還河中。四年七月，加邠、寧、慶副元帥。十二年二月，加檢校司徒，兼中書令，諸使、副元帥如故。十五年十二月二日，薨於鎭。廢朝五日，羣臣於延英奉慰。詔贈太師，諡曰忠武，賻絹布四千匹、米粟三千石。及喪車將至，又爲廢朝。應緣喪事，所司準式支給，命京兆尹監護。葬日，賜絹五百匹。

瑊忠勤謹愼，功高不伐，在藩方歲時貢奉，必躬親閱視；每有頒錫，雖居遠地，如在帝前。位極將相，無忘謙抑，物論方之金日磾，故深爲德宗委信，猜間不能入，君子多之。子鍊、鎬、鏦。

鎬，瑊第二子。性謙謹，多與士大夫遊。歷延、唐二州刺史，軍政吏職，有可稱者。及元和中，諸道出師討王承宗，屬義武軍節度使任迪簡病不能軍，以鎬藉父威名，足以鎭定，乃以鎬檢校右散騎常侍，充義武軍節度副使。九月六日，加檢校工部尙書，代迪簡爲節度使。鎬治兵練卒，頗有威望，然不能覯釁養銳，以期必勝。鎭、定相去九十里，元和十一年冬，鎬率全師壓賊境而軍，距賊壘三十里。鎬謀慮不周，但耀兵鋒，無所控制，賊乃分兵潛入定州界焚燒驅掠。鎬怒，進攻賊壘，交鋒而敗，師徒殆喪其半，餘衆還定州，亂不可遏，朝廷乃除陳楚代之。楚聞亂，馳入定州。鎬爲亂兵所劫，以至裸露。楚旣整戢，於亂兵處率斂衣服還鎬，方得歸朝，坐貶韶州刺史。後代州刺史韓重華奏收得鎬供軍錢絹十餘萬貫匹，再貶循州刺史。歲餘卒。

鏦，瑊第三子。以父蔭起家爲諸衞參軍，歷諸衞將軍。元和初，出爲豐州刺史、天德軍使，坐贓貶袁州司戶，憲宗思咸寧之勳，比例從輕。五年，徵爲袁王傅，復賜金紫，遷殿中監。開成初，宰相擬壽州刺史，文宗曰：「鏦，勳臣子弟，豈可委以牧民。仲尼有言，『不如多與之邑』，今我念其先人之功，與之致富可也。」宰臣曰：「鏦常歷名郡，有政能。」乃從之。三年，入爲右金吾衞大將軍、知街事，歷諸衞大將軍，卒。

史臣曰：馬司徒之方略，渾咸寧之忠藎，各奮節義，爲時名臣。然元城之師，失策於田悅；平涼之會，幾陷於吐蕃，此亦術有所不至也。緬思建中之亂，四海波騰，賊泚竊發之辰，宗祀不絕如綫，苟非忠臣致命，化危爲安，則李氏之宗社傾矣。

贊曰：北平之勳，排難解紛。咸寧蹈義，感慨匡君。再隆基構，克殄昏氛。迴天捧日，實賴將軍。

校勘記

〔一〕先引御河入城南流　「城」字各本原無，據冊府卷三五九補。

〔二〕七月　各本原作「七日」，本書卷一二德宗紀作「七月」。上文已作六月晦，此處作「七月」是。據改。

〔三〕性命元淳　「命」字御覽卷五九二作「本」。

〔四〕出爲方召　「召」字各本原作「伯」，據全唐文卷五五改。

〔五〕楊志廉　「楊」字各本原作「申」，據册府卷八一二、新書卷一五五馬燧傳、通鑑卷二三六改。

〔六〕時常春　「時」字各本原無，據册府卷四〇五、通鑑卷二二九補。

舊唐書卷一百三十五

列傳第八十五

盧杞 子元輔 白志貞 裴延齡 韋渠牟 李齊運 李實
韋執誼 王叔文 王伾附 程异 皇甫鎛 弟鏞

盧杞字子良，故相懷慎之孫。父奕，天寶末爲東臺御史中丞；洛城爲安祿山所陷，奕守司而遇害。杞以門廕，解褐清道率府兵曹。朔方節度使僕固懷恩辟爲掌書記、試大理評事、監察御史，以病免。入補鴻臚丞，遷殿中侍御史、膳部員外郎，出爲忠州刺史。至荆南，謁節度使衛伯玉，伯玉不悅。杞移病歸京師，歷刑部員外郎、金部吏部二郎中。

杞貌陋而色如藍，人皆鬼視之。不恥惡衣糲食，人以爲能嗣懷慎之清節，亦未識其心。頗有口辯。出爲虢州刺史。建中初，徵爲御史中丞。時尚父子儀病，百官造問，皆不屏姬侍；及聞杞至，子儀悉令屏去，獨隱几以待之。杞去，家人問其故，子儀曰：「杞形陋而心險，左右見之必笑。若此人得權，即吾族無類矣。」

及居糾彈顧問之地，論奏稱旨，遷御史大夫。旬日，爲門下侍郎、同中書門下平章事。既居相位，忌能妬賢，迎吠陰害，小不附者，必致之於死，將起勢立威，以久其權。楊炎以杞陋貌無識，同處台司，心甚不悅，爲杞所譖，逐於崖州。德宗幸奉天，崔寧流涕論時事，杞聞惡之，譖於德宗，言寧與朱泚盟誓，故至遲迴，寧遂見殺。惡顏眞卿之直言，令奉使李希烈，竟歿於賊。初，京兆尹嚴郢與楊炎有隙，杞乃擢郢爲御史大夫以傾炎；炎既貶死，心又惡郢，圖欲去之。宰相張鎰忠正有才，上所委信，杞頗惡之。會朱滔、朱泚弟兄不睦，有泚判官蔡廷玉者離間滔，滔論奏，請殺之。廷玉既貶，殿中侍御史鄭詹遣吏監送，廷玉投水而卒。杞因奏曰：「恐朱泚疑爲詔旨，請三司按鞫詹；又御史所爲，稟大夫命，幷令按郢。」詹與張鎰善，每伺杞晝眠，輒詣鎰，杞知之。他日，杞假寢佯熟，伺詹果來，方與鎰語，杞遽至鎰閣中，詹趨避杞，杞遽言密事，鎰曰：「殿中鄭侍御在此。」杞佯愕曰：「向者所言，非他人所宜聞。」時三司使方按詹、郢，獄未具而奏殺詹，貶郢爲驩州刺史。鎰尋罷相，出鎮鳳翔。其陰禍賊物如此。李揆舊德，慮德宗復用，乃遣使西蕃，天下無不扼腕痛憤，然無敢言者。戶部侍郎、判度支杜佑，甚承恩顧，爲杞媒孽，貶饒州刺史。

初，上即位，擢崔祐甫爲相，頗用道德寬大，以弘上意，故建中初政聲藹然，海內想望貞覲之理；及杞爲相，諷上以刑名整齊天下。初，李希烈請討梁崇義，崇義誅而希烈叛，盡據淮右、襄、鄧之郡邑。恆州李寶臣死，其子惟岳邀節鉞，遂與田悅締結以抗王師，由是河北、河南連兵不息。度支使杜佑計諸道用軍月費一百餘萬貫，京師帑廩不支數月；且得五百萬貫，可支半歲，則用兵濟矣。杞乃以戶部侍郎趙贊判度支，贊亦計無所施，乃與其黨太常博士韋都賓等謀行括率，以爲泉貨所聚，在於富商，錢出萬貫者，留萬貫爲業，有餘，官借以給軍，冀得五百萬貫。上許之，約以罷兵後以公錢還。敕既下，京兆少尹韋禎督責頗峻，長安尉薛萃荷校乘車，搜人財貨，意其不實，卽行搒箠，人不勝冤痛，或有自縊而死者，京師囂然如被賊盜。都計富戶田宅奴婢等估，纔及八十八萬貫。又以僦櫃納質積錢貨貯粟麥等，一切借四分之一，封其櫃窖，長安爲之罷市，百姓相率千萬衆邀宰相於道訴之。杞初雖慰諭，後無以遏，卽疾驅而歸。計僦質與借商，纔二百萬貫。德宗知下民流怨，詔皆罷之，然宿師在野，日須供饋。

明年六月，趙贊又請稅閒架、算除陌。凡屋兩架爲一間，分爲三等：上等每間二千，中等一千，下等五百。所由吏秉筆執籌，入人第舍而計之。凡沒一間，杖六十，告者賞錢五十貫文。除陌法，天下公私給與貿易，率一貫舊算二十，益加算爲五十，給與物或兩換者，約錢爲率算之。市主人牙子各給印紙，人有買賣，隨自署記，翌日合算之。有自貿易不用市牙子者，驗其私簿，投狀自其有私簿投狀〔一〕。其有隱錢百，沒入，二千杖六十，告者賞錢十千，出於其家。法既行，主人市牙得專其柄，率多隱盜，公家所入，百不得半，怨讟之聲〔二〕，囂然滿於天下。及十月，涇師犯闕，亂兵呼於市曰：「不奪汝商戶僦質矣！不稅汝間架除陌矣！」是時人心愁怨，涇師乘間謀亂，奉天之奔播，職杞之由。故天下無賢不肖，視杞如讎。

德宗在奉天，爲朱泚攻圍，李懷光自魏縣赴難。或謂王翃、趙贊曰：「懷光累歎憤，以爲宰相謀議乖方，度支賦斂煩重，京尹刻薄軍糧，乘輿播遷，三臣之罪也。今懷光勳業崇重，聖上必開襟布誠，詢問得失，使其言入，豈不殆哉！」翃、贊白於杞，杞大駭懼，從容奏曰：「懷光勳業，宗社是賴。臣聞賊徒破膽，皆無守心。若因其兵威，可以一舉破賊；今若許其朝覲，則必賜宴，賜宴則留連，使賊得京城，則從容完備，恐難圖之。不如使懷光乘勝進收京城，破竹之勢，不可失也。」帝然之，乃詔懷光率衆屯便橋，克期齊進。懷光大怒，遂謀異志，德宗方悟爲杞所構。物議喧騰，歸咎於杞，乃貶爲新州司馬，白志貞恩州司馬，趙贊爲播州司馬。

遇赦，移吉州長史。在貶所謂人曰：「吾必再入用。」是日，上果用杞爲饒州刺史。給事中袁高宿直，當草杞制，遂執以謁宰相盧翰、劉從一曰：「杞作相三年，矯誣陰賊，排斥忠良，朋附者欬唾立至青雲，睚眦者顧盼已擠溝壑。傲很背德，反亂天常，播越鑾輿，瘡痍天下，皆杞之爲也。幸免誅戮，唯示貶黜，尋已稍遷近地，更授大郡，恐失天下望，惟相公執奏之，事尚可救。」翰、從一不悅，遂改命舍人草制。明日詔下，袁高執奏曰：「盧杞爲政，極恣兇惡。三軍將校，願食其肉，百辟卿士，嫉之若讎。」諫官趙需、裴佶、宇文炫、盧景亮、張薦等上疏曰：「伏以吉州長史盧杞，外矯儉簡，內藏奸邪，三年擅權，百揆失序，惡直醜正，亂國殄人，天地神祇所知，蠻夷華夏同棄。伏惟故事，皆得上聞，自杞爲相，要官大臣，動踰月不敢奏聞，百僚惴惴，常懼顚危。及京邑傾淪，皇輿播越，陛下炳然覺悟，出棄遐荒，制曰：『忠讜壅於上聞，朝野爲之側目。』由是忠良激勸，內外歡欣；今復用爲饒州刺史，衆情失望，皆謂非宜。臣聞君之所以臨萬姓者，政也；萬姓之所以載君者，心也。倘加巨奸之寵，必失萬姓之心，乞迴聖慈，遽輟新命。」疏奏不答。諫官又論曰：「盧杞蒙蔽天聽，隳紊朝典，致亂危國，職杞之由，可謂公私巨蠹，中外棄物。自聞再加擢用，忠良痛骨，士庶寒心。臣昨者瀝肝上聞，冒死不恐，冀迴宸睠，用快羣情；至今拳拳，未奉聖旨，物議騰沸，行路驚嗟。人之無良，一至於此。伏乞俯從衆望，永棄奸臣。幸免誅夷，足明恩貸；特加榮寵，恐造禍階。臣等忝列諫司，今陳狂瞽。」給事中袁高堅執不下，乃改授澧州別駕。翌日延英，上謂宰臣曰：「朕欲授杞一小州刺史，可乎？」李勉對曰：「陛下授杞大郡亦可，其如兆庶失望何？」上曰：「衆人論杞奸邪，朕何不知？」勉曰：「盧杞奸邪，天下人皆知；唯陛下不知，此所以爲奸邪也！」德宗默然良久。散騎常侍李泌復對，上曰：「盧杞之事，朕已可袁高所奏，如何？」泌拜而言曰：「累日外人竊議，以陛下同漢之桓、靈；臣今親承聖旨，乃知堯、舜之不逮也！」德宗大悅，慰勉之。杞尋卒於澧州。

子元輔，字子望，少以清行聞於時。進士擢第，授崇文館校書郎。德宗思杞不已，乃求其後，特恩拜左拾遺，再遷左司員外郎，歷杭、常、絳三州刺史。以課最高，徵爲吏部郎中，遷給事中，改刑部侍郎。自兵部侍郎出爲華州刺史、潼關防禦、鎭國軍等使，復爲兵部侍郎。元輔自祖至曾，以名節著於史册。元輔簡絜貞方，綽繼門風，歷踐清貫，人亦不以父之醜行爲累，人士歸美。大和三年八月卒，時年五十六。

白志貞者，太原人，本名琇珪。出於胥吏，事節度使李光弼，小心勤恪，動多計數，光弼深委信之，帳中之事，與琇珪參決。代宗素知之，光弼薨後，用爲司農少卿，遷太卿，在寺十餘年。德宗嘗召見與語，引爲腹心，遂用爲神策軍使、檢校左散騎常侍、兼御史大夫，賜名志貞。善伺候上意，言無不從。

建中四年，李希烈陷汝州，命志貞爲京城召募使。時尚父子儀壻端王傅吳仲孺家財巨萬，以國家召募有急，懼不自安，乃上表請以子弟率奴客從軍，德宗嘉之，超授五品官。由是志貞請令節度、觀察、團練等使幷嘗爲是官者，令家出子弟甲馬從軍，亦與其男官。是時豪家不肖子幸之，貧而有知者苦之。自是京師人心搖震，不保家室。時禁軍募致，悉委志貞，兩軍應赴京師，殺傷殆盡，都不奏聞，皆以京師沽販之徒以塡其闕。其人皆在市廛，及涇師犯闕，詔志貞以神策軍拒賊，無人至者，上無以禦寇，乃圖出幸。時令狐建以龍武軍四百人從駕至奉天，仍以志貞爲行在都知兵馬使。聞李懷光至，恐暴揚其罪，乃與盧杞同沮懷光入朝，衆議喧沸，言致播遷，盧杞、志貞之罪也。故與杞同貶，遇赦量移閬州別駕。

貞元二年，遷果州刺史，宰臣李勉及諫官表疏論列，言志貞與盧杞罪均，未宜敍用，固執不許，凡旬日，方下其詔。貞元三年，遷潤州刺史、兼御史大夫、浙西觀察使。是年六月卒。

裴延齡，河東人。父旭，和州刺史。延齡，乾元末爲汜水縣尉，遇東都陷賊，因寓居鄂州，綴緝裴駰所注史記之闕遺，自號小裴。後華州刺史董晉辟爲防禦判官；黜陟使薦其能，調授太常博士。盧杞爲相，擢爲膳部員外郎、集賢院直學士，改祠部郎中。崔造作相，改易度支之務，令延齡知東都度支院。及韓滉領度支，召赴京，守本官，延齡不待詔命，遽入集賢院視事。宰相延賞惡其輕率，出爲昭應令，與京兆尹鄭叔則論辨是非，攻訐叔則之短。時李泌爲相，厚於叔則；中丞竇參恃恩寵，惡泌而佑延齡。叔則坐貶爲永州刺史，延齡改著作郎。竇參尋作相，用爲太府少卿，轉司農少卿。

貞元八年，班宏卒，以延齡守本官，權領度支。自揣不通殖貨之務，乃多設鉤距，召度支老吏與謀，以求恩顧，乃奏云：「天下每年出入錢物，新陳相因，常不減六七千萬貫，唯有一庫，差舛散失，莫可知之。請於左藏庫中分置別庫：欠、負、耗、賸等庫及季庫、月庫，納諸色錢物。」上皆從之。且欲多張名目以惑上聽，其實於錢物更無增加，唯虛費簿書、人吏耳。

其年，遷戶部侍郎、判度支，奏請令京兆府以兩稅靑苗錢市草百萬圍送苑中。宰相陸贄、趙憬議，以爲：「若市送百萬圍草，卽一府百姓，自冬歷夏，般載不了，百役供應，須悉停罷，又妨奪農務。請令府縣量市三二萬圍，各貯側近處，他時要卽支用。」京西有汙池卑濕處，時有蘆葦生焉，亦不過數畝，延齡乃奏曰：「廄馬冬月合在槽櫪秣飼，夏中卽須牧放。臣近尋訪知長安、咸陽兩縣界有陂池數百頃，請以爲內廄牧馬之地；且去京城十數里，與苑廄中無別。」上初信之，言於宰相，對曰：「恐必無此。」上乃差官閱視，事皆虛妄，延齡既慚且怒。又誣奏李充爲百姓妄請積年和市物價，特敕令折塡，謂之「底折錢」。嘗因奏對請積年錢帛以實帑藏，上曰：「若爲可得錢物？」延齡奏曰：「開元、天寶中，天下戶僅千萬，百司公務殷繁，官員尙或有闕；自兵興已來，戶口減耗大半，今一官可兼領數司。伏請自今已後，內外百司官闕，未須補置，收其闕官祿俸，以實帑藏。」

後因對事，上謂延齡曰：「朕所居浴堂院殿一栿，以年多之故，似有損蠹，欲換之未能。」對曰：「宗廟事至重，殿栿事至輕。況陛下自有本分錢物，用之不竭。」上驚曰：「本分錢何也？」對曰：「此是經義證據，愚儒常材不能知，陛下正合問臣，唯臣知之。準禮經，天下賦稅當爲三分：一分充乾豆，一分充賓客，一分充君之庖廚。乾豆者，供宗廟也。今陛下奉宗廟，雖至敬至嚴，至豐至厚，亦不能一分財物也。只如鴻臚禮賓、諸國蕃客，至於迴紇馬價，用一分錢物，尙有贏羨甚多。況陛下御膳宮廚皆極簡儉，所用外分賜百官充俸料、飡錢等，猶未能盡。據此而言，庖廚者之餘，其數尙多，皆陛下本分也。用修數十殿亦不合疑慮，何況一栿。」上曰：「經義如此，人總不曾言之。」頷之而已。又因計料造神龍寺，須長五十尺松木，延齡奏曰：「臣近於同州檢得一谷木，可數千條，皆長八十尺。」上曰：「人言開元、天寶中側近求覓長五六十尺木，尚未易，須於嵐、勝州採市，如今何爲近處便有此木？」延齡奏曰：「臣聞賢材、珍寶、異物，皆在處常有，但遇聖君卽出見。今此木生關輔，蓋爲聖君，豈開元、天寶合得有也！」

時陸贄秉政，上素所禮重，每於延英極論其誕妄，不可令掌財賦。德宗以爲排擯，待延齡益厚。贄上書疏其失曰：

前歲秋首，班宏喪亡，特詔延齡繼司邦賦。數日之內，遽衒功能，奏稱：「勾獲隱欺，計錢二十萬貫，請貯別庫以爲羨餘，供御所須，永無匱乏。」陛下欣然信納，因謂委任得人。旣賴盈餘之財，稍弘心意之欲，興作寖廣，宣索漸多。延齡務實前言，且希睿旨，不敢告闕，不敢辭難。勾獲旣是虛言，無以應命；供辦皆承嚴約，苟在及期。遂乃搜求市廛，豪奪入獻；追捕夫匠，迫脅就功。以敕索爲名，而不酬其直；以和雇爲稱，而不償其傭。都城之中，列肆爲之晝閉；興役之所，百工比於幽囚。聚詛連郡，遮訴盈路，持綱者莫敢致詰，巡察者莫敢爲言。時有訐而言之，翻謂黨邪醜直。天子轂下，囂聲沸騰，四方觀瞻，何所取則。蕩心于上，斂怨于人，欺天陷君，遠近危懼，此其罪之大者也。

總制邦用，度支是司；出納貨財，太府攸職。凡是太府出納，皆稟度支文符，太府依符以奉行，度支憑案以勘覆，互相關鍵，用絕姦欺。其出納之數，則每旬申聞；見在之數，則每月計奏。皆經度支勾覆，又有御史監臨，旬旬相承，月月相繼。明若指掌，端如貫珠，財貨多少，無容隱漏。延齡務行邪諂，公肆誣欺，遂奏云「左藏庫司多有失落，近因檢閱使置簿書，乃於糞土之中收得十三萬兩，其匹段雜貨又百萬有餘，皆是文帳脫遺，並同已棄之物。今所收獲，即是羡餘，悉合移入雜庫，以供別敕支用者」。其時特宣進止，並依所奏施行。太府卿韋少華抗疏上陳，殊不引伏，確稱「每月申奏，皆是見在數中，請令推尋，足驗奸詐」。兩司既有論執，理須詳辨是非，陛下縱其妄欺，不加按問。以在庫之物爲收獲之功，以常賦之財爲羡餘之費〔三〕，罔上無畏，示人不懲，此又罪之大者也。

國家府庫，出納有常，延齡險猾售奸，詭譎求媚，遂於左藏之內，分建六庫之名，意在別貯贏餘，以奉人主私欲。曾不知王者之體，天下爲家，國不足則取之於人，人不足則資之於國，在國爲官物，在人爲私財，何謂贏餘，須別收貯？是必巧詐以變移官物，暴法以刻削私財，捨此二途，其將安取？陛下方務崇信，不加檢裁，姑務保持，曾無詰責。延齡謂能蔽惑，不復懼思，奸威既沮於四方，憸態復行於內府。由是蹂躪官屬，傾倒貨財，移東就西，便爲課績，取此適彼，遂號羡餘，愚弄朝廷，有同兒戲。

夫理天下者，以義爲本，以利爲末，以人爲本，以財爲末，本盛則其末自舉，末大則其本必傾。自古及今，德義立而利用不豐，人庶安而財貨不給，因以喪邦失位者，未之有也。故曰：「不患寡而患不均，不患貧而患不安。」「有德必有人，有人必有土，有土必有財。」「百姓足，君孰與不足？」蓋謂此也。自古及今，德義不立而利用克宣，人庶不安而財貨可保，因以興邦固位者，未之有也。故曰：「財散則人聚，財聚則人散。」「與其有聚斂之臣，寧有盜臣。」無令侵削兆人，爲天子取怨于下也。

且陛下初膺寶曆，志翦羣兇，師旅繁興，徵求寖廣，榷算侵剝，下無聊生。是以涇原叛徒，乘人怨咨，白晝犯闕，都邑甿庶，恬然不驚，反與賊衆相從，比肩而入宮殿。雖蚩蚩之性，靡所不爲，然亦由德澤未浹，而暴令驅之，以至於是也。于時內府之積，尙如丘山，竟資兇渠，以餌貪卒，此則陛下躬覩之矣。是乃失人而聚貨，夫何利之有焉！

車駕既幸奉天，逆泚旋肆圍逼，一壘之內，萬乘所屯，窘如涸流，庶物空匱。嘗欲發一健步出覘賊軍，其人懇以苦寒爲辭，跪奏乞一襦袴，陛下爲之求覓不致，竟閔默而遣之。又嘗宮壼之中，服用有闕，聖旨方以戎事爲急，不忍重煩於人，乃剝親王飾帶之金，賣以給直。是時行從將吏，赴難師徒，蒼黃奔馳，咸未冬服，漸屬凝沍，且無薪蒸，饑凍內攻，矢石外迫。晝則荷戈奮迅，夜則映堞呻吟，凌風飈，冒霜雪，踰四旬而衆無攜貳，卒能走強賊全危城者，陛下豈有嚴刑重賞使之然耶？唯以不厚其身，不藏其貨，與衆庶同其憂患，與士伍共其有無，乃能使人捐軀命而扞寇讎，餒之不離，凍之不憾，臨危而不易其守，見死而不去其君，所謂「聖人感人心而天下和平」，此其効也。

及乎重圍既解，諸路稍通，賦稅漸臻，貢獻繼至，乃於行宮外廡之下，別置瓊林、大盈之司。未賞功勞，遽私賄玩，甚沮惟新之望，頗攜死義之心，於是輿誦興譏，而軍士始怨矣。財聚人散，不其然乎！旋屬盜賊內興，翠華南狩，奉天所積財貨，悉復殲於亂軍。既遷岷、梁，日不暇給，獨憑大順，遂復皇都。是知天子者，以得人爲資，以蓄義爲富，人苟歸附，何患蔑資，義苟修崇，何憂不富，豈在貯之內府，方爲己有哉！故藏於天下者，天子之富也；藏於境內者，諸侯之富也；藏於囷倉篋櫝者，農夫、商賈之富也。奈何以天子之貴，海內之富，而猥行諸侯之棄德，守農商之鄙業哉！

陛下若謂厚取可以恢武功，則建中之取既無成矣；若謂多積可以爲己有，則建中之積又不在矣；若謂徇欲不足傷理化，則建中之失傷已甚矣；若謂斂怨不足致危亡，則建中之亂危亦至矣！然而遽能靖滔天之禍，成中興之功者，良以陛下有側身修勵之志，有罪己悔懼之辭，罷息誅求，敦尚節儉，渙發大號，與人更新，故靈祇感陛下之誠，臣庶感陛下之意，釋憾迴慮，化危爲安。陛下亦當爲宗廟社稷建不拔之永圖，爲子孫黎元立可久之休業，懲前事徇欲之失，復日新盛德之言；豈宜更縱憸邪，復行剋暴，事之追悔，其可再乎！

臣又竊慮陛下納彼盜言，墮其奸計，以爲搏噬拏攫，怨集有司，積聚豐盈，利歸君上，是又大謬，所宜愼思。夫人主昏明，繫於所任，咎繇、夔、契之道長，而虞舜享濬哲之名；皇甫、棸、楀之孽行，而周厲嬰顚覆之禍。自古何嘗有小人柄用，而災患不及邦國者乎！譬猶操兵以刃人，天下不委罪於兵而委罪於所操之主；畜蠱以殃物，天下不歸咎於蠱而歸咎於所畜之家：理有必然，不可不察。

臣伏慮陛下以延齡之進，獨出宸衷，延齡之言，多順聖旨，今若以罪置辟，則似爲衆所擠，故欲保持，用彰堅斷。若然，陛下與人終始之意則美矣，其於改過勿吝、去邪勿疑之道，或未盡善。今希旨自默，浸以成風，獎之使言，猶懼不旣，若又阻抑，誰當貢誠。或恐未亮斯言，請以一事爲證。只如延齡兇妄，流布寰區，上自公卿近臣，下逮輿臺賤品，喧喧談議，億萬爲徒，能以上言，其人有幾？陛下誠令親信博採輿詞，參較比來所聞，足鑒人間情僞。

臣以卑鄙，位當台衡，旣極崇高，又承渥澤。豈不知覯時附會，足保舊恩，隨衆沉浮，免貽厚責。謝病黜退，獲知幾之名；黨奸苟容，無見嫉之患。何急自苦，獨當豺狼，上違歡情，下餌讒口。良以內顧庸昧，一無所堪；夙蒙眷知，唯以誠直。綢繆帷扆，一紀于茲，聖慈旣以此見容，愚臣亦以此自負。從陛下歷播遷之危，覩陛下致興復之難，至今追思，猶爲心悸；所以畏覆車而駭慮，懼燬室而悲鳴，蓋情激於衷，雖欲罷而不能自默也！因事陳請，雖已頻煩，天聽尚高，未垂諒察，輒申悃款，以極愚誠。憂深故語煩，意懇故詞切，以微臣自固之謀則過，於陛下慮患之計則忠。靡軀奉君，所不敢避；沽名衒直，亦不忍爲。願迴睿聽，爲國熟慮，社稷是賴，豈唯微臣。

書奏，德宗不悅，待延齡益厚。時鹽鐵轉運使張滂、京兆尹李充、司農卿李銛，以事相關，皆證延齡矯妄。德宗罷陸贄知政事，爲太子賓客；滂、充、銛悉罷職左遷。

十一年春暮，上數畋于苑中，時久旱，人情憂惴，延齡遽上疏曰：「陸贄、李充等失權，心懷怨望，今專大言於衆曰：『天下炎旱，人庶流亡，度支多欠闕諸軍糧草。』以激怒羣情。」後數日，上又幸苑中，適會神策軍人訴度支欠廄馬芻草。上思延齡言，即時迴駕，下詔斥逐贄、充、滂、銛等，朝廷中外惴恐。延齡方謀害在朝正直之士，會諫議大夫陽城等伏閤切諫，事遂且止。贄、充等雖已貶黜，延齡憾之未已，乃掩捕李充腹心吏張忠，捶掠楚痛，令爲之詞，云「前後隱沒官錢五十餘萬貫，米麥稱是，其錢物多結託權勢，充妻常於犢車中將金寶繒帛遺陸贄妻」。忠不勝楚毒，並依延齡教抑之辭，具於款占。忠妻、母於光順門投匭訴冤，詔御史臺推問，一宿得其實狀，事皆虛，乃釋忠。延齡又奏京兆府妄破用錢穀，請令比部勾覆，以比部郎中崔元嘗爲陸贄所黜故也。及崔元勾覆錢穀，又無交涉。

延齡既銳意以苛刻剝下附上爲功，每奏對際，皆恣騁詭怪虛妄，他人莫敢言者，延齡言之不疑，亦人之所未嘗聞。德宗頗知其誕妄，但以其敢言無隱，且欲訪聞外事，故斷意用之。延齡恃之，謂必得宰相，尤好慢罵，毀詆朝臣，班行爲之側目。及臥病，載度支官物置於私家，亦無敢言者。貞元十二年卒，時年六十九。延齡死，中外相賀，唯德宗悼惜不已，册贈太子少保。

韋渠牟，京兆萬年人。六代祖範，魏西陽太守，後周封鄖城公。渠牟少慧悟，涉覽經史。初爲道士，後爲僧。興元中，韓滉鎮浙西，奏授試秘書郎，累轉四門博士。貞元十二年四月，德宗誕日，御麟德殿，召給事中徐岱、兵部郎中趙需、禮部郎中許孟容與渠牟及道士萬參成、沙門譚延等十二人，講論儒、道、釋三教。渠牟枝詞游說，捷口水注；上謂其講耨有素，聽之意動。數日，轉秘書郎，奏詩七十韻；旬日，遷右補闕、內供奉，僚列初不有之。在延英既對宰相，多使中貴人召渠牟於官次，同輩始注目矣。歲終，遷右諫議大夫。時延英對秉政賦之臣，晝漏率下二三刻爲常，渠牟奏事，率漏下五六刻，上笑語款狎，往往外聞。渠牟形神佻躁，無士君子器，志向不根道德，衆雅知不能以正道開悟上意。

陸贄免相後，上躬親庶政，不復委成宰相，廟堂備員，行文書而已。除守宰、御史，皆帝自選擇。然居深宮，所狎而取信者裴延齡、李齊運、王紹、李實、韋執誼洎渠牟，皆權傾相府。延齡、李實，奸欺多端，甚傷國體；紹無所發明；而渠牟名素輕，頗張恩勢以招趨嚮者，門庭塡委。茅山處士崔芊徵至闕下，鄭隨自山人再至補闕，馮伉自醴泉令爲給事中、皇太子侍讀，皆渠牟延薦之。上既偏有所聽，浮薄率背本銜進，不復藏器蘊德，皆奔馳請謁，剏蹄甘辭以附渠牟。居無何，遷太府卿，賜金紫，又轉太常卿。貞元十七年卒，時年五十三，贈刑部尚書，仍謚曰忠。

李齊運者，蔣王惲之孫也。解褐寧王府東閣祭酒，七遷至監察御史。江淮都統李峘辟爲幕府，累轉工部郎中，爲長安縣令，職事修理。歷京兆少尹、陜府長史。

建中末，改河中尹、晉絳慈隰觀察使。時李懷光自山東卷甲奔難，晝夜倍道，比至河中，力疲，休兵三日，齊運傾力犒設，軍人皆悅。懷光既反，驅兵還保河中，齊運不能敵，棄城而走，除爲京兆尹，兼御史大夫。時賊據京城，李晟軍東渭橋，齊運擾攘之中，徵募工役，版築城壘，飛芻輓粟以應晟。收復之際，頗有力焉。

貞元中，蝗旱方熾，齊運無政術，乃以韓洄代之，改宗正卿，兼御史大夫、閑廄宮苑使。改檢校禮部尚書，兼殿中監。尋正拜禮部尚書，兼殿中監使如故。其後十餘歲，宰臣內殿對後，齊運常次進，頁其計慮，以決羣議。齊運無學術，不知大體，但甘言取信而已。薦李錡爲浙西觀察使，受賂數十萬計。舉李詞爲湖州刺史，既而邑人告其贓犯，上以齊運故，不問而遣之。齊運被疾，歲餘不能朝請，朝廷除授，往往降中人就宅咨決。末以妾衞氏爲正室，身爲禮部尚書，冕服以行其禮，人士嗤誚。貞元十二年卒，時年七十二，贈尚書左僕射。

李實者，道王元慶玄孫。以蔭入仕，六轉至潭州司馬。洪州節度使、嗣曹王皋辟爲判官，遷蘄州刺史。皋爲山南東道節度使，復用爲節度判官、檢校太子賓客、員外郎。皋卒，新帥未至，實知留後，刻薄軍士衣食，軍士怨叛，謀殺之，實夜縋城而出。歸詣京師，用爲司農少卿，加檢校工部尙書、司農卿。

貞元十九年，爲京兆尹，卿及兼官如故。尋封嗣道王。自爲京尹，恃寵強愎，不顧文法，人皆側目。二十年春夏旱，關中大歉，實爲政猛暴，方務聚斂進奉，以固恩顧，百姓所訴，一不介意。因入對，德宗問人疾苦，實奏曰：「今年雖旱，穀田甚好。」由是租稅皆不免，人窮無告，乃徹屋瓦木，賣麥苗以供賦斂。優人成輔端因戲作語，爲秦民艱苦之狀云：「秦地城池二百年，何期如此賤田園，一頃麥苗伍石米，三間堂屋二千錢。」凡如此語有數十篇。實聞之怒，言輔端誹謗國政，德宗遽令決殺。當時言者曰：「瞽誦箴諫，取其詼諧以託諷諫，優伶舊事也。設謗木，採芻蕘，本欲達下情，存諷議，輔端不可加罪。」德宗亦深悔，京師無不切齒以怒實。

故事，府官避臺官。實常遇侍御史王播于道，實不肯避，導從如常。播詰其從者，實怒，奏播爲三原令，謝之日，庭詬之。陵轢公卿百執事，隨其喜怒，誣奏遷逐者相繼，朝士畏而惡之。又誣奏萬年令李衆，貶虔州司馬，奏虞部員外郎房啓代衆，升黜如其意，怙勢之色，暫然在眉睫間。故事，吏部將奏科目，奧密，朝官不通書問，而實身詣選曹迫趙宗儒，且以勢恐之。前歲，權德輿爲禮部侍郎，實託私薦士，不能如意，後遂大錄二十人迫德輿曰：「可依此第之；不爾，必出外官，悔無及也。」德輿雖不從，然頗懼其誣奏。

二十一年，有詔蠲畿內逋租，實違詔徵之，百姓大困，官吏多遭笞罰，剝割掊斂，聚錢三十萬貫，胥吏或犯者，即按之。有乞丐絲髮固死；無者，且曰「死亦不屈」，亦杖殺之。京師貴賤同苦其暴虐。順宗在諒闇逾月，實斃人於府者十數，遂議逐之，乃貶通州長史。制出，市人皆袖瓦石投其首；實知之，由月營門自苑西出，人人相賀。後遇赦量移虢州，在道卒。

韋執誼者，京兆人。父浼，官卑。執誼幼聰俊有才，進士擢第，應制策高等，拜右拾遺，召入翰林爲學士，年纔二十餘。德宗尤寵異，相與唱和歌詩，與裴延齡、韋渠牟等出入禁中，略備顧問。德宗載誕日，皇太子獻佛像，德宗命執誼爲畫像贊，上令太子賜執誼縑帛以酬之。執誼至東宮謝太子，卒然無以藉言，太子因曰：「學士知王叔文乎？彼偉才也。」執誼因是與叔文交甚密。俄丁母憂，服闋，起爲南宮郎。德宗時，召入禁中。

初，貞元十九年，補闕張正一因上書言事得召見，王仲舒、韋成季、劉伯芻、裴茝、常仲孺、呂洞等以嘗同官相善，以正一得召見，偕往賀之。或告執誼曰：「正一等上疏論君與王叔文朋黨事。」執誼信然之，因召對，奏曰：「韋成季等朋聚覬望。」德宗令金吾伺之，得其相過從飲食數度，於是盡逐成季等六七人，當時莫測其由。

及順宗即位，久疾不任朝政，王叔文用事，乃用執誼爲宰相，乃自朝議郎、吏部郎中、騎都尉賜緋魚袋，授尙書左丞、同平章事，仍賜金紫。叔文欲專國政，故令執誼爲宰相於外，己自專於內。執誼既爲叔文引用，不敢負情，然迫於公議，時時立異，密令人謝叔文曰：「不敢負約爲異，欲共成國家之事故也。」叔文詬怒，遂成仇怨；執誼既因之得位，亦欲矛盾掩其迹。

及憲宗受內禪，王伾、王叔文徒黨並逐，尙以執誼是宰相杜黃裳之壻，故數月後貶崖州司戶。初，執誼自卑官，常忌諱不欲人言嶺南州縣名。爲郎官時，嘗與同舍詣職方觀圖，每至嶺南州，執誼遽命去之，閉目不視。及拜相，還所坐堂，見北壁有圖，不就省，七八日，試觀之，乃崖州圖也，以爲不祥，甚惡之，不敢出口。及坐叔文之貶，果往崖州，卒於貶所。

王叔文者，越州山陰人也。以棋待詔，粗知書，好言理道。德宗令直東宮。太子嘗與侍讀論政道，因言宮市之弊，太子曰：「寡人見上，當極言之。」諸生稱贊其美，叔文獨無言。

罷坐，太子謂叔文曰：「向論宮市，君獨無言何也？」叔文曰：「皇太子之事上也，視膳問安之外，不合輒預外事。陛下在位歲久，如小人離間，謂殿下收取人情，則安能自解？」太子謝之曰：「苟無先生，安得聞此言！」由是重之，宮中之事，倚之裁決。每對太子言，則曰：「某可爲相，某可爲將，幸異日用之。」密結當代知名之士而欲僥倖速進者，與韋執誼、陸質、呂溫、李景儉、韓曄、韓泰、陳諫、柳宗元、劉禹錫等十數人，定爲死交；而凌準、程异，又因其黨以進；藩鎮侯伯，亦有陰行賂遺請交者。

德宗崩，已宣遺詔，時上寢疾久，不復關庶政，深居施簾帷，閹官李忠言、美人牛昭容侍左右，百官上議，自帷中可其奏。王伾常諭上屬意叔文，宮中諸黃門稍稍知之。其日，召自右銀臺門，居于翰林，爲學士。叔文與吏部郎中韋執誼相善，請用爲宰相。叔文因王伾，伾因李忠言，忠言因牛昭容，轉相結構。事下翰林，叔文定可否，宣于中書，俾執誼承奏於外。與韓泰、柳宗元、劉禹錫、陳諫、凌準、韓曄唱和，曰管，曰葛，曰伊，曰周，凡其黨僴然自得，謂天下無人。

叔文賤時〔四〕，每言錢穀爲國大本，將可以盈縮兵賦，可操柄市士。叔文初入翰林，自蘇州司功爲起居郎，俄兼充度支、鹽鐵副使，以杜佑領使，其實成於叔文。數月，轉尚書戶部侍郎，領使、學士如故。內官俱文珍惡其弄權，乃削去學士之職。制出，叔文大駭，謂人曰：「叔文須時至此商量公事，若不帶此職，無由入內。」王伾爲之論請，乃許三、五日一入翰林，竟削內職。叔文始入內廷，陰搆密命，機形不見，因騰口善惡進退之。人未窺其本，信爲奇才。及司兩使利柄，齒于外朝，愚智同曰：「城狐山鬼，必夜號窟居以禍福人，亦神而畏之；一旦晝出路馳，無能必矣。」

叔文在省署，不復舉其職事，引其黨與竊語，謀奪內官兵柄，乃以故將范希朝統京西北諸鎭行營兵馬使，韓泰副之。初，中人尚未悟，會邊上諸將各以狀辭中尉，且言方屬希朝，中人始悟兵柄爲叔文所奪，中尉乃止諸鎭無以兵馬入。希朝、韓泰已至奉天，諸將不至，乃還。無幾，叔文母死。前一日，叔文置酒饌於翰林院，宴諸學士及內官李忠言、俱文珍、劉光奇等。中飮，叔文白諸人曰：「叔文母疾病，比來盡心戮力爲國家事，不避好惡難易者，欲以報聖人之重知也。若一去此職，百謗斯至，誰肯助叔文一言者，望諸君開懷見察。」又曰：「羊士諤非毁叔文，欲杖殺之，而韋執誼懦而不遂。叔文生平不識劉闢，乃以韋皐意求領三川，闢排門相干，欲執叔文手，豈非凶人耶！叔文已令掃木場，將斬之，韋執誼苦執不可。每念失此兩賊，令人不快。」又自陳判度支已來，興利除害，以爲己功。俱文珍隨語折之，叔文無以對。

叔文未欲立皇太子。順宗既久疾未平，羣臣中外請立太子，既而詔下立廣陵王爲太子，天下皆悅；叔文獨有憂色，而不敢言其事，但吟杜甫題諸葛亮祠堂詩末句云：「出師未捷身先死，長使英雄淚滿襟。」因歔欷泣下，人皆竊笑之。皇太子監國，貶爲渝州司戶，明年誅之。

王伾，杭州人。始爲翰林侍書待詔，累遷至正議大夫、殿中丞、皇太子侍書。順宗卽位，遷左散騎常侍，依前翰林待詔。

伾闒茸，不如叔文，唯招賄賂，無大志，貌寢陋，吳語，素爲太子之所褻狎；而叔文頗任氣自許，粗知書，好言事，順宗稍敬之，不得如伾出入無間。叔文入止翰林，而伾入至柿林院，見李忠言、牛昭容等。然各有所主：伾主往來傳授；王叔文主決斷；韋執誼爲文誥；劉禹錫、陳諫、韓曄、韓泰、柳宗元、房啓、凌準等謀議唱和，採聽外事。而伾與叔文及諸朋黨之門，車馬塡湊，而伾門尤盛，珍玩賂遺，歲時不絕。室中爲無門大櫃，唯開一竅，足以受物，以藏金寶，其妻或寢臥於上。與叔文同貶開州司馬。

王叔文最所重者，李景儉、呂溫。叔文用事時，景儉居喪於東都；呂溫使吐蕃，留半歲，叔文敗方歸。陸質爲皇太子侍讀，尋卒。

伾、叔文既逐，詔貶其黨韓曄饒州司馬，韓泰虔州司馬，陳諫台州司馬，柳宗元永州司馬，劉禹錫朗州司馬，凌準連州司馬，程异郴州司馬，韋執誼崖州司馬。

韓曄，宰相滉之族子，有俊才，依附韋執誼，累遷尚書司封郎中。叔文敗，貶池州刺史，尋改饒州司馬，量移汀州刺史，又轉永州卒。

陳諫至叔文敗，已出爲河中少尹，自台州司馬量移封州刺史，轉通州卒。

凌準，貞元二十年自浙東觀察判官、侍御史召入，王叔文與準有舊，引用爲翰林學士，轉員外郎。坐叔文貶連州。準有史學，尚古文，撰邠志二卷。

韓泰，貞元中累遷至戶部郎中，王叔文用爲范希朝神策行營節度行軍司馬。泰最有籌畫，能決陰事，深爲伾、叔文之所重，坐貶，自虔州司馬量移漳州刺史，遷郴州。

柳宗元、劉禹錫自有傳。

程异，京兆長安人。嘗侍父疾，鄉里以孝悌稱。明經及第，釋褐揚州海陵主簿。登開元禮科，授華州鄭縣尉。精於吏職，剖判無滯。杜確刺同州，帥河中，皆從爲賓佐。貞元末，擢授監察御史，遷虞部員外郎，充鹽鐵轉運、揚子院留後。時王叔文用事，由巡放利者皆附之，异亦被引用。叔文敗，坐貶岳州刺史，改郴州司馬。元和初，鹽鐵使李巽薦异曉達錢穀，請棄瑕錄用，擢爲侍御史，復爲揚子留後，累檢校兵部郎中、淮南等五道兩稅使。异自悔前非，厲己竭節，江淮錢穀之弊，多所鏟革。入爲太府少卿、太卿，轉衞尉卿，兼御史中丞，充鹽鐵轉運副使。

時淮西用兵，國用不足，异使江表以調征賦，且諷有土者以饒羨入貢，至則不剝下，不浚財，經費以贏，人頗便之。由是專領鹽鐵轉運使、兼御史大夫。十三年九月〔五〕，轉工部侍郎、同中書門下平章事，領使如故。議者以异起錢穀吏，一旦位冠百僚，人情大爲不可。异自知叨據，以謙遜自牧，月餘日，不敢知印秉筆。异知西北邊軍政不理，建議置巡邊使，上問誰可使者，异請自行。議未決，無疾而卒，元和十四年四月也。贈左僕射，謚曰恭。异性廉約，歿官第，家無餘財，人士多之。

皇甫鎛，安定朝那人。祖鄰幾，汝州刺史。父愉，常州刺史。鎛貞元初登進士第，登賢良文學制科，授監察御史。丁母憂，免喪，坐居喪時薄游，除詹事府司直。轉吏部員外郎、判南曹，凡三年，頗鈐制奸吏。改吏部郎中，三遷司農卿、兼御史中丞，賜金紫，判度支，俄拜戶部侍郎。時方討淮西，切於饋運，鎛勾剝嚴急，儲供辦集，益承寵遇，加兼御史大夫。

十三年，與鹽鐵使程异同日以本官同平章事，領使如故。鎛雖有吏才，素無公望，特以聚斂媚上，刻削希恩。詔書既下，物情駭異，至於賈販無識，亦相嗤誚。宰相崔羣、裴度以物議上聞，憲宗怒而不聽。度上疏乞罷知政事，因論之曰：

臣日昨於延英陳乞，伏奉聖旨，未遂愚衷。竊以上古明王聖帝，致理興化，雖由元首，亦在股肱。所以述堯、舜之道，則言稷、契、皐、夔；紀太宗、玄宗之德，則言房、杜、姚、宋。自古至今，未有不任輔弼而能獨理天下者。況今天下，異於十年已前，方驅駕文武，廓清寇亂，建昇平之業，十已得八九。然華夏安否，繫於朝廷，朝廷輕重，在於宰相。如臣駑鈍，夙夜戰兢，常以爲上有聖君，下無賢臣，不能增日月之明，廣天地之德。遂使每事皆勞聖心，所以平賊安人，費力如此，實由臣輩不稱所職。方期陛下博採物議，旁求人望，致之輔弼，責之化成；而乃忽取微人，列於重地，始則殿庭班列，相與驚駭，次則街衢市肆，相與笑呼。伏計遠近流聞，與京師無異。何者？天子如堂，宰臣如陛，陛高則堂高，陛卑則堂不得高矣，宰臣失人，則天子不得尊矣。

伏以陛下叡哲文明，唯天所授，凡所閱視，洞達無遺。所以比來選任宰相，縱道不周物，才不濟時，公望所歸，皆有可取。況皇甫鎛自掌財賦，唯事割剝，以苛爲察，以刻爲明。自京北、京西城鎮及百司幷遠近州府，應是仰給度支之處，無不苦口切齒，願食其肉；猶賴臣等每加勸誡，或爲奏論，庶事之中，抑令通濟。比者淮西諸軍糧料，所破五成錢，其實只與一成、兩成，士卒怨怒，皆欲離叛。臣到行營，方且慰喻，直其遷延不進，供軍漸難，俱能前行〔六〕，必有優賞，以此約定，然後切勒供軍官，且支九月一日兩成已上錢，俱容努力，方將小安，不然必有潰散。今舊兵悉向淄青討伐，忽聞此人入相，則必相與驚擾，以爲更有前時之事，則無告訴之憂。雖侵刻不少，然漏落亦多，所以罷兵之後，經費錢數一千三十萬貫，此事猶可。直以性惟狡詐，言不誠實，朝三暮四，天下共知，惟能上惑聖聰，足見奸邪之極。程异雖人品凡俗，然心事和平，處之煩劇，或亦得力，但升之相位，便在公卿之上，實亦非宜。如皇甫鎛，天下之人，怨入骨髓，陛下今日收爲股肱，列在台鼎，切恐不可，伏惟圖之。倘陛下納臣懇款，速賜移易，以副天下之望，則天下幸甚。伏聞李愬疾病，亦求入來，如浙西觀察使，且與亦得。

臣知一言出口，必犯天威，但使言行，甘心獲戾。今者臣若不退，天下之人謂臣有負恩寵；今退既未許，言又不聽，如火燒心，若箭攢體。臣自無足惜，惜陛下今日事勢。何者？淮西盪定，河北咸寧，承宗斂手削地，程權束身赴闕，韓弘輿疾討賊，此豈京師氣力能制其命，祇是朝廷處置能服其心。今既開中興，再造區夏，陛下何忍却自破除，使億萬之衆離心，四方諸侯解體？凡百君子，皆欲慟哭。況陛下任臣之意，豈比常人；臣事陛下之心，敢同衆士？所以昧死重封以聞，如不足觀，臣當引領受責。陛下引一市肆商徒，與臣同列，在臣亦有何損，陛下實有所傷，不勝憤懣惶恐之至。時憲宗以世道漸平，欲肆意娛樂，池臺館宇，稍增崇飾，而异、鎛探知上旨，數貢羡餘，以備經構，故帝獨排物議相之；見裴度疏，以爲朋黨，竟不省覽。

鎛知公議不可，益以巧媚自固，奏減內外官俸錢以贍國用；敕下，給事中崔祐封還詔書，其事方罷。時內出積年庫物付度支估價，例皆陳朽，鎛盡以善價買之，以給邊軍。羅縠繒綵，觸風斷裂，隨手散壞，軍士怨怒，皆聚而焚之。裴度奏事，因言邊軍焚賜之意，鎛因引其足奏曰：「此靴乃內庫出者，臣以俸錢二千買之，堅韌可以久服，所言不可用，皆詐也。」帝以爲然，由是鎛益無忌憚。裴度有用兵伐叛之功，鎛心嫉之，與宰相李逢吉、令狐楚合勢擠度出鎮太原。崔羣有公望，爲搢紳所重，屢言時政之弊，鎛惡之，因議憲宗尊號，乃奏曰：「昨羣臣議上徽號，崔羣於陛下惜『孝德』兩字。」憲宗怒，黜羣爲湖南觀察使。又與金吾將軍李道古叶爲奸謀，薦引方士柳泌、僧大通，言可致長生。中尉吐突承璀恩寵莫二，鎛厚賂結其歡心，故及相位。

穆宗在東宮，備聞鏄之奸邪，及居諒闇，聽政之日，詔：「皇甫鏄器本凡近，性惟險狹，行靡所顧，文無可觀，雖早踐朝倫，而素乖公望。自掌邦計，屬當軍興，以剝下爲徇公，既鼓衆怒；以矯迹爲孤立，用塞人言。洎塵台司，益蠹時政，不知經國之大體，不慮安邊之遠圖，三軍多凍餒之憂，百姓深凋瘵之弊。事皆罔蔽，言悉虛誣，遠近咸知，朝野同怨。而又恣求方士，上惑先朝，潛通奸人，罪在難捨。合加竄殛，以正刑章，俾黜遐荒，尙存寬典。」又詔曰：「山人柳泌輒懷左道，上惑先朝，固求牧人，貴欲疑衆，自知虛誕，仍便奔逃。僧大通醫方不精，藥術皆妄。既延禍釁，俱是奸邪，邦國固有常刑，人神所宜共棄，宜付京兆府決重杖一頓處死。」

柳泌本曰楊仁力，少習醫術，言多誕妄。李道古奸回巧宦，與泌密謀求進，言之於皇甫鏄，因徵入禁中。自云能致靈藥，言：「天台山多靈草，羣仙所會，臣嘗知之；而力不能致。願爲天台長吏，因以求之。」起徒步爲台州刺史，仍賜金紫。諫官論奏曰：「列聖亦有好方士者，亦與官號，未嘗令賦政臨民。」憲宗曰：「煩一郡之力而致神仙長年，臣子於君父何愛焉！」由是莫敢有言者。裴潾以極言被黜。泌到天台，驅役吏民於山谷間，聲言採藥，鞭笞躁急。歲餘一無所得，懼詐發獲罪，舉家入山谷。浙東觀察使追捕，送於京師，鏄與李道古懇保證之，必能可致靈藥，乃待詔翰林院。憲宗服泌藥，日益煩躁，喜怒不常，內官懼非罪見戮，遂爲弑逆。大通自云壽一百五十歲，久得藥力。又有田佐元者，鳳翔虢人，自言有奇術，能變瓦礫爲金，白衣授虢縣令。初，柳泌繫京兆府，獄吏叱之曰：「何苦作此虛矯？」泌曰：「吾本無此心，是李道古教我，且云壽四百歲。」府吏防虞周密，恐其隱化；及解衣就誅，一無變異，但灸灼之瘢痕浹身而已。鎛卒於貶所。

鎛弟鏞，端士也。亦進士擢第，累歷宣歙、鳳翔使府從事，入爲殿中侍御史，轉比部員外郎、河南縣令、都官郎中、河南少尹。時鎛爲宰相，領度支，恩寵殊異。鏞惡其太盛，每弟兄讌語，即極言之，鎛頗不悅。乃求爲分司，除右庶子。及鎛獲罪，朝廷素知鏞有先見之明，不之罪，徵爲國子祭酒，改太子賓客、秘書監。開成初，除太子少保分司，卒年四十九。鏞能文，尤工詩什，樂道自怡，不屑世務，當時名士皆與之交。有集十八卷，著性言十四篇。

史臣曰：奸邪害正，自古有之；而矯誕無忌，妬賢傷善，未有如延齡、皇甫之甚也。臣每讀陸丞相論延齡疏，未嘗不泣下霑衿，其守正効忠，爲宗社大計，非端士益友，安能感激犯難如此！異哉德宗之爲人主也，忠良不用，讒慝是崇，乃至身播國屯，幾將覆滅，尙獨保延齡之是，不悟盧杞之非，悲夫！執誼、叔文，乘時多僻，而欲斡運六合，斟酌萬幾；劉、柳諸生，逐臭市利，何狂妄之甚也！章武雄材睿斷，翦削厲階；洎逐羣、度而相异、鎛，蓋季年之妖惑也，夫何言哉！

贊曰：貞元之風，好佞惡忠。齡、鎛害善，爲國蠹蟲。裴、陸獻替，嫉惡如風。天聽匪諶，吾道斯窮。

校勘記

〔一〕投狀自其有私簿投狀　此處文字疑有舛誤。本書卷四九食貨志作「無私簿者投狀自集」。新書卷一四八下盧杞傳作「其自相市爲私籍自言」。冊府卷五一〇作「投狀自道」。

〔二〕怨讟之聲　「讟」字各本原作「黷」，據本書卷四九食貨志改。

〔三〕爲羨餘之費　「費」字各本原作「廢」，據陸宣公翰苑集卷二一改。

〔四〕叔文賤時　「賤」字各本原作「賦」，據葉校本改。

〔五〕十三年　各本原作「三年」，據本卷皇甫鎛傳、新書卷一六八程异傳、通鑑卷二四〇改。

〔六〕俱能前行　全唐文卷五三七「俱」字作「但」。

舊唐書卷一百三十六

列傳第八十六

竇參從子申附　齊映　劉滋從兄贊附　盧邁　崔損　齊抗

竇參字時中，工部尚書誕之玄孫。父審言，聞喜尉，以參貴贈吏部尚書。參習法令，通政術，性矜嚴，強直而果斷。少以門蔭，累官至萬年尉。時同僚有直官曹者，將夕，聞親疾，請參代之。會獄囚亡走，京兆尹按直簿，將奏，參遽請曰：「彼以不及狀謁，參實代之，宜當罪。」坐貶江夏尉，人多義之。

累遷奉先尉。縣人曹芬，名隸北軍，芬素兇暴，因醉毆其女弟，其父救之不得，遂投井死。參捕理芬兄弟當死，衆官皆請俟免喪，參曰：「子因父生，父由子死，若以喪延罪，是殺父不坐也。」皆正其罪而杖殺之，一縣畏伏。轉大理司直。按獄江淮，次揚州，節度使陳少游驕蹇，不郊迎，令軍吏傳問，參正辭讓之，少游悔懼，促詣參，參不俟濟江。還奏合旨。時婺州刺史鄧珽坐贓八千貫，珽與執政有舊，以會赦，欲免贓。詔百僚於尚書省雜議，多希執政意，參獨堅執正之於法，竟徵贓。明年，除監察御史，奉使按湖南判官馬彝獄。時彝舉屬令贓罪至千貫，爲得罪者之子因權幸誣奏彝，參竟白彝無罪。彝實能吏，後累佐曹王臯，以正直強幹聞。

參轉殿中侍御史，改金部員外郎、刑部郎中、侍御史、知雜事。無幾，遷御史中丞，不避權貴，理獄以嚴稱。數蒙召見，論天下事，又與執政多異同，上深器之，或參決大政。時宰頗忌之，多所排抑，亦無以傷參。然多率情壞法。初定百官俸料，以嘗爲司直，黨其官，故給俸多於本寺丞；又定百官班秩，初令太常少卿在左右庶子之上；又惡詹事李昪，遂移詹事班退居諸府尹之下，甚爲有識所嗤。尋兼戶部侍郎。時京師人家豕生兩首四足，有司欲奏，參曰：「此爲豕禍，安可上聞！」命棄之。是時，郊牛生犢有六足者，太僕卿周皓白宰相請奏，李泌亦戲答以遣之。

故淮南節度使陳少游子正儀請襲封，參大署尚書省門曰：「陳少游位兼將相之崇，節變艱危之際，君上含垢，未能發明，愚子何心，輒求傳襲。」正儀懼，不敢求封而去。時神策將軍孟華有戰功，爲大將軍所誣奏，稱華謀反；有右龍武將軍李建玉，前陷吐蕃，久之自拔，爲部曲誣告潛通吐蕃，皆當死，無以自白，參悉理出之，由是人皆屬望。

明年，拜中書侍郎、同平章事，領度支、鹽鐵轉運使。每宰相間日於延英召對，諸相皆出，參必居後久之，以度支爲辭，實專大政。參無學術，但多引用親黨，使居要職，以爲耳目，四方藩帥，皆畏懼之。李納既憚參，饋遺畢至，外示敬參，實陰間之。上所親信，多非毀參。竇申又與吳通玄通犯事覺，參任情好惡，恃權貪利，不知紀極，終以此敗。貶參郴州別駕，貞元八年四月也。

參至郴州，汴州節度使劉士寧遺參絹五千匹。湖南觀察使李巽與參有隙，遂具以聞；又中使逢士寧使於路，亦奏其事。德宗大怒，欲殺參。宰相陸贄曰：「竇參與臣無分，因事報怨，人之常情。然臣參宰衡，合存公體，以參罪犯，置之於死，恐用刑太過。」於是且止。尋又遣中使謂贄等曰：「卿等所奏，於大體雖好，然此人交結中外，其意難測，朕尋情狀，其事灼然。又竇參在彼，與諸戎帥交通，社稷事重，卿等速進文書處分。」贄奏曰：「臣面承德音，幸奉密旨，皆以社稷爲言，又知根尋已審，敢不上同憂憤，內絕狐疑，豈願遲迴，更貽念慮。但以參常經重任，斯謂大臣，進退之間，猶宜有禮，誅戮之際，不可無名。劉晏久掌貨財，當時亦招怨讟，及加罪責，事不分明，叛者既得以爲辭，衆人亦爲之懷愍。用刑曖昧，損累不輕，事例未遙，所宜重愼。竇參頃司鈞軸，頗怙恩私，貪受貨財，引縱親黨，此則朝廷同議，天下共傳。至於潛懷異圖，將起大惡，迹既未露，人皆莫知。臣等親奉天顏，議加刑辟，但聞兇險之意，尙昧結構之由。況在衆流，何由備悉，忽行峻罰，必謂冤誣，羣情震驚，事亦非細。若不付外推鞫，則恐難定罪名，乞留睿聽，更少詳度。竇參於臣，素亦無分，陛下固已明知，有何顧懷，輒欲營救，良以事關國體，義絕私嫌，所冀典刑不濫於淸時，君道免虧於聖德。」乃再貶爲驩州司馬。男景伯，配泉州；女尼眞如，隸郴州；其財物婢妾，傳送京師。參時爲左右中官深怒，謗沮不已，未至驩州，賜死於邕州武經鎭，時年六十。

竇申者，參之族子。累遷至京兆少尹，轉給事中。參特愛之，每議除授，多訪於申，申或泄之，以招權受賂。申所至，人目之爲喜鵲。德宗頗聞其事，數誡參曰：「卿他日必爲申所累，不如出之以掩物議。」參曰：「臣無強子姪，申雖疏屬，臣素親之，不忍遠出，請保無他犯。」帝曰：「卿雖自保，如衆人何？」參固如前對。申亦不悛。

兵部侍郎陸贄與參有隙。吳通微弟兄與贄同在翰林，俱承德宗顧遇，亦爭寵不協。金吾大將軍、嗣虢王則之與申及通微、通玄善，遂相與傾。贄考貢舉，言贄考貢不實。吳通玄取宗室女爲外婦，德宗知其毁贄，且令察視，具得其奸狀，乃貶則之爲昭州司馬，吳通玄爲泉州司馬，竇申爲道州司馬。不旬日，貶參郴州別駕，卽日以陸贄爲宰相。明年，竇參再貶驩州。德宗謂陸贄曰：「竇申、竇榮、李則之首末同惡，無所不至，又並細微，不比竇參，便宜商量處置，所有親密，並發遣於遠惡處。」贄奏曰：

竇參罪犯，誠合誅夷，聖德含弘，務全事體，特寬嚴憲，俯貸餘生。始終之恩，實足感於庶品；仁煦之惠，不獨幸於斯人。所議貶官，謹具別狀。其竇申、竇榮、李則之等，既皆同惡，固亦難容；然以得罪相因，法有首從，首當居重，從合從輕。參既蒙恩矜全，申等亦宜減降。又於黨與之內，亦有淑慝之殊，稍示區分，足彰沮勸。竇榮與參雖非近屬，亦甚相親，然於款密之中，都無邪僻之事。仍聞激憤，屢有直言，因此漸搆猜嫌，晚年頗見疏忌。若論今者陰事，則尚未究端由，如據比來所行，應不至兇險，恐須差異，以表詳明。臣等商量，竇榮更貶遠官，竇申、則之並除名配流，庶允從輕之典，以洽好生之恩。夫趨勢附權，時俗常態，苟無高節出衆，何能特立不羣。竇參久塵鈞衡，特承寵渥，君之所任，孰敢不從。或游於門庭，或序以中表，或偏被接引，或驟與薦延，如此之徒，十常八九。若聽流議，皆謂黨私，自非甚與交親，安可悉從貶累。況竇參罷黜，殆欲周星，應是私黨近親，當時並已連坐，人心久定，不可復搖。臣等商量，除與竇參陰謀邪事外，一切不問。

詔從之，由是申等得配流嶺南。既賜參死，乃杖殺申，諸竇皆貶，榮得免死。

齊映，瀛州高陽人。父圯，試太常少卿，兼檢校工部郎中。映登進士第，應博學宏辭，授河南府參軍。滑亳節度使令狐彰辟爲掌書記，累授監察御史。彰疾甚，映草遺表，因與謀後事，映說彰令上表請代，令子建歸京師，彰皆從之，因妻以女。彰卒後兵亂，映脫身歸東都，河陽三城使馬燧辟爲判官，奏殿中侍御史。

建中初，盧杞爲宰相，薦之，遷刑部員外郎，會張鎰出鎮鳳翔，奏爲判官。映口辯，頗更軍事，數以論奏合旨，尋轉行軍司馬、兼御史中丞。德宗在奉天，鳳翔逼於賊泚。鎰懦緩不曉兵家事，部將有李楚琳者，慓悍兇暴，軍中畏之，乘間將謀亂。先數日，映與同列齊抗覺其謀，乃言於鎰，請早圖之。鎰不從映言，乃示其寬大，召楚琳語之曰：「欲令公使於外。」楚琳恐，是夜作亂，乃殺鎰以應泚；軍中多爲映指道，故得免。因赴奉天行在，除御史中丞。

興元初，從幸梁州，每過險，映常執轡。會御馬遽駭，奔跳頗甚，帝懼傷映，令捨轡；映堅執久之，乃止。帝問其故，曰：「馬奔蹶，不過傷臣；如捨之，或犯淸塵，雖臣萬死，何以塞責？」上嘉奬無已。在梁州，拜給事中。映白晳長大，言音高朗。上自山南還京，常令映侍左右，或令前馬，至城邑州鎭，俾映宣詔令，帝益親信之。其年冬，轉中書舍人。

貞元二年，以本官與左散騎常侍劉滋、給事中崔造同拜平章事。滋以端默雅重寡言，映謙和美言悅下，無所是非，政事多決於造。無幾，造疾病，映當國政，乘間亦敢言事。時吐蕃數入寇，人情搖動，且言帝欲行幸避狄。映奏曰：「戎狄亂華，臣之罪也。今人情恟懼，謂陛下理裝具糗糧，臣聞大福不再，奈何不與臣等熟計之？」因俯伏流涕，上亦爲之感動。時給事中袁高忤旨，映連請爲左丞、御史大夫。

映於東都舉進士及宏詞時，張延賞爲河南尹、東都留守，厚映。及映爲相，延賞罷相爲左僕射，數畫時事令映行之，及爲所親求官，映多不應。延賞怒，言映非宰相器。三年正月，貶映夔州刺史，又轉衡州。七年，授御史中丞、桂管觀察使，又改洪州刺史、江西觀察使。映常以頃爲相輔，無大過而罷，冀其復入用，乃掊斂貢奉，及大爲金銀器以希旨。先是，銀瓶高者五尺餘，李兼爲江西觀察使，乃進六尺者。至是，因帝誕日端午，映爲瓶高八尺者以獻。貞元十一年七月卒，時年四十八，贈禮部尙書。

劉滋字公茂，左散騎常侍子玄之孫。父貺，開元初爲左拾遺，父子仍代爲史官。貺依劉向說苑撰續說苑一十卷以獻，玄宗嘉之。滋少以門蔭，調授太子正字，歷漣水令。吏部侍郎楊綰薦滋堪爲諫官，拜左補闕，改太常卿，復爲左補闕。辭官侍親還東都，河南尹李廙署奏功曹參軍。無幾，丁母喪，服除，遷屯田員外郎，轉司勳員外郎，判南曹，勤於吏職，孜孜奉法。遷司勳郎中，累拜給事中。從幸奉天，轉太常少卿，掌禮儀。興元元年，改吏部侍郎，往洪州知選事。時京師寇盜之後，天下蝗旱，穀價翔貴，選人不能赴調，乃命滋江南典選，以便江、嶺之人，時稱舉職。

貞元二年，遷左散騎常侍、同中書門下平章事，在相位無所啓奏，但多謙退，廉謹畏愼而已。三年正月，守本官，罷知政事。四年，復爲吏部侍郎。六年，遷吏部尚書。竇參以宰相爲吏部尚書，換刑部尚書。無何，御史臺劾奏滋前在吏部選人渝濫，詔奪金紫階。滋有經學，善持論，性廉潔刻苦，嫉惡，掌選多所發擿更代，詐僞者尤畏之。十年十月卒，時年六十六，贈陝州大都督。

滋從兄贊，大曆中左散騎常侍粲之子。少以資蔭補吏，累授鄂縣丞。宰相杜鴻漸自劍南還朝，途出於鄂，贊儲供精辦。鴻漸判官楊炎以贊名儒之子，薦之，累授侍御史、浙江觀察判官〔二〕。楊炎作相，擢爲歙州刺史，以勤幹聞。有老婦人捃拾榛蓁間，猛獸將噬之，幼女號呼搏獸而救之，母子俱免。宣歙觀察使韓滉表其異行，加金紫之服，再遷常州刺史。

韓滉入相，分舊所統爲三道，以贊爲宣州刺史、兼御史中丞、宣歙池都團練觀察使。贊在宣州十餘年。

贊祖子玄開元朝一代名儒，父彙博涉經史，唯贊不知書，但以強猛立威，官吏畏之，重足一迹。宣爲天下沃饒，贊久爲廉察，厚斂殖貨，務貢奉以希恩。子弟皆虧庭訓，雖童年稚齒，便能侮易驕人，人士鄙之。貞元十二年卒，時年七十，贈吏部尚書。

盧邁字子玄，范陽人。少以孝友謹厚稱，深爲叔舅崔祐甫所親重。兩經及第，歷太子正字、藍田尉。以書判拔萃，授河南主簿，充集賢校理。朝臣薦其文行，遷右補闕、侍御史、刑部吏部員外郎。邁以叔父兄弟姊妹悉在江介，屬蝗蟲歲饑，懇求江南上佐，由是授滁州刺史。入爲司門郎中，遷右諫議大夫，累上表言時政得失。轉給事中，屬校定考課，邁固讓，以授官日近，未有政績，不敢當上考，時人重之。遷尚書右丞。

將作監元亘當攝太尉享昭德皇后廟，以私忌日不受誓誡，爲御史劾奏，詔尚書省與禮官、法官集議。邁奏狀曰：「臣按禮記，大夫士將祭於公，既視濯而父母死，猶奉祭。又按唐禮，散齋有大功之喪，致齋有周親喪，齋中疾病，卽還家不奉祭事，皆無忌日不受誓誡之文。

雖假寧令忌日給假一日，春秋之義，不以家事辭王事。今亘以假寧常式〔三〕，而違攝祭新命，酌其輕重，誓誡則祀事之嚴，校其禮式，忌日乃尋常之制，詳求典據，事緣薦獻，不宜以忌日爲辭。」由是亘坐罰俸。

邁九年以本官同中書門下平章事；歲餘，遷中書侍郎。時大政決在陸贄、趙憬，邁謹身中立，守文奉法而已。而友愛恭儉。邁從父弟迟，爲劍南西川判官，卒於成都，歸葬於洛陽，路由京師，邁奏請至城東哭於其柩，許之。近代宰臣多自以爲崇重，三服之親，或不過從而弔臨；而邁獨振薄俗，請臨弟喪，士君子是之。

十二年九月，邁於政事堂中風，肩輿而歸，上表請罷官，不許，詔宰臣就第問疾。自是凡五上表，堅乞骸骨，詔曰：「卿操履貞方，器識淹茂，自居台輔，益見忠清。方藉謀猷，遽嬰疾疹，歲月滋久，章表屢聞，陳請再三，撝謙難奪。且備養賢之禮，宜遂優閑之秩，告免之誠，雖爲懇至，俯從來奏，良用憮然。」乃除太子賓客。貞元十四年卒，時年六十，贈太子太傅，賻以布帛。邁再娶無子，以從父弟子紀爲嗣。

崔損字至無，博陵人。高祖行功已後，名位卑替。損大曆末進士擢第，登博學宏詞科，授秘書省校書郎，再授咸陽尉。外舅王翃爲京兆尹，改大理評事，累遷兵部郎中。貞元十一年，遷右諫議大夫。會門下侍郎平章事趙憬卒，中書侍郎平章事盧邁風病請告，戶部尙書裴延齡素與損善，乃薦之於德宗。十二年，以本官同中書門下平章事，與給事中趙宗儒同日知政事，並賜金紫。初，二相有故旬日，中外顒望名德，損比無聲實，及制下之日，中外失望。性齷齪謹愼，每延英論事，未嘗有言。

十四年秋，轉門下侍郎平章事。是歲，以昭陵舊宮爲野火所焚，所司請修奉。「昭陵舊宮在山上〔三〕，置來歲久，曾經野火燒爇，摧毀略盡，其宮尋移在瑤臺寺左側。今屬通年，欲議修置，緣供水稍遠，百姓勞弊，今欲於見住行宮處修創，冀久遠便人。又爲移改舊制，恐禮意未周，宜令宰臣百僚集議。」議者多云：「舊宮既焚，宜移就山下。」上意不欲遷移，只於山上重造，命損爲八陵修奉使。於是獻、昭、乾、定、泰五陵造屋五百七十間，橋陵一百四十間，元陵三十間，唯建陵仍舊，但修葺而已。所緣陵寢中牀蓐帷幄一事以上，帝親自閱視，然後授損送於陵所。

損以久疾在家，賜絹二百匹以爲醫藥。南北兩省淸要，損皆歷踐之，在位無稱於人者。身居宰相，母野殯，不言展墓，不議遷祔；姊爲尼，歿於近寺，終喪不臨，士君子罪之。加以過爲恭遜，接見便僻，不止於容身而已。自建中以後，宰相罕有久在位者，數歲罪黜；損用此中上意，竊大任者八年。上亦知物議鄙其持祿取容，然憐而厚之。貞元十九年卒，贈太子太傅，賻布帛五百端、米粟四百石。

齊抗字遐舉，天寶中平陽太守澣之孫。父翺，一命卑官卒，以抗貴，累贈國子祭酒。抗少隱會稽剡中讀書，爲文長於牋奏。大曆中，壽州刺史張鎰辟爲判官，明閑吏事，敏於文學，鎰甚重之。建中初，鎰爲江西觀察使，抗亦隨在幕府。三年，鎰自中書侍郎平章事出鎮鳳翔，奏抗爲監察御史，仍爲賓佐，幕中籌畫，多出於抗。

德宗在奉天，鎰爲李楚琳所害。抗奔赴行在，拜侍御史，旬日改戶部員外郎。宰相蕭復爲江淮宣慰使，以抗爲判官。德宗還京，大盜之後，天下旱蝗，國用盡竭。鹽鐵轉運使元琇以抗有才用，奏授倉部郎中，條理江淮鹽務。貞元初，爲水陸運副使，督江淮漕運以給京師。遷諫議大夫。歷處州刺史，轉潭州刺史、湖南都團練觀察使。入爲給事中，又爲河南尹，歷秘書監、太常卿，代鄭餘慶爲中書侍郎、同中書門下平章事。

先時每年吏部選人試判，別奏官考覆，第其上下；既考，中書門下復奏擇官覆定，寢以爲例。抗乃奏曰：「吏部尚書、侍郎，已是朝廷精選，不宜別差考官重覆。」其年他官考判訖，俾吏部侍郎自覆，一歲遂除考判官，蓋抗所論奏也。故事，禮部侍郎掌貢舉，其親故即試於考功，謂之「別頭舉人」，抗亦奏罷之。尋奏省諸州府別駕、田曹、司田官及判司之雙曹者，復省中書省驅使官及諸胥吏。

尋加修國史。抗雖讀書，無遠智大略，凡爲官，必求至精，末乃滋彰，物論薄其隘刻。遇疾，上表請罷，改太子賓客，竟不任朝謝。貞元二十年卒，時年六十五，贈戶部尙書，又賜其家絹二百匹。

史臣曰：竇參朋黨，不顧君上之誠，斯爲悖矣。齊映曲貢希用甚謬，而愛君蒞事，往往有長者之言。滋、邁家行修謹，臨事可稱，器雖齷齪，無廢爲君子矣。而損、抗之比，夫何足云，遽汙台槐，蓋時主之容易耳。

贊曰：物之同器，貴於弘通。竇阿齊佞，偏詖斯同。滋、邁之行，可以飾躬。康濟蒸民，胡爲厥中。

校勘記

〔一〕浙江　新書卷一三二劉子玄傳作「浙西」。

〔二〕今亘以假寧常式　「亘」字各本原作「直」，據唐會要卷二三、冊府卷五九〇改。

〔三〕昭陵舊宮在山上　冊府卷三〇「昭陵」作「八陵」，前有「三月詔曰」四字。

舊唐書卷一百三十七

列傳第八十七

徐浩 趙涓 子博宣 盧南史附 劉太真 李紓 邵說 于邵
崔元翰 于公異 呂渭 子溫 恭 儉 讓 鄭雲逵 李益 李賀

徐浩字季海，越州人。父嶠，官至洛州刺史。浩少舉明經，工草隸，以文學爲張說所器重，調授魯山主簿。說薦爲麗正殿校理，三遷右拾遺，仍爲校理。幽州節度使張守珪奏在幕府，改監察御史。丁父憂，服除，授京兆司錄，以母憂去職。數年，調授河南司錄，歷河陽令，以善政稱。拜太子司議郎，遷金部員外郎，歷憲部郎中。安祿山反，出爲襄陽太守、本郡防禦使，賜以金紫之服。

肅宗卽位，召拜中書舍人，時天下事殷，詔令多出於浩。浩屬詞贍給，又工楷隸，肅宗悅其能，加兼尙書右丞。玄宗傳位誥册，皆浩爲之，參兩宮文翰，寵遇罕與爲比。除國子祭酒，坐事貶廬州長史。代宗徵拜中書舍人、集賢殿學士，尋遷工部侍郎、嶺南節度觀察使、兼御史大夫，又爲吏部侍郎、集賢殿學士。坐以妾弟冒選，託侍郎薛邕注授京尉，爲御史大夫李栖筠所彈，坐貶明州別駕。

德宗卽位，徵拜彭王傅。建中三年，以疾卒，年八十，贈太子少師。初，浩以文雅稱；及授廣州，典選部，多積貨財，又嬖其妾侯莫陳氏，頗干政事，爲時論所貶。

趙涓，冀州人也。幼有文學。天寶初，舉進士，補鄠城尉，累授監察御史、右司員外郎。河南副元帥王縉奏充判官〔一〕，授檢校兵部郎中、兼侍御史，遷給事中、太常少卿，出爲衢州刺史。

永泰初，涓爲監察御史。時禁中失火，燒屋室數十間，火發處與東宮稍近，代宗深疑之，涓爲巡使，俾令卽訊。涓周歷壖垣，按據迹狀，乃上直中官遺火所致也，推鞫明審，頗盡事情。旣奏，代宗稱賞焉。德宗時在東宮，常感涓之究理詳細，及刺衢州，年考旣深，又與觀察使韓滉不相得，滉奏免涓官，德宗見其名，謂宰臣曰：「豈非永泰初御史趙涓乎？」對曰：「然。」卽拜尚書左丞。無何，知吏部選，扈從梁州。興元元年卒，贈戶部尚書。

子博宣，登進士第，文章俊拔，性率多酒。陳許節度使曲環辟爲從事，賓筵之間，多所忽略，環不能容。朝廷方討淮、蔡，環誣奏博宣受吳少誠賂爲反間，又妄說國家休咎，扇惑軍情。時博宣權知舞陽縣事，詔令環決杖四十，流於康州，人皆以爲枉。

先是，侍御史盧南史坐事貶信州員外司馬，至郡，準例得廳吏一人，每月請紙筆錢，前後五年，計錢一千貫。南史以官閑冗，放吏歸，納其紙筆錢六十餘千。刺史姚驥劾奏南史，以爲贓，又劾南史買鉛燒黃丹。德宗遣監察御史鄭楚相、刑部員外郎裴澥、大理評事陳正儀充三司使，同往按鞫。將行，並召於延英，謂之曰：「卿等必須詳審，無令漏罪銜冤。」三人將退，裴澥獨留，奏曰：「臣按姚驥奏狀，稱南史取廳吏紙筆錢計贓六十餘貫，雖於公法有違，量事且非巨蠹。」上曰：「此事亦未爲甚，未知燒鉛何如？」澥曰：「燒鉛爲丹，格令不禁。準天寶十三載敕，鉛、銅、錫不許私家買賣貨易，蓋防私鑄錢，本亦不言燒鉛爲丹。南史違勅買鉛，不得無罪。伏以陛下自登寶位，及天寶、大曆以來，未曾降三司使至江南；今忽錄此小事，令三司使往，非唯損耗州縣，亦恐遠處聞之，各懷憂懼。臣聞開元中張九齡爲五嶺按察使，有錄事參軍告齡非法，朝廷止令大理評事往按。大曆中，鄂岳觀察使吳仲孺與轉運使判官劉長卿紛競，仲孺奏長卿犯贓二十萬貫，時止差監察御史苗伾就推。今姚驥所奏事狀無多，臣堪任此行，卽請獨往，恐不須三司並行爲使。」德宗忻然曰：「卿言是矣。」乃復召楚相、正儀與澥俱坐，謂之曰：「朕懵於理道，處事未精，適見裴澥所奏，深協事宜，亦不用三人總去，但行首一人行可也，卿等便宜付宰臣改勑。」德宗不務大體，以察爲明，皆此類也。而博宜、南史坐誣枉擯逐，賴裴澥悟主，南史不至深罪，後得召還。

劉太眞，宣州人。涉學，善屬文，少師事詞人蕭穎士。天寶末，舉進士。大曆中，爲淮南節度使陳少遊掌書記，徵拜起居郎。累歷臺閣，自中書舍人轉工部、刑部二侍郎。性怯懦詭隨。及轉禮部侍郎，掌貢舉，宰執姻族，方鎭子弟，先收擢之。又常敍少遊勳績，擬之桓、文，大招物論。貞元五年，貶信州刺史，到州尋卒。

太眞尤長於詩句，每出一篇，人皆諷誦。德宗文思俊拔，每有御製，卽命朝臣畢和。貞元四年九月，賜宴曲江亭，帝爲詩，序曰：

朕在位僅將十載，實賴忠賢左右，克致小康。是以擇三令節，錫茲宴賞，俾大夫、卿士得同歡洽也。夫共其戚者同其休，有其初者貴其終，咨爾羣僚，頒朕不暇，樂而能節，職思其憂，咸若時則，庶乎理矣。因重陽之會，聊示所懷。

早衣對庭燎，躬化勤意誠。時此萬樞暇，適與佳節幷。曲池潔寒流，芳菊舒金英。乾坤爽氣澄，臺殿秋光淸。朝野慶年豐，高會多歡聲。永懷無荒誡，良士同斯情。

因詔曰：「卿等重陽會宴，朕想歡洽，欣慰良多，情發于中，因製詩序。今賜卿等一本，可中書門下簡定文詞士三五十人應制，同用『淸』字，明日內於延英門進來。」宰臣李泌等雖奉詔簡擇，難於取捨，由是百僚皆和。上自考其詩，以太眞及李紓等四人爲上等，鮑防、于邵等四人爲次等，張濛、殷亮等二十三人爲下等；而李晟、馬燧、李泌三宰相之詩，不加考第。

初，朱泚、懷光之亂，關輔薦饑，貞元三年以後，仍歲豐稔，人始復生人之樂。德宗詔曰：「比者卿士內外，朝夕公務，今方隅無事，蒸民小康，其正月晦日、三月三日、九月九日三節日，宜任文武百僚擇勝地追賞。每節宰相、常參官共賜錢五百貫文，翰林學士一百貫文，左右神威、神策等十軍各賜五百貫，金吾、英武、威遠及諸衞將軍共賜二百貫，客省奏事共賜一百貫，委度支每節前五日支付，永爲常制。」

李紓字仲舒，禮部侍郎希言之子。少有文學。天寶末，拜秘書省校書郎。大曆初，吏部侍郎李季卿薦爲左補闕，累遷司封員外郎、知制誥，改中書舍人。尋自虢州刺史徵拜禮部侍郎。德宗居奉天，擢爲同州刺史，尋棄州詣梁州行在，拜兵部侍郎。反正，兼知選事。李懷光誅，河東節度及諸軍會河中，詔往宣勞節度，使還，敷奏合旨，拜禮部侍郎。

紓通達，善詼諧，好接後進，厚自奉養，鮮華輿馬，以放達藴藉稱。雖爲大官，而佚遊佐宴，不嘗自忘。嘗議享武成王不當視文宣廟，奏云：「準開元十九年敕，置齊太公廟，以張良配，太常卿及少卿、丞充三獻官。又按開元禮祝文云『皇帝遣某官昭告于齊太公、漢留侯』。至上元年，敕追贈太公爲武成王，享祭之典，一同文宣王，有司因差太尉充獻官，兼御署祝板。伏以太公卽周之太師，張良卽漢之少傅，聖朝列於祀典，已極褒崇；今屈禮於至尊，施敬於臣佐，理或過當，神何敢歆。伏以文宣垂敎，百代宗師，五常三綱，非其訓不明，有國家，非其制不立，故孟軻稱『生人已來，一人而已』。由是正素王之位，加先聖之名，樂用宮縣，獻差太尉，尊師崇道，雅合政經。且太公述作止於六韜，勳業形於一代，豈宜擬諸盛德，均其殊禮！其祝文請不進署，『敢昭告』請改爲『敬祭于』，『其昭告』請改爲『致祭于留侯』，其獻官請準舊式，差太常卿已下充。」詔百僚進議。文武官上言，互有異同。詔曰：「帝德廣運，乃武乃文，文化武功，皇王之二柄，祀禮敎敬，國章孔明。自今宜上將軍以下充獻官，餘依紓所奏。」紓又奉詔爲興元紀功述及郊廟樂章，諸所論著甚衆。卒於官，年六十二。貞元八年，贈禮部尚書。

邵說，相州安陽人。舉進士，爲史思明判官，歷事思明、朝義，常掌兵事。朝義之敗，說降於軍前，郭子儀愛其才，留於幕下。累授長安令、秘書少監，遷吏部侍郎、太子詹事，以才幹稱。談者或以宰相許之，金吾將軍裴儆謂諫議大夫柳載曰：「以鄙夫所度，說得禍不久矣。且說與史思明父子定君臣之分，居劇官，掌兵柄，亡軀犯順，前後百戰，於賊庭掠名家子女以爲婢僕者數十人，剽盜寶貨，不知紀極。力屈然後降，朝廷宥以不死，獲齒班序，無厚顏，而又遑遑求財，崇飾第宅，附託貴倖，以求大用，不知愧懼，而有得色，其能久乎！」建中三年，嚴郢得罪，說與郢厚善，勸朱泚抗疏申其冤，說爲草其奏，上知之，貶說歸州刺史，竟卒于貶所。

于邵字相門，其先家于代，今爲京兆萬年人。曾祖筠，戶部尚書。邵天寶末進士登科，書判超絕，授崇文館校書郎。累歷使府，入爲起居郎，再遷比部郎中，尚二十考第於吏部，以當稱。無何，出爲道州刺史，未就道，轉巴州。時歲儉，夷獠數千相聚山澤，圍州掠衆，邵勵州兵以拒之。旬有二日，遣使說喻，盜邀邵面降，邵儒服出城，盜羅拜而降，圍解。節度使李抱玉以聞，超遷梓州，以疾不至，遷兵部郎中。西川節度使崔寧請留爲支度副使。尋拜諫議大夫、知制誥，再遷禮部侍郎、史館修撰，爲三司使。以撰上尊號册，賜階三品，當時大詔令，皆出於邵。頃之，與御史中丞袁高、給事中蔣鎮雜理左丞薛邕詔獄。邵以爲邕犯在赦前，奏出之，失旨，貶桂州長史。貞元初，除原王傅，後爲太子賓客，與宰相陸贄不睦。八年，出爲杭州刺史，以疾請告，坐貶衢州別駕，移江州別駕，卒年八十一。

邵性孝悌，內行修潔，老而彌篤。初，樊澤常舉賢良方正，邵一見之於京師，曰：「將相之材也。」不十五年，澤爲節將。崔元翰年近五十，始舉進士，邵異其文，擢第甲科，且曰：「不十五年，當掌詔令。」竟如其言。獨孤授舉博學宏詞，吏部考爲乙第，在中書覆升甲科，人稱其當。有集四十卷。

崔元翰者，博陵人。進士擢第，登博學宏詞制科，又應賢良方正、直言極諫科，三舉皆升甲第，年已五十餘。李汧公鎮滑臺，辟爲從事。後北平王馬燧在太原，聞其名，致禮命之，又爲燧府掌書記。入朝爲太常博士、禮部員外郎。竇參輔政，用爲知制誥，詔令溫雅，合於典謨。然性太剛褊簡傲，不能取容於時，每發言論，略無阿徇，忤執政旨，故掌誥二年，而官不遷。竟罷知制誥，守比部郎中。

元翰苦心文章，時年七十餘，好學不倦。既介獨耿直，故少交遊，唯秉一操，伏膺翰墨。其對策及奏記、碑誌，師法班固、蔡伯喈，而致思精密。爲時所擯，終于散位。

于公異者，吳人。登進士第，文章精拔，爲時所稱。建中末，爲李晟招討府掌書記。興元元年，收京城，公異爲露布上行在云：「臣已肅淸宮禁，祗奉寢園，鍾簴不移，廟貌如故。」德宗覽之，泣下不自勝，左右爲之嗚咽。既而曰：「不知誰爲之？」或對曰：「于公異之詞也。」上稱善久之。

公異初應進士時，與舉人陸贄不協；至是贄爲翰林學士，聞上稱與，尤不悅。時議者言之，公異少時不爲後母所容，自遊宦成名，不歸鄉里；及貞元中陸贄爲宰相，奏公異無素行，黜之。詔曰：「祠部員外郎于公異，頃以才名，升於省闥。其少也，爲父母之所不容，宜其引慝在躬，孝行不匱，匿名跡於畎畝，候安否於門閭，俾其親之過不彰，庶其誠之至必感。安於棄斥，遊學遠方，忘其溫凊之戀，竟至存亡之隔，爲人子者，忍至是乎！宜放歸田里，俾自循省。其舉公異官尙書左丞盧邁，宜奪俸兩月。」時中書舍人高郢薦監察御史元敦義，及覩公異譴逐，懼爲所累，乃上疏首陳敦義虧於禮敎，詔嘉郢之知過，俾敦義罷歸。公異竟名位不振，轗軻而卒，人士惜其才，惡贄之褊急焉。

呂渭字君載，河中人。父延之，越州刺史、浙江東道節度使。渭舉進士，累授婺州永康令、大理評事。浙西觀察使李涵辟爲支使，再遷殿中侍御史。涵自御史大夫改太子少傅，渭上言：「涵父名少康，今涵爲少傅，恐乖朝典。」由是特授渭司門員外郎。尋爲御史臺劾奏：「涵再任少卿，此時都不言；今爲少傅，疑以散慢，乃爲不可。」由是貶渭歙州司馬，改涵檢校工部尙書、兼光祿卿。

渭累授舒州刺史、吏部員外、駕部郎中、知制詔、中書舍人，丹憂罷。服闋，授太子右庶子、禮部侍郎。中書省有柳樹，建中末枯死，興元元年車駕還京後，其樹再榮，人謂之瑞柳。渭試進士，取瑞柳爲賦題，上聞而嘉之〔三〕。渭又結附裴延齡之子操，舉進士，文詞非工，渭擢之登第；爲正人嗤鄙。因入閣遺失請託文記，遂出爲潭州刺史、兼御史中丞、湖南都團練觀察使，在任三歲，政甚煩碎。貞元十六年卒，年六十六，贈陝州大都督。子溫、恭、儉、讓。

温字化光，貞元末登進士第，與翰林學士韋執誼善。順宗在東宮，侍書王叔文勸太子招納時之英俊以自輔，温與執誼尤爲叔文所暱，起家再命拜左拾遺。二十年冬，副工部侍郎張薦爲入吐蕃使，行至鳳翔，轉侍御史，賜緋袍牙笏。明年，德宗晏駕，順宗卽位，張薦卒於青海，吐蕃以中國喪禍，留温經年。時王叔文用事，故與温同遊東宮者，皆不次任用，温在蕃中，悲歎久之。元和元年，使還，轉戶部員外郎。時柳宗元等九人坐叔文貶逐，唯温以奉使免。

温天才俊拔，文彩贍逸，爲時流柳宗元、劉禹錫所稱。然性多險詐，好奇近利，與竇羣、羊士諤趣尚相狎。羣爲韋夏卿所薦，自處士不數年至御史中丞，李吉甫尤奇待之。三年，吉甫爲中官所惡，將出鎭揚州，温欲乘其有間傾之。温自司封員外郎轉刑部郎中，竇羣請爲知雜。吉甫以疾在第，召醫人陳登診視，夜宿于安邑里第。温伺知之，詰旦，令吏捕登鞫問之，又奏劾吉甫交通術士。憲宗異之，召登面訊，其事皆虛，乃貶羣爲湖南觀察使，羊士諤資州刺史，温均州刺史。朝議以所責太輕，羣再貶黔南，温貶道州刺史。五年，轉衡州，秩滿歸京，不得意，發疾卒。

温文體富豔，有丘明、班固之風，所著凌煙閣功臣銘、張始興畫贊、移博士書，頗爲文士所賞，有文集十卷。

恭、儉皆至侍御史，讓至太子右庶子，皆有美才。自後吉甫再入中書，長慶以後，李德裕黨盛，呂氏諸子無至達官者。

鄭雲逵，滎陽人。大曆初，舉進士。性果誕敢言。客遊兩河，以畫干于朱泚，泚悅，乃表爲節度掌書記、檢校祠部員外郎，仍以弟滔女妻之。泚將入覲，先令雲逵入奏；及泚至京，以事怒雲逵，奏貶莫州參軍。滔代泚後，請爲判官。滔助田悅爲逆，雲逵諭之不從，遂棄妻子馳歸長安，帝嘉其來，留於客省，超拜諫議大夫。奉天之難，雲逵奔赴行在，李晟以爲行軍司馬，戎略多以咨之。歷秘書少監、給事中，尋拜大理卿，遷刑部、兵部二侍郎，遷御史中丞，充順宗山陵橋道置頓使。

雲逵初爲朱泚判官，常忤同幕蔡庭玉；庭玉白泚，黜爲莫州錄事參軍。滔復奏爲判官；因深搆庭玉於滔；滔爲泚留後事，有請於泚，庭玉又輒隳之。又有判官朱體微，亦蒙泚親信，與庭玉常從容言於泚曰：「滔非長者，不可付以兵權。」滔竊知之。後滔南討有功，雲遠數激怒之，滔乃抗表論庭玉等離間骨肉；及滔叛，帝乃召泚以表示之，故歸罪於庭玉等以悅滔，滔亦終叛。

三年，雲遠奏：其弟前太僕丞方遠，「受性兇悖，不知君親，衆惡備身；訓教莫及，結聚兇黨，江中劫人。臣亡父先臣昉杖至一百，終不能斃。張延賞任揚州日，亦曾犯延賞法，決殺復蘇。至於常言，皆呼臣亡父先臣名，親戚所知，無可教語。昨聞於邠、寧、慶等州干謁節度及州縣乞丐，今見在武功縣南，西戎俯近，恐有異謀；若不冒死奏聞，必恐覆臣家族。」詔令京兆府錮身遞送黔州，付李模於僻遠州驅使，勿許東西。

雲遠元和元年拜右金吾衞大將軍，歲中改京兆尹。五年五月卒。

李益，肅宗朝宰相揆之族子。登進士第，長爲歌詩。貞元末，與宗人李賀齊名。每作一篇，爲教坊樂人以賂求取，唱爲供奉歌詞。其征人歌、早行篇，好事者畫爲屏障；「迴樂峯前沙似雪，受降城外月如霜」之句，天下以爲歌詞。然少有癡病，而多猜忌，防閑妻妾，過爲苛酷，而有散灰扃戶之譚聞於時，故時謂妬癡爲「李益疾」；以是久之不調，而流輩皆居顯位。益不得意，北遊河朔，幽州劉濟辟爲從事，常與濟詩而有「不上望京樓」之句。

憲宗雅聞其名，自河北召還，用爲秘書少監、集賢殿學士。自負才地，多所凌忽，爲衆不容，諫官舉其幽州詩句，降居散秩。俄復用爲秘書監，遷太子賓客、集賢學士判院事，轉右散騎常侍。大和初，以禮部尚書致仕，卒。

李賀字長吉，宗室鄭王之後。父名晉肅，以是不應進士，韓愈爲之作諱辨，賀竟不就試。手筆敏捷，尤長於歌篇。其文思體勢，如崇巖峭壁，萬仞崛起，當時文士從而效之，無能髣髴者。其樂府詞數十篇，至於雲韶樂工，無不諷誦。補太常寺協律郎，卒時年二十四。

史臣曰：文學之士，代不乏才。永泰、貞元之間，如徐浩、趙涓諸公，可謂一時之秀也。然太眞以畏懦聞，邵說以僭侈失，于公異、呂渭、李益皆有微累，故知全其德者罕矣。

贊曰：名以才顯，才兼德尊。徐、趙、劉、李，厥聲遠聞。邵、于、呂、鄭，其名久存。半乏全德，愧于後人。

校勘記

〔一〕河南副元帥王縉　「王縉」，各本原作「王緒」，新書卷一六一趙涓傳作「王縉」，本書卷一一八王縉傳云：「歲餘，遷河南副元帥，請減軍資四十萬貫修東都殿宇。」當以「王縉」爲是，據改。

〔二〕上聞而嘉之　「嘉」字御覽卷九五七作「惡」。新書卷一六〇呂渭傳此處作「帝聞不以爲善」。